Das Wunder einer Reise

Das Wunder einer Reise

Die Schweizer Kinder und ihre Fahrt ins Märchenland

VRG VERLAG ROBERT GESSLER

Herausgegeben von Hildegard Nagler in Zusammenarbeit mit den folgenden Autoren beziehungsweise Mitgliedern der Arbeitsgruppe Schweizer Kinder:

Albrich Franz
Beyrle Erika
Bommeli Maria (Melia)
Dobras Werner
Ebentheur Erwin
Eisele Manfred
Gantenbein Andreas
Heinig Pauline
Hescheler Michael
Kramper Rita
Linse Kurt
Nuesch-Gasser Ernst
Penzel-Dahl Hannelore
Pfund Kurt
Rehm Siegfried
Specker Dr. Louis
Trautwein Gisela
Walser Hildegard
Waldbaur Dorothee
Wieland Dr. Georg

Grafische Gestaltung: Kathrin Schneider
Herstellung: Robert Gessler GmbH & Co. KG, Friedrichshafen
Bindearbeiten: Walter, Heitersheim
ISBN: 3-86136-080-2
Printed in Germany

Allen Kindern in Not gewidmet

Lieber Herr Stapfarer ich möchte mich auch bedanken für den schönen Wintermandel. Ich bin 12 Jahre alt. Wär weis Ob ich mal einen Mandel bekomen hätter. Mein Vater ist vo 4 Jahren gestorben. Und meine Mutter verdint gerade so viel was wir zum Leben brauchen. Ich möchte mich auch recht Herzlich bedanken bei dem lieben Mädchen. Der den schönen Mandel abgegeben hat für mich. Möchte sie der liebe Heiland noch lange am Leben erhalten.

Herzliche Grüße und Gottes Segen
für alle die Guten

Helga Hinder Weingarten Württ.
Wolfeggerstr 2

INHALT

INHALT

INHALT

„Ein Stück Menschlichkeit, das über alle Kriege und über alles Elend siegt"

Die Geschichte der Schweizer Kinder ist mir wohl bekannt. Sie hat für mich mit Pfarrer Hermann Häberle begonnen, der als Vikar bei uns zu Hause im norwegischen Oslo wohnte und mich ein paar Monate lang unterrichtete. Ihm verdanke ich tiefe Einsichten. Mein Vater Ernst Freiherr von Weizsäcker vertrat damals das Deutsche Reich diplomatisch. Später war Häberle bei der deutschen evangelischen Gemeinde in Norwegen und anschließend als Pfarrer bei der deutschen Gemeinde in Sofia, Bulgarien.

Richard von Weizsäcker

Im Herbst 1944 kam Häberle zur evangelischen Kirchengemeinde in Weingarten. Er hat dort das Elend der deutschen Mädchen und Buben mit eigenen Augen gesehen. Und sicherlich war er sehr froh, dass er die Not leidenden Kinder in die Schweiz begleiten durfte, wo sie so viel Schönes erlebt haben.

Ich bedauere es sehr, dass Pfarrer Häberle nicht mehr unter uns ist und die Dokumentation der Ereignisse um die Schweizer Kinder nicht mehr miterleben darf.

Den Initiatoren dieses Projektes danke ich von Herzen für ihr ehrenamtliches Engagement. Die Geschichte der Schweizer Kinder muss weitergetragen, für die nachfolgenden Generationen erhalten werden. Sie ist ein Stück Menschlichkeit, das über alle Kriege und über alles Elend siegt.

Berlin, im Mai 2003

Richard v. Weizsäcker

Richard von Weizsäcker
Bundespräsident a.D.

Eines Tages im Herbst 1999 stand ein Mann namens Günter Müller in der Redaktion der „Schwäbischen Zeitung". Der gebürtige Lindauer, der mittlerweile in Österreich lebt, hielt die Kopie einer Veröffentlichung im „Stadtanzeiger Lindau" aus dem Jahr 1946 in der Hand. „Zweite Kinderfahrt in die Schweiz" lautete der Titel. Herr Müller erzählte, dass er damals eines der glücklichen Kinder gewesen sei, die das triste Deutschland für einen Tag verlassen und ins Märchenland Schweiz fahren durften. Viele, viele Mädchen und Jungen aus dem Südwesten Deutschlands und aus Vorarlberg hätten bei den Eidgenossen einen glücklichen Tag verbracht und seien reich beschenkt ins zerbombte Deutschland zurück gekommen. Die meisten damaligen „Schweizer Kinder" erinnerten sich noch heute an dieses einzigartige Erlebnis. Trotzdem hätten sich viele niemals offiziell bedankt, auch er nicht. Das bedauerte Herr Müller sehr. Er fragte: „Können Sie helfen?"

Ich, Redakteurin bei der „Schwäbischen Zeitung", machte mich an die zunächst wenig ergiebige Recherche, versuchte mein Glück bei unzähligen Menschen, Behörden und Hilfswerken. Die Hartnäckigkeit zahlte sich aus: Mit einem Mal schien der Damm gebrochen, und immer wieder – quasi im Schneeball-System – erfuhren Menschen von den Recherchen und steuerten ihren Teil bei.

Meine Weihnachtsgeschichte „Christkindlis Fahrt ins Märchenland", veröffentlicht am 24. Dezember 1999 in der „Schwäbischen Zeitung", fand unerwartet großen Anklang: Stapelweise trafen Postkarten und Briefe von Schweizer Kindern ein, die sich begeistert an diesen Tag erinnerten.

So viel Resonanz sollte nicht ungehört verhallen. Ich schlug die Aktion „Schweizer Kinder" vor, die denn auch am 30. September 2000 unter meiner Regie über die Bühne ging: Gemeinsam mit dem „St. Galler Tagblatt" lud die „Schwäbische Zeitung" zum großen Wiedersehen in die Schweiz ein. Wie damals nach dem Krieg wurden die Schweizer Kinder über den Bodensee geschippert

Hildegard Nagler

und von Redaktionsteams der „Schwäbischen Zeitung" und des „St. Galler Tagblatts" betreut. Vor Ort, in Rorschach, gab es zunächst einen Dank-Gottesdienst, danach lud das „St. Galler Tagblatt" zum gemütlichen Beisammensein ein. Es stellte sich heraus, dass manche Schweizer Kinder die Eidgenossenschaft seit ihrer ersten Fahrt nicht mehr besucht hatten und sich deshalb umso mehr über das Wiedersehen freuten.

Erinnerungen wurden wach, und auf der Rückfahrt entstand der Wunsch, diese Begegnungen für die Nachwelt zu dokumentieren. 15 Schweizer Kinder riefen eine Arbeitsgruppe ins Leben, zu deren Leiterin ich bestimmt wurde. Dokumente wurden gesammelt, Erlebnisse niedergeschrieben, Zeitzeugen befragt.

Das Ergebnis unserer Arbeit, das keinen Anspruch auf Vollständigkeit erhebt, halten Sie in den Händen. Allen, die zum Gelingen dieses Buches beigetragen haben, gilt unser aufrichtiger Dank.

Die Kinder haben es damals erreicht, dass Schweizer und Deutsche wieder zueinander gefunden haben. Manche Bande halten bis heute. Sie sind ein großartiges Beispiel, das Schule machen kann und der Völkerverständigung dient.

Hildegard Nagler – Diplom-Journalistin und Leiterin der Arbeitsgruppe Schweizer Kinder

„Dem Wohlwollen und dem Opfersinn der Bevölkerung empfohlen"

Weil man dabei leicht in den Verdacht gerät, sich in unchristlicher Weise seiner Guttaten rühmen zu wollen, fällt es schwer, im Nachhinein von Schweizer Seite aus die im Rahmen der so genannten Grenzlandhilfe organisierten „Schweizer Sonntage" für kriegsgeschädigte deutsche und österreichische Kinder nochmals zu kommentieren. Das Thema ist mittlerweile, nachdem die Versäumnisse der schweizerischen Flüchtlingspolitik während der Zeit des Dritten Reiches zu anhaltenden Diskussionen Anlass geben, zu einer Angelegenheit mit heiklen Aspekten geworden. War da vielleicht auch ein Stück weit schlechtes Gewissen im Spiel, als man sich, nachdem die verständliche Angst vor dem unberechenbaren Nachbarn gewichen war, zögernd wieder an die Unteilbarkeit der Barmherzigkeit erinnerte?

Dr. Louis Specker

Unmittelbar nach dem Kriegsende jedenfalls hatten jene, die ohne Wenn und Aber für humanitäre Gesinnung auch gegenüber den Deutschen eintraten, keinen leichten Stand. Es bedurfte angesichts der sich häufenden Enthüllungen über die Gräueltaten der Nazis einer gehörigen Portion Überzeugungsarbeit, um die von Wut und Rachegefühlen geprägten Vorurteile zu überwinden.

Der Historiker Prof. Dr. Georg Thürer, Initiant und führender Kopf der „Ostschweizerischen Grenzlandhilfe", die unter anderem im Dezember 1945 eine Lastwagenkolonne mit lebenswichtigen Gütern nach München organisierte, sah sich mit dem Vorwurf konfrontiert, die „ewigen Brandstifter Europas", denen der Krieg nun einmal im Blute liege, zu unterstützen. Man müsse es bedauern, so seine Kritiker, dass er, der von Anfang an vor der nationalsozialistischen Gefahr gewarnt und sich für die demokratischen Werte eingesetzt habe, zuletzt doch noch ein Opfer der deutschen Rattenfängerei geworden sei. Georg Thürer war genötigt, sein Hilfswerk energisch gegen solch primitive Reaktionen zu verteidigen. Es war seine Überzeugung, dass es den Schweizern aufgetragen sei, das ihre zu tun, „um an Rhein und Bodensee" eine neue, gesunde Nachbarschaft zu stiften. Nicht weil uns Hitler verschonte, sondern weil uns Gott verschonte. Fragen wir nicht mehr so sehr: Wovon blieben wir verschont? sondern eher: Wozu blieben wir frei von Leibesnot, Blutopfern und hoffentlich auch von Erbhass?" Den Schweizern sei die Pflicht auferlegt, Mitverantwortung dafür zu übernehmen, „dass inmitten Europas nicht ein Seuchenherd entsteht und nicht der Hunger der gelbe Herold Hitlers II. werde. Wir müssen die innere Freiheit aufbringen, nicht nur den fremden Opfern des braunen Vogtes zu helfen, sondern auch denen, die zwölf Jahre im deutschen Zwinger lebten".

Georg Thürers Appell verfehlte seine Wirkung nicht. Dass die gehässigen Stimmen allmählich verstummten, Vernunft und humanitäre Gesinnung schließlich über alle Bedenken siegten und das tief verwurzelte Misstrauen überwanden, ist darüber hinaus wohl auch noch jenen Augenzeugenberichten über die katastrophale Not, welche der Krieg über unsere Nachbarn gebracht hatte, die gleichermaßen Schuldige und Unschuldige heimsuchte, zu verdanken. In einer Ostschweizer Zeitung von 1946 findet sich zum Beispiel ein Brief aus dem bombenverwüsteten Friedrichshafen mit dieser Schilderung der trostlosen Lebensverhältnisse: „Wenn eine elektrische Glühbirne kaputtgeht, ist meist keine mehr dafür zu bekommen oder erst nach langer Wartezeit. Dann muss die Hausfrau dauernd auf ihren Gas- und Lichtzähler schauen, damit sie nicht über das kleine Quantum hinaus braucht, das ihr zusteht. Sonst gibt es hohe Geldstrafen und eventuell Gas- und Lichtsperre ...Es kommt in mancher Familie vor, dass Mutter und Tochter zusammen noch ein Paar ganze Schuhe besitzen. Wenn die eine ausgeht, muss die andere daheim bleiben ...Im Monat stehen uns zu: 63 Gramm Butter, 50 Gramm Öl, 100 Gramm (manchmal 200 Gramm) Käse, seit April gab es bis heute keinen Zucker für Erwachsene (nur für Kinder unter drei Jahren und für Schwerarbeiter); auch keinen Süßstoff. Eier gab es seit Februar pro Kopf 18 Stück, Mehl gibt es überhaupt nicht, außer es verzichtet jemand auf die nicht zu reichliche Brotration (8500 Gramm, bisher 3500)." In einem anderen Bericht aus dem Jahr 1946 wird hingewiesen auf das Fehlen von Bettstellen und Bettzeug, „so dass viele Kinder auf dem bloßen Boden ihr Ruhelager haben". Zahllose Nachrichten dieser Art haben auch die härtesten Gemüter aufgeweicht und jenen Einsprüchen, die auf die nach wie vor angespannte Versorgungslage in der Schweiz hinwiesen, keine Chance mehr gelassen. Sehr schlimm gestaltete sich die Situation in Vorarlberg: „Österreich hungert. Die Zeitungen haben die Schreckenskunde verbreitet: Wenn nicht baldige Hilfe aus dem Ausland kommt, muss die Lebensmittelration auf 700 Kalorien pro Tag herabgesetzt werden. Das ist ungefähr so viel, als die gequälten Opfer in den Konzentrationslagern erhielten."

Das hat dem Helferwillen von Tag zu Tag mehr Auftrieb verliehen und immer mehr Menschen motiviert, ihr Scherflein beizutragen.

Ende Mai 1946 wurden in der Region Rorschach Kartoffeln für Vorarlberg gesammelt, und im September brachte ein Motorschiff eine aus Medikamenten, Kondensmilch, Dörrgemüse, Schuhen, Betten, Schulbänken, Küchengeräten und Wäsche bestehende Hilfssendung, die vor allem für Kinder und Kranke bestimmt war, nach Friedrichshafen. Es war ein kleiner Beitrag zur Minderung des Elendes, das jenseits des Sees herrschte, aber es war ein Anfang, der weiteren Hilfeleistungen den Weg ebnete.

Der Hilfe für Kinder wurde ein unbestrittener Vorrang eingeräumt: „Was vermögen die Kinder, Frauen und Greise dafür, dass durch eine verbrecherische Staatsführung so viel Unmenschliches geschehen konnte?" Im Bewusstsein, „dass tätige Liebe für das zukünftige Verhältnis zwischen Nachbarn mehr Erfolg verspricht als Misstrauen", wurden am 18. August 1946 über 1000 Bregenzer Schulkinder zum Mittagstisch bei Familien der Gemeinden St. Margrethen, Rheineck und Thal eingeladen, eine Woche später kamen nochmals 1000 zu einem Sonntagsbesuch über die Grenze. Eine rasch wachsende Zahl von Gemeinden, Kirchgemeinden, gemeinnützigen und Verkehrsvereinen folgte dem Beispiel und lud ebenfalls zu „Schweizer Sonntagen" ein.

Weil die französische Besatzungsmacht über die Deutschen ein strengeres Regiment führte als über die Österreicher, die damals noch als reine Opfer des nazistischen Eroberungswahnes galten, war es zunächst leichter, mit Vorarlberg Kontakte anzuknüpfen als mit den nördlichen Nachbarn, weshalb die Kinder aus dem süddeutschen Raum etwas später in den Genuss von „Schweizer Sonntagen" kamen. Seit Frühjahr 1946 wurden dann auch deutsche Kinder und Jugendliche eingeladen. Die „Rorschacher Zeitung" berichtete Anfang März 1947, dass 600 Kinder aus Lindau einen Sonntag bei Familien in der

Region Rorschach verbringen durften. „In Rorschach selbst sind 150 Buben und Mädels untergebracht worden. Reich bepackt sind die kleinen Gäste abends wiederum dem heimatlichen Lindau zugefahren." Im Mai organisierte die Kirchgemeinde St. Gallen-Zentrum Kindertransporte aus Ravensburg, Friedrichshafen und Lindenberg nach St. Gallen, wo die Kinder in die Familien der Gemeinden verteilt wurden. In der Folge wetteiferten die Gemeinden beinahe in der Durchführung von „Schweizer Sonntagen". Die Besuche in der beinahe paradiesisch anmutenden Schweiz bedeuteten für die unterernährten Kinder aus den völlig verarmten Landstrichen unendlich viel, auch wenn die Gaben, die ihnen die „Pflegeeltern" spenden konnten, bescheiden waren: eine Tasse Milch, einen währschaften Z'mittag, einen Z'vieri, bei dem die Schweizer Schoggi nicht fehlen durfte, und ein Päckli mit auf den Heimweg, das Wäsche, Schuhe und ein Pfund Lebensmittel barg.

Es sei zum Schluss die Vermutung erlaubt, dass auch die „Schweizer Sonntage" über den Zweck des Tages hinaus ein Weniges dazu beigetragen haben, nach den bösen Jahren die traditionellen freundnachbarschaftlichen Beziehungen allmählich wieder zu beleben.

Dr. Louis Specker
Museumsdirektor a. D., Rorschach

Hilfe in drückender Not

Die Besetzung Südwestdeutschlands durch französische Truppen führte am Kriegsende zu weitreichenden Veränderungen für die deutsche Zivilbevölkerung. Viele hatten längst begriffen, dass der Krieg verloren war, aus Furcht vor Partei, Gestapo und SS hatten sie aber nicht laut über die Zeit nach dem Kriege nachdenken dürfen; Unvorsichtige hatten ihr Leben noch in den letzten Wochen und Tagen der NS-Herrschaft riskiert oder verloren. Unter Aufbietung aller Kräfte hatte man versucht, Wirtschaft und öffentliches Leben trotz aller Mängel und trotz Bedrohung durch Luftangriffe oder Tiefflieger intakt zu halten. Dies galt für alle Orte, ganz besonders aber für die in elf Luftangriffen schwer zerstörte Stadt Friedrichshafen. In Notquartieren und Verlagerungsorten wurde, so gut es noch ging, die Infrastruktur aufrecht erhalten. Die Verwaltung arbeitete bis zur Besetzung, die Eisenbahn fuhr bis Kriegsende auf immer wieder reparierten Strecken. Industriebetriebe setzten mit großem logistischem Aufwand im Zusammenspiel zahlreicher, zum Teil weit verstreuter Auslagerungsstellen ihre Produktion fort. Luftkriegsgeschädigte waren in zwangsbewirtschaftete Wohnräume unzerstörter Orte eingewiesen. Auch der Schulunterricht war bis Kriegsende aufrecht erhalten worden, für Friedrichshafener Schüler an mehreren Evakuierungsorten, die sie 1944 klassenweise bezogen hatten; ausgefallen war der Unterricht im letzten Kriegswinter allenfalls wegen Kohlenmangels.

Nach der immensen Anspannung aller Kräfte trat mit Kriegsende eine umfassende Lähmung jeglichen öffentlichen Lebens ein. Das Ende der NS-Herrschaft empfanden viele als Erwachen aus einem langen bösen Traum; es folgte ihm aber rasch ein Hinabgleiten in eine unbeschreibliche physische und psychische Erschöpfung, nicht nur der Individuen, sondern der ganzen Gesellschaft. Zunächst ging es ums nackte Überleben; erst nach Monaten begann

Dr. Georg Wieland

sich eine allmähliche Regeneration gesellschaftlicher Strukturen abzuzeichnen Dazu gehörten die Wiederaufnahme des Bahnverkehrs (Juni 1945) und des Postverkehrs (September 1945), die Unterrichtsaufnahme an den Schulen (Herbst 1945), die Zulassung kultureller Veranstaltungen (Oktober 1945) sowie von Gewerkschaften (September 1945), Parteien (November 1945) und Vereinen (Dezember 1945), alles unter bescheidensten Maßstäben. Der Schock des Kriegsausgangs und die Not der ersten Nachkriegsjahre führten zu einer Intensivierung des kirchlichen Lebens. Der Hunger nach geistiger und geistlicher Stärkung und die Bereitschaft zu einer entsprechenden Neuorientierung waren nach jahrelanger Negierung vieler traditioneller Werte sehr groß, wenigstens in den ersten Nachkriegsjahren.

Das Zusammenfinden der Gesellschaft war erschwert durch die erst Ende 1946 aufgehobene nächtliche Ausgangssperre, Zugreisende mussten die Nächte auf den Bahnhöfen zubringen.

Am stärksten wirkte sich die Lähmung im wirtschaftlichen Bereich aus; es gab keine Rohstoffe und damit kaum noch Arbeit. Die Beschaffung einfachster Materialien wurde zum oft unüberwindlichen Hindernis; selbst der aufblühende Schwarzmarkt konnte nur wenige Wünsche befriedigen. Die meisten Lebensmittel waren bis 1950 nur in knappen Rationen gegen Marken zu bekommen. Verschärft wurde die Mangelsituation durch vertriebene Familien, die in immer neuen Wellen aus Ostdeutschland und aus Ländern Ost- und Südosteuropas in die westlichen Besatzungszonen strömten. Aus heutiger Sicht ist es schwer, die bedrückende Not, die in jeder alltäglichen Situation spürbar war, in ihrem ganzen Ausmaß zu schildern oder gar nachzuempfinden.

In Friedrichshafen ging die Notlage noch weit über das hinaus, was alle Orte betraf. Hier war ein Neubeginn zusätzlich behindert durch das heute unvorstellbare Ausmaß der Schäden und Zerstörungen an Industrieanlagen, Verkehrs- und Versorgungseinrichtungen, öffentlichen Gebäuden und Wohnhäusern. Die gewaltigen Schäden zwangen zu den abenteuerlichsten Improvisationen bei der Bewältigung alltäglicher Probleme. Die Sorge der Verantwortlichen galt auf Jahre hinaus vorrangig der Wiederherstellung von Struktureinrichtungen und dem Wiederaufbau von Betrieben und Wohnräumen. Obwohl geeignete Wohnungen durch die Kriegszerstörungen nur in begrenztem Umfang verfügbar waren, wurde das hochrangige Rüstungszentrum mit seinem vormals großen Arbeitskräftepotential von den Franzosen durch die Einquartierung einer stattlichen Garnison diszipliniert. Dahinter stand offenbar die Absicht, das Entstehen eines politischen oder sozialen Unruheherdes zu verhindern. Die Einquartierung hatte zur Folge, dass die durch den Krieg geretteten oder notdürftig instand gesetzten Wohnungen zu einem großen Teil für die Besatzung beschlagnahmt wurden. Die bisherigen Bewohner stellten nicht selten fest, dass die beschlagnahmten Wohnungen unbelegt blieben und dringend benötigte Lebensmittel in den zugehörigen Gärten verdarben. Selbst das Strandbad und der Verbo-Saal als Kino (bis Sommer 1949) waren ausschließlich den Besatzungsangehörigen vorbehalten.

Die allgemeine Lähmung fand in Friedrichshafen sichtbaren Ausdruck in der nur sehr zögerlich anlaufenden Trümmerbeseitigung, die sich bis 1947 im Wesentlichen auf die Verkehrswege beschränkte. Aufgrund von Evakuierung und Kriegsgefangenschaft fehlten Arbeitskräfte, es gab kaum Werkzeuge und Transportmittel; auch die große Apathie unter den Überlebenden verhinderte größere Aktivitäten. Im April 1948, als viele Schweizer Gäste zur ersten „Kulturwoche" nach Friedrichshafen kamen, bot die Stadt noch weithin das Erscheinungsbild vom Kriegsende, ergänzt um eine Reihe primitiver Unterkünfte und Kleinbetriebe, die in Kellerlöchern und in Gebäuderesten notdürftig eingerichtet worden waren. Erst das mit der Währungsreform vom Juni 1948 verbundene Zeichen zum wirtschaftlichen Aufbruch vermochte die Enttrümmerung der Stadt, die bis 1953 dauerte, und den Wiederaufbau richtig in Gang zu setzen.

Schwerer noch als diese vielfältigen, einschneidenden und oft schmerzlichen Hindernisse wog das ungewisse Schicksal der Friedrichshafener Industrie nach dem verlorenen Krieg. Der Zeppelinkonzern hatte in großem Umfang Rüstungsgüter produziert, war damit vor den Siegern kompromittiert und sollte nach ihrem Willen zerschlagen werden. Seine Betriebe waren zur vollständigen Demontage vorgesehen. Für Tausende von ortsansässigen Arbeitskräften mit ihren Familien waren damit düstere Zukunftsaussichten verbunden; nur die wenigsten konnten nach Kriegsende in ihre früheren Betriebe zurückkehren. Viele Verantwortliche in Verwaltung, Politik, Industrie und Gewerkschaften, aber auch verständige, um eine Aussöhnung zwischen Frankreich und Deutschland sowie um die Chance eines

Neuanfangs bemühte Vertreter der Besatzungsmacht haben alle erdenklichen Anstrengungen unternommen, um an Beschäftigungsmöglichkeiten und Arbeitsplätzen zu retten, was noch zu retten war.

All diese Facetten der Not muss man sich vergegenwärtigen, wenn man heute erahnen will, welch tiefen Eindruck das Mitgefühl und konkrete Hilfe jedweder Art auf die deutsche Bevölkerung nicht nur in der schwer geprüften Stadt Friedrichshafen, sondern auch in anderen Orten der Region hinterlassen haben. In der schlimmsten Depression wurde erkennbar, dass das Leiden wahrgenommen wurde; mit jeder Unterstützung wurde das Signal vermittelt, neuen Mut zu fassen und in kleinen und kleinsten Schritten einer besseren Zukunft entgegenzugehen. Aus der nahen Schweiz, von vielen Institutionen und unzähligen Einzelpersonen, wurden in den Jahren nach dem Krieg in wachsendem und schließlich sehr großem Umfang solche Signale gegeben.

Am 12. September 1946 landete zum ersten Mal seit der 1939 angeordneten Schließung der Grenzen, von einer wohl tausendköpfigen Menge am Hafen erwartet, ein Schweizer Schiff in Friedrichshafen, um Hilfsgüter der „Grenzlandhilfe" zu überbringen. Die konkrete Hilfe äußerte sich in den Folgejahren in vielfältiger Weise; sie umfasste Sachspenden für Familien (wie Möbel, Geschirr und Kleidung) ebenso wie eine Schulspeisung in Friedrichshafen (Oktober 1946 bis August 1947). Signifikant waren auch die großzügigen Unterstützungen für die Katholische und die Evangelische Kirchengemeinde Friedrichshafen beim Wiederaufbau von Nikolauskirche (1946-1949) und Schlosskirche (1947-1951).

Das vorliegende Buch würdigt vor allem das Engagement der Schweizer Nachbarn für die Jugend jenseits des Bodensees. Die Einladung in Schweizer Familien, der Aufenthalt in einer intakten Umgebung und Geschenke haben den Kindern aus Friedrichshafen und anderen Orten der Region tiefe Eindrücke vermittelt, an die sich die meisten zweifellos ein Leben lang erinnern werden. Dass dieser wichtige, auch unter aktuellen Gesichtspunkten vorbildliche Aspekt der regionalen Nachkriegsgeschichte nun unter Mitwirkung von Zeitzeugen aufgearbeitet worden ist, erfüllt mich mit besonderer Freude.

Dr. Georg Wieland
Stadtarchivar in Friedrichshafen

Der Krieg und seine Folgen

Ein ausgebombtes Volk

Der Luftangriff auf Friedrichshafen in der Nacht zum 28. April 1944 von Rorschach aus gesehen.

„Die Folgen des entsetzlichsten Krieges sind unbeschreiblich ...Ich habe hier 413 Schulkinder zu betreuen, von denen 80 Prozent unterernährt sind ...Von diesen 413 Kindern haben vielleicht zehn Prozent ganze Schuhe. Unter „ganz" verstehe ich auch wiederholt geflickte Schuhe ...In jeder Schulklasse sind etliche, die wegen völligem Schuhmangel im Winter überhaupt nicht in die Schule gehen können ...Glauben Sie es, um ein paar alte, noch brauchbare Schuhe fallen Ihnen die Leute um den Hals und weinen Freudentränen..."

Pfarrer Hager, Baienfurt

NEUE SCHUHE – EIN MÄRCHEN

Pfarrer Hager aus Baienfurt ist verzweifelt. „Darf ich es wagen, als Unbekannter mich vorzustellen", beginnt er seinen Bettelbrief an den Schweizer Schuhfabrikanten Schaaf. Der Pfarrer tippt die Sätze mit gemischten Gefühlen. Ein Brief ins Blaue, er kennt den Schuhfabrikanten nicht. Hörte nur von dessen „Gutherzigkeit".

Unterwürfigkeit ist zu spüren. Pfarrer Hager will den Schweizer Industriellen von seinem Anliegen überzeugen. Von den 413 Schulkinder tragen, wenn's hochkommt, nur zehn Prozent ganze Schuhe. Meistens Schuhe aus Seegras oder Filz. Ein für den Winter total unbrauchbares Material. Genauso wie Schuhe mit Holzsohlen, die mit etwas Stoff am Fuß befestigt sind, schreibt der heute noch lebende Benediktiner-Pater Günthör aus Weingarten in seinen Lebenserinnerungen. Viele Kinder kommen mit Pantoffeln in die Schule. Sie haben keine andere Wahl: entweder in den Pantoffeln frieren oder ganz daheim bleiben. Wer keine Schuhe hat, muss die Schule schwänzen. „Es ist einfach trostlos", schreibt Pfarrer Hager.

Geld nützt nichts. „Ich würde gerne viel Geld geben, wenn ich kaufen könnte", heißt es in dem Brief Pfarrer Hagers. Im Schuhladen sind die Regale leer, die Lager in den deutschen Schuhfabriken auch. Überall blüht der Schwarzmarkt. Für ein Paar Lederschuhe werden zwischen 500 und 800 Reichsmark verlangt. Leisten können sich dies die Wenigsten. Ein Arbeiter verdient zwischen 150 und 200 Reichsmark im Monat.

Der Industrielle aus der Schweiz soll Pfarrer Hager helfen. Alle Kindergrößen werden gebraucht, bei den Neun- bis Elfjährigen ist die Not am Größten. Ganz wichtig sind dem Pfarrer seine Kommunionkinder. 60 Kinder sollen in Baienfurt 1947 das erste Mal vor den Altar treten. Und bis zum Fest sind es nur noch gut zwei Monate.

In manchen Familien besitzen Mutter und Tochter zusammen nur ein paar Schuhe. „Wenn die eine ausgeht, muss die andere daheim bleiben", schreibt ein Häfler in einem Brief an die „Schweizer Grenzlandhilfe".

Und dann ist da noch das Problem mit den Schnürsenkeln: „Die Schuhfabriken sind zurzeit gezwungen, die Schuhe ohne Schnürsenkel auszuliefern" – der Chronist von Langenargen beruft sich auf einen Bericht in einer Fachzeitschrift. Dort wird auch erklärt, warum: Es gibt Schnürsenkel zuhauf in den Lagern der Schuh- und Schnürsenkelfabriken, doch es soll so lange gewartet werden, bis so viele Schnürsenkel produziert sind, dass jeder Einwohner ein Paar bekommt. Pfennig-Artikel-Programm wird dieses Projekt des Staates genannt.

IM OKTOBER BARFUSS IN DIE SCHULE

Noch im Oktober 1946 kommen Kinder barfuß in die Häfler Pestalozzi-Schule. „Täglich melden Eltern, dass sie ihre Kinder zu Hause behalten müssen, weil sie keine Schuhe haben", klagt Schulleiter Heiß. Viele Kinder verschleppen eine Erkältung und müssen ständig auf die Toilette. Der zweite Nachkriegswinter steht unmittelbar bevor, es ist Mitte Oktober 1946 – seit eineinhalb Jahren schweigen die Waffen.

WEISSE FAHNE VERGESSEN – DAS KRIEGSENDE IN FRIEDRICHSHAFEN

29. April 1945: In der Stadt und in der Luft ist alles ruhig. Im Haus des Kirchengemeinderats Ernst Trumpp soll am Nachmittag ein Kind getauft werden. Zur gleichen Zeit steigt der Friedrichshafener Bürgermeister Bärlin in ein Auto und fährt in Richtung Fischbach, um die Stadt zu übergeben. Da der Bürgermeister die weiße Fahne vergessen hat, wissen die Franzosen nicht, was er will. Der Schultes kommt fast ums Leben.

Mit dieser Dienstfahrt des Bürgermeisters ist der Krieg in Friedrichshafen beendet. Sofort werden die noch stehenden Gebäude nach Widerständlern durchsucht. Wenige Häuser in Friedrichshafen sind heil geblieben. Besonders in der Häfler Altstadt sieht es trostlos aus.

Blick aufs zerstörte Friedrichshafen, hier die Karlstraße.

Zum ersten Mal bombardieren die Alliierten Friedrichshafen im Juni 1943. Ein harmloser Angriff im Vergleich zum Bomben-Hagel zum 28. April 1944: In 52 Minuten werden nach Angaben eines englischen Senders 13 000 Sprengbomben und 500 000 Brandbomben über Friedrichshafen abgeworfen. Um sich vor dem Feuer zu schützen, fliehen viele Häfler, in nasse Tücher gewickelt, aus der brennenden Stadt. Rund 80 Prozent der Häuser sind zerstört, schreibt ein Chronist aus Tettnang. 618 Menschen kommen ums Leben. Unter den Opfern sind auch die beiden Cousins von Hannelore Penzel-Dahl aus Ravensburg. „Einer anderen Cousine ist nichts passiert. Ihre Mutter hatte sie mit ihrem Körper geschützt." Während die Tochter unversehrt bleibt, wird die Mutter leicht verletzt. „Wir haben sie im Krankenhaus in Tettnang gesucht", erinnert sich Hannelore Penzel-Dahl. „Nie werde ich den Anblick all jener Menschen vergessen, die dort überall in den Gängen auf dem Boden hockten, mit Schürfwunden übersät und mit grauem Staub bedeckt, in dumpfer Teilnahmslosigkeit, den Schrecken noch ins Gesicht geschrieben. Da wusste ich, was Krieg ist."

Lange Zeit wird die Stadt danach von Bombenangriffen verschont. Der Bürgermeister will Bunker bauen. Eine Bitte, die vom Ministerium abgelehnt wird. Das sei unnötig, lautet die Begründung. Doch die Bevölkerung traut den Militär-Oberen nicht. Die Häfler sehen die vor der Stadt aufgebauten Flak-Stellungen.

Es hätte wesentlich schlimmer geendet, wäre das Gros der 42 000 Einwohner vor dem Angriff im April '44 nicht geflüchtet und die Stadt nicht evakuiert worden. Über die Zahl der Einwohner gibt es unterschiedliche Angaben: Zum Zeitpunkt des Angriffs leben nur noch rund

3000 Menschen in der Stadt, steht in der Kirchenchronik. Der Autor eines Briefes an die „Schweizer Grenzlandhilfe", ein Friedrichshafener, geht von 12 000 bis 14 000 Einwohnern aus.

Genau ein Jahr und einen Tag nach dem Bomben-Hagel vom 28. April 1944 ist der Krieg in Friedrichshafen zu Ende. Als die im Finanzamt untergebrachten deutschen Soldaten die französischen Panzer hören, flüchten sie mit ein paar Gewehren und Panzerbüchsen in den Riedlewald. Sie können sich nicht mehr wehren. Die Bevölkerung ist sich einig, die Panzersperren offen zu lassen – der Weg ist frei für die französischen Besatzer.

Manche sind aufgeregt, manche ziemlich gelassen. So gelassen wie die Familie des Fischbacher Bahnhofvorstehers. Der Bahnbeamte hat ein Telefon, mit dem er von Bahnhof zu Bahnhof funken kann. „Die neuesten Nachrichten klangen gar nicht so furchterregend, wie man angenommen hatte", schreibt die Tochter des Bahnhofvorstehers. Die Familie darf in ihrer Wohnung bleiben, muss aber ab 29. April 1945 vier französische Soldaten beherbergen. Mit Hilfe eines Wörterbuchs erklären die neuen Mitbewohner der Familie, dass die Türen zum Schlafzimmer offen bleiben müssten. Nachts geht immer wieder das Licht an. Der damals 16 Jahre jungen Tochter des Bahnhofvorstehers ist das nicht geheuer. Sie zieht es vor, ins Bett der Eltern umzuziehen.

Tagsüber beobachtet das Mädchen Gefangenenzüge. Immer, wenn ein Zug den Bahnhof durchfahren hat, sucht es auf dem Boden nach Briefchen. Die Franzosen wissen, warum das Mädchen am Bahngleis auf und ab läuft. Sie dulden es. Hat das Mädchen einen Zettel gefunden, benachrichtigt es die Angehörigen. „Ich musste immer parat sein, es gab ja keinen Fahrplan", schreibt die Tochter des Fischbacher Bahnhofvorstehers. Gefangene aus Fischbach stellen sich dicht ans Fenster, damit man sie sehen kann, wenn der Gefangenen-Zug durch den Ort fährt.

„WIE GERNE HÄTTEN WIR AUF DER ANDEREN SEESEITE GEWOHNT" – DER KRIEG IN LINDAU

Auch in Lindau heulen die Sirenen. Die Menschen haben große Angst: Dornier baut in Lindau Flugzeuge. Der damals neun Jahre alte Günter Müller erinnert sich an das Leben im Luftschutzraum: „Männliche Familienmitglieder habe ich sehr vermisst. Allein ihre Anwesenheit hätte mir schon das Gefühl von mehr Sicherheit und besserem Schutz vermitteln können. In ruhigeren Nächten haben wir oft neidvoll auf die andere Seite des Bodenseeufers, nach Rorschach und Heiden, geschaut, wo die Häuser im Gegensatz zu unseren ganz hell beleuchtet waren." Die Lichter markieren die Grenze und sollen die Schweiz vor versehentlichen Bombardierungen schützen. „Wie gerne hätten auch wir auf der anderen Seeseite gewohnt", sagt Günter Müller. Lindau bleibt von größeren Luftangriffen verschont.

DIE ALLIIERTEN FLIEGEN EINEN BOGEN UM RAVENSBURG

Genauso wie Ravensburg. Das liegt am Liebesgaben-Depot des Roten Kreuzes. Im Lagerhaus gegenüber des Bahnhofs ist im April 1945 ein Versorgungslager für alliierte Kriegsgefangene eingerichtet worden – von dort werden 260 000 Kriegsgefangene, die aus ganz Süddeutschland nach Ravensburg gebracht worden sind, versorgt. Die unzähligen Rot-Kreuz-Autos in der Stadt wirken beruhigend. Um ihre eigenen Leute nicht zu gefährden, fliegen die Bomber-Geschwader der Alliierten einen Bogen um die Stadt.

Total zerstört wird dagegen die Argonnen-Kaserne in Weingarten. Bei dem Angriff zehn Tage vor Kriegsende kommen 51 Menschen ums Leben. Das Stadtgebiet von Weingarten bleibt verschont. Allerdings gehen durch den Luftdruck viele Fenster zu Bruch. Kurz vor der Besetzung durch die Franzosen am 28. April kommen bei zwei Luftangriffen in Ravensburg

18 Menschen ums Leben. Ansonsten herrschen in der Stadt vergleichsweise intakte Verhältnisse, schreibt Peter Eitel in dem Buch „Kriegsende und Neubeginn". Als die französischen Panzer am Nachmittag des 28. April über die Gartenstraße in die Innenstadt rollen, weht auf dem Mehlsack die weiße Fahne. „Wir versteckten uns in der Nähe des Frauentors unter einem Luftschutzvorbau", erinnert sich Hannelore Penzel-Dahl. Sie und ihre Cousine wollen den Einmarsch aus nächster Nähe verfolgen. „Drohend bewegten sich die Kanonenrohre hin und her", erzählt die Ravensburgerin. Niemand traut sich auf die Straße, niemand spickelt hinter den Gardinen hervor – die Menschen in Ravensburg scheinen wie erstarrt. Auch den zwei ausgebüxten Mädchen geht es so. Als die Panzer verschwunden sind, trauen sich die Menschen wieder aus ihren Häusern. „Von unseren Müttern aufgestöbert, wurden wir nicht mal ausgeschimpft", sagt Hannelore Penzel-Dahl ein wenig verwundert. Sie hat deftige Schimpfe erwartet, doch die Mütter sind froh, dass ihren Kindern nichts passiert ist.

Noch am gleichen Tag wird am Rathaus die französische Trikolore aufgezogen. Damit ist das erreicht, was die Ravensburger wollen: eine friedliche Übergabe der Stadt.

Die erste Nacht der Nachkriegszeit verläuft unruhiger als es sich die Ravensburger gedacht haben. „Geschlafen habe ich in dieser Nacht nicht..., denn die Türen mussten ja offen bleiben", vermerkt Albertine Maier-Dependorf in ihrem Tagebuch. Die Franzosen haben eine Ausgangssperre verhängt. Von 20 bis 7 Uhr dürfen nur die beiden Pfarrer, zwei Notärzte, eine Hebamme und zwei Krankenschwestern ihre Häuser verlassen.

Das ist nicht die einzige Regelung, die den Ravensburgern ihre Freiheit raubt: Kinos und Gaststätten sind für das deutsche Fußvolk tabu. Man ist in der Stadt eingeschlossen. Sogar das Radfahren untersagen die Franzosen.

Die Zeit nach dem Krieg kommt vielen schwieriger vor als die Zeit während des Kriegs. Das Leben wird dominiert von den materiellen Nöten des Alltags. Vielen Menschen ist gar nicht bewusst, dass sie von der NS-Diktatur befreit sind.

Wesentlich positiver sind die Erinnerungen von Hannelore Penzel-Dahl: Auf dem Weg ins Allgäu machen Amerikaner bei ihr Zuhause Station. Das Klima ist freundschaftlich. Auch, weil Hannelores Mutter schon in den Vereinigten Staaten gelebt hat. „Es war eine sehr schöne Zeit für uns Kinder. Die Amerikaner gaben uns ihre Schokolade, getrocknete Bananen, eben alles, wovon sie dachten, dass es uns schmecken würde", sagt Hannelore Penzel-Dahl. Vier Wochen lang lebt die Familie in amerikanischer Obhut und ohne Angst. Als der liebgewordene Besuch abfährt, ist die Tochter des Hauses „richtig traurig". Zum Abschied lassen die Amerikaner ein paar Lammfellwesten zurück. Hannelore Penzel-Dahl: „Ich würde ihnen gerne Dankeschön sagen."

TRIKOLORE EHREN ODER STRASSE KEHREN

„Für die Nachgeborenen ist schwer vorstellbar, was die ständige Ehrerbietung gegenüber der französischen Besatzungsmacht bedeutete", ist in dem Buch „Kriegsende und Neubeginn in Ravensburg" zu lesen. Vor der Deutschen Bank wird jeden Morgen die französische Flagge gehisst. „Wenn ich nicht rechtzeitig losgegangen bin, dann bin ich regelmäßig zu spät in die Schule gekommen", erinnert sich Zeitzeuge Anton Schön. Er will weitergehen, kann aber nicht. Während der Flaggenparade muss er stillstehen und die Trikolore grüßen.

Viele Männer verzichten deshalb mit Beginn der Besatzungszeit auf den normalerweise obligatorischen Hut – die französische Fahne darf nicht unbeachtet bleiben. Wer vergisst, den Hut abzunehmen, muss den Platz des französischen Postens kehren.

Noch eine Schikane: Vater Schön kommt eine ganze Nacht nicht nach Hause, weil er

Name	Bemerkungen	Bedarf
Therese Lang, fr. Arbeitslehrerin hier, total geschäd.	bekommt demnächst eine Wohnung, besitzt überhaupt nichts	alles.
Rambs Karl, Schlosstr. 70	16 jähr. tub. Mädchen seit 2 1/2 J. im Gips	Kleidung, Wäsche Schuhe gr. 37
Kutscher Ferdi, Hochstr. 14	total ausgebrannt und ausgeplündert	braucht alles.
Rieger, Sparbruck	Kriegsinvalide, beide Beine verl. 3 Kinder	Hose, Männerhemd
Kilian August Transportarb. Ludw. Bauerstr. 30	total usgeplündert	Anzug Gr. 1.72 Schuhe Gr. 41.
Bauer, Bachstr. 6	total ausgebr.	Bachstr. 6 Bettwäsche
Bachmann Maria = Tochter	" "	Möbel, Schuhe 37.
Hengsteler. Justinus Kernerstr. 4		Schuhe Gr. 41
L.chhorn, Paul, Siebenbürgenstr. 1	Krank, erwerblos 7 Pers. (3 Töchter, 1 Sohn u. Grossm.)	Wäsche Kleider, Geschirr, Schuhe 39.
Ficht, am Ange 7)		Schuhe Gr. 34 35
Wagner " 1)		" 28–30
Haaia " ")		" 31
Laquai, Baltikumstr. 2)		" 34
Dietz Siebenbürgenstr.)		" 32 u. 41
Reiss Wwe fr. Ludendorffstr.)		" 39
Schmidt, Teuringerstr. 27)		" 32–34
Carlsen, Mörikestr.)		" 36
Br..ner, Sudetenlandstr. 5	5 Kinder	Strümpfe Gr. 4 u 7 Schuhe 31 33, 34
Weingärtner, Ostmarkstr. 4	Kriegsinv. 50 % arbunf.	Mäntel Kleider Anzug Deckbett Schuhe Gr. 21 32
Bischoff, Flüchtling uas Ostpreussen		Decken, Bett, warmes Kleid, 1 Männerhose,
Wachter, Teuringerstr. 35 Niessen = Tochter	total ausgebombt	warme Kleider Schuhe Gr. 41 Kinderwäsche (Säugl)
Stehle, Droste Hülrshoffstr.	z. Zt. Krankenhaus hat kein	Nachthemd, Hose Strümpfe
Dietz Www Siebenbürgenstr. 10	Mann gefallen 2 Kinder, Frau geht auf Strümpfen	Schuhe G4. 40
Weik, Siebenbürgenstr. 3	Krüppel	Hose, 1U. hose
Koos, z. Zt. Mariabrunn, Mann b. Pol. dir.		1 Hose, 1 Anzug Schuhe Gr. 4 0, Kleid.
Degen Irma, Weiherstr. 14		Schuhe Gr. 23 25 34
Eggstein, Hohenstaufenpl. schwer gesch.		" 25 31 40
Ackermann Elise Auss. Ailingerstr. 65		" 35.

Liste der Bedürftigen in Friedrichshafen.

Am 28. und 29. April 1945 musste die Bevölkerung Ravensburgs sämtliche Waffen auf dem Rathaus abliefern.

Kartoffeln schälen muss. Er hat etwas getan, worüber man heute lachen kann: Vater Schön hat es gewagt, das Trottoir zu besteigen. Der Bürgersteig aber ist französisches Hoheitsgebiet, Betreten für Deutsche verboten. Wer es trotzdem wagt, bekommt einen Denkzettel, wie Vater Schön. Strafmildernd wird auch nicht gewertet, dass der Familienvater einem Jeep ausgewichen ist.

FRAUEN ZERSÄGEN IN TETTNANG DIE PANZERSPERREN

„Das war der kritischste Augenblick des Krieges" – schreibt ein Tettnanger Ortschronist über den 29. April 1945. Jagdbomber werfen Brandbomben ab. Einige Häuser brennen, darunter auch das Lagerhaus mit den Lebensmittelvorräten. Weil die Tettnanger Angst haben, dass die ganze Stadt zerstört wird, beschließen sie, die Sperren zu öffnen. „Trotz der Drohung der zwei Parteifunktionäre kamen nun Frauen, Mädchen ... mit Axt und Säge und zerstörten die Panzersperren. Da und dort werden auch weiße Tücher gezeigt. Die Flieger verschwanden und ließen die Stadt unbehelligt", schreibt der Chronist über das Kriegsende. Nachmittags um drei ist es soweit: Panzer durchkreuzen die Montfort-Stadt. In Tettnang ist der Krieg zu Ende.

Fünf Wochen später bespricht sich der Stadtkommandant mit Vertretern von Handel und Gewerbe. Ein gutes Gespräch, findet der Tettnanger Ortschronist und urteilt voller Zufriedenheit: „Er muntert auf, beruhigt und wünscht normale Verhältnisse. Der Kommandant macht bei der Bevölkerung einen guten Eindruck."

DIE BIBERACHER SIND SICH ZU SICHER

Elf Tage vor dem Einmarsch der Franzosen, am Donnerstag, 12. April, gegen 10.15 Uhr, werden über der Stadt Biberach sieben amerikanische Kampfflugzeuge gesichtet. Die Bürger bleiben ruhig. Sie glauben, die Angriffe würden den Kraftwerken an der Iller oder Augsburg gelten, da die Flugzeuge ostwärts fliegen. Biberach ist bisher von Bombenangriffen verschont geblieben. Beim Überfliegen erkennen die Piloten parkende Autos der Organisation Todt. Sie drehen um und werfen 28 Sprengbomben am Rande der Altstadt ab. „Manche Biberacher waren sich wohl zu sicher und trotz Fliegeralarm nicht in Deckung gegangen", erklärt der evangelische Pfarrer in der Kriegschronik die hohe Opferzahl. 56 Menschen kommen ums Leben. Hart getroffen wird das Gebiet um das Ulmer Tor. Vor der Attacke am 12. April ist die Bahnlinie Ulm-Friedrichshafen wiederholt das Ziel von Tieffliegerangriffen.

HUNGER UND OHNMÄCHTIGE KINDER

„Die Kinder sind oft bleich und alle sehr mager", beobachtet ein Schweizer Journalist bei einem Gang durch die Friedrichshafener Altstadt im September 1946. „Es wären viele, viele Familien froh, wenn sie das bekommen könnten, was die Hunde mancher Offiziere zu fressen bekommen" – immer wieder hört man diesen Zynismus in Richtung Besatzungsmacht. Man weiß, dass es den Franzosen, als die Deutschen einmarschiert sind, nicht besser ergangen ist. Insgeheim haben die Deutschen trotzdem gehofft, die Franzosen würden mit ihnen milder umgehen. Tun sie nicht. Ein Mann aus Friedrichshafen zählt auf, welche Lebensmittel er im September 1946 in seiner Speisekammer hat: 63 Gramm Butter, 50 Gramm Öl, 100 Gramm Käse (manchmal 200 Gramm), 8,5 Kilo Brot. Länger ist die Liste dessen, was es in der Zeppelinstadt nicht gibt. Zucker bekommen seit April nur Kinder unter drei Jahren und Schwerarbeiter. Mehl gibt es überhaupt nicht.

Die Folge der Lebensmittelknappheit: Viele Eltern verzichten zugunsten ihrer Kinder auf Nahrung. „Es war erschreckend anzusehen, wie solche Eltern abmagerten", sagt Benediktiner-Pater Anselm Günthör.

Die Lage in der französischen Zone ist im Frühjahr 1946 besonders ernst. Offiziell kommen die Menschen in Süd-Württemberg pro Tag durchschnittlich auf 900 Kalorien, tatsächlich soll diese Zahl selten erreicht worden sein. „Viele Deutsche waren felsenfest davon überzeugt, dass sie die Franzosen mit Kalkül verhungern lassen wollten", steht in der Kriegschronik Langenargen.

Ein Beispiel, weshalb sie so dachten: Die Tante von Annette Haser radelt mit einer Henne auf dem Gepäckträger über die Zonengrenze. „Da sind ihr die Franzosen hinterher", erinnert sich ihre Nichte. Trotzdem, wenn auch mit Verspätung, erreicht die Frau aus dem bayerischen Legau mit der Henne ihre Schwester im württembergischen Leutkirch. Mit dem Tier macht sie ihr eine riesige Freude. „Das war keine Flatterhenn', sondern eine Riesen-Suppenhen", erinnert sich Annette Haser. Die Henne wird gerupft. Die Leutkircherin schwärmt von einem riesigen Fest.

In der amerikanischen Besatzungszone – wie auch in der russischen und britischen – geht es den Menschen deutlich besser. Spitzenreiter mit einem Verbrauch von 1330 Kalorien pro Tag ist die amerikanische, auch die russische (1083) und die britische Zone (1050) liegen über der französischen. Ein Mensch verbraucht pro Tag je nach Geschlecht Alter und Arbeitsbelastung zwischen 2500 und 3000 Kalorien, zum Überleben werden eigentlich mindestens 1500 Kalorien gebraucht. Jugendlichen seien pro Tag 927 Kalorien zugedacht gewesen, schreibt die „Hamburger Freie Presse". Zum Vergleich: In Frankreich können mehr als 2000 Kalorien verbraucht werden, in England sogar an die 3000 Kalorien. Erst viele Jahre später stellt sich heraus, dass die französischen Truppen im Vergleich zu den Amerikanern unterversorgt sind: Die französischen

Soldaten leiden unter der Politik ihrer eigenen Regierung. Ein Großteil der in Südwürttemberg-Hohenzollern erzeugten Lebensmittel wird ausgeführt. Ins Saarland, in den französischen Sektor Berlins, in andere Länder der französischen Zone oder direkt nach Frankreich.

Auch oberschwäbische Kuhmilch wird nach Frankreich gebracht. Die fertige Butter kommt freilich nicht mehr in die Zone zurück. Emmentaler wird zwar hergestellt, auf den Tisch kommt der Käse aber nur bei den Besatzern: Jeder Laib muss bei der französischen Armee abgegeben werden. Von der gesamten Käseproduktion bleibt nur etwa ein Achtel im Erzeugerland.

In Langenargen fehlen im Dezember 1946 täglich 390 Liter Milch. Im Herbst 1947 beschließt der Gemeinderat der Bodensee-Gemeinde: Allen über 18-Jährigen ist nur noch jeden zweiten Tag ein Viertel Liter entrahmter Milch zuzuteilen. Es ist kein Kraftfutter da. Und es stehen immer weniger Kühe in den Ställen. Pro Jahr werden 12 000 lebende Rinder nach Frankreich gebracht. Von den in Deutschland geschlachteten Tieren fordern die Franzosen noch einmal drei Viertel. „Mir zeigte einmal in der Wurstfabrik Schefold ein Prokurist 100 frisch geschlachtete Schweine in der Kühlhalle, die alle bis aufs Gramm abgewogen nach Frankreich kamen", sagt ein Biberacher.

Jede Schlachtung muss genehmigt werden. Wahrscheinlich, weil die Franzosen zu oft nein sagen, werden sie in Langenargen immer wieder ausgetrickst. Bürgermeister und Tierarzt schreiben zusammen eine Kuh krank und ordnen eine Notschlachtung an. Eine Notschlachtung hat den Vorteil, dass der Tierarzt das Fleisch für die Freibank freigeben kann. Und es somit nicht in die Finger der Franzosen kommt, denn die mögen kein Fleisch von der Freibank. Damit möglichst viele Langenargener eine zusätzliche Mahlzeit auf den Tisch bekommen, wandert das Kuhfleisch in den Suppenkessel. Das Schöne an der fettigen Fleischbrühe mit Einlage: Man braucht keine Marke, um sich die Milchkanne füllen zu lassen.

Auch Anton Schön aus Ravensburg lindert mit einer Notschlachtung die eigene Not. Auf der Weide beim Milchwerk der „Omira" wird eine Kuh getötet – dort weidet das Vieh, das die Franzosen in der Umgebung beschlagnahmt haben. Weil die Franzosen nichts davon erfahren dürfen, „musste das Fleisch auf nächtlichen Schleichwegen nach Hause geschmuggelt werden", erinnert sich Anton Schön.

In den anderen Zonen ist so etwas nicht nötig. Bei den Amerikanern und Briten darf das Erzeugte selber gegessen werden. In der französischen Zone ist dagegen nicht einmal genügend Brot zu bekommen: Bis 1948 werden nie mehr als 200 Gramm pro Kopf und Tag zugeteilt. Um auf diese Tagesration zu kommen, wird das Mehl mit Mais gestreckt. Erst 1948 dürfen sich die Menschen im Süden des Landes über ein „Zubrot" von 100 Gramm pro Tag freuen – Amerika hat mit Getreide ausgeholfen.

Immer, wenn die Ausgabe von Lebensmitteln angekündigt wird, drängeln sich die Menschen vor den Läden. Um das Warten erträglicher zu gestalten, wird bei Familie Müller abgewechselt. Sohn Günter stellte sich mitten in der Nacht als Erster in die Schlange, Mama und Oma lösen ihn ab. „Der Lohn für das stundenlange Anstellen war im günstigsten Fall ein halber Laib Brot", erinnert sich Günter Müller. „Oft ging man aber auch leer aus."

In Friedrichshafen hat es sich ein ausgedienter Feldwebel zur Aufgabe gemacht, das Gedränge vor dem Milchgeschäft in der Eugenstraße zu ordnen. Aus einer Schlange formt der ehemalige Soldat drei und wacht mit Argusaugen darüber, dass beim Warten niemand benachteiligt wird.

DAS WARTEN AUF DEN ZUCKER

Bekommen meine Kinder genug zu essen? Diese Frage treibt die Menschen um. Auch in den Leserbriefspalten der „Schwäbischen Zeitung" vom 12. August 1947. Thema ist die Zuckernot, Leserbriefschreiber sind ausschließlich Frauen. „Wer will denn verantworten, dass so manches

Zum Aufräumen der Trümmer werden in Friedrichshafen Loren eingesetzt.

Obst dieses Jahr verkommt, weil der Zucker fehlt", schreibt eine Ravensburgerin. „Es ist gut, dass unsere Kinder jetzt Frischobst essen können, sie haben es nötig genug. Aber von uns Frauen verlangt man auch Vorratswirtschaft. Wir müssen schließlich im Winter auch etwas auf den Tisch bringen. Und auch jetzt könnte wenigstens mit leicht gesüßtem Apfelmus manches Essen ergänzt werden. Am guten Willen fehlt es doch gewiss nicht. Aber wie sollen wir es denn machen?" Eine andere Frau meint: „Man sagt wohl, wir sollten eindünsten statt einmachen. Auf diese Idee wären wir auch ohne behördlichen Hinweis gekommen, aber dazu bräuchte man wieder Gläser und zu diesen Gummiringe, aber von all dem ist doch auch nichts zu bekommen. Man spricht davon, dass schon Zucker auf Lager sei. Auf was wird denn noch gewartet?" Kommentar der Redaktion: „Liebe Leserinnen, wir können Euch sagen: Wir warten auch auf den Zucker."

AUSTERN STATT ZUCKER

Kaum zu glauben, dass in Ravensburg statt Zucker plötzlich kistenweise Austern in den Läden angeboten werden. Die Franzosen haben die Delikatesse aus der Heimat geordert, einige Waggons treffen im Bahnhof ein. Wegen des lauen Fönwetters fürchten die Besatzer, die Austern könnten verderben, und verscherbeln die Meerestiere an örtliche Lebensmittelgeschäfte. Ein Dutzend kostet 3,50 Reichsmark. Tatsächlich ist den Ravensburgern nicht nach Austern zumute. Es wird eher befürchtet, schreibt Maria Müller-Gögler in ihrem Tagebuch, dass das Brotgetreide ausgehen könnte. Bekomme man im Februar kein Mehl aus dem

Der Häfler Karl Brunnenmeyer schiebt sein Fahrrad durch die zerstörte Karlstraße in Friedrichshafen.

amerikanischen Gebiet, werde der Mangel an Brot sehr ernst werden.

EIN VOLK VON KLEINGÄRTNERN UND HENNENHALTERN

Leere Regale in den Läden und endlose Warterei – es verwundert nicht, dass die Menschen versuchen, sich selber zu helfen. Wiesen werden umgegraben und Gemüsebeete angelegt. Auf selber gezüchtete Kartoffeln oder Salatköpfe ist eher Verlass als auf die oft wertlosen Bezugsscheine. Aber auch die Kleingärtner plagen Hindernisse: Samen und Dünger gibt es kaum zu kaufen. Besetzen die Franzosen ein Haus oder eine Wohnung, ist automatisch auch der Garten beschlagnahmt, obwohl sie es nicht auf die Salatköpfe abgesehen haben. Die Vertriebenen müssen mit ansehen, wie ihr Gemüse verdirbt. Das tut weh. Man könnte die Kartoffeln oder den Salat gut gebrauchen, um den eintönigen Speiseplan aufzupeppen. „Wir wissen freilich, dass durch unsere Wehrmacht viel Unrecht geschah; aber es ist doch hart, solches dann wiederum zu ertragen", ärgert sich ein Häfler Briefschreiber.

Im Keller oder auf dem Balkon werden Hühner und Kaninchen gehalten. Eine lohnende Sache, wenn sich die Lebensmittelverwaltung nicht bedient. Im Februar seien mindestens vier Eier je Huhn abzuliefern, meldet die „Schwäbische Zeitung" 1947. Neben der Veröffentlichung in der Zeitung, die oft überlesen wird, verteilen die Behörden spezielle Eierkarten. Wer nicht abliefert, muss mit drastischen Konsequenzen rechnen: Er muss Strafe bezahlen und verliert die Lizenz zur Hühnerhaltung.

Ein anderes Mittel, an zusätzliche Nahrung zu kommen, ist das so genannten Ährenlesen. Mühsam suchen die Hungernden abgeerntete Felder nach liegen gebliebenen Ähren ab. „80 bis 100 Ährenleser auf einem Acker sind keine Seltenheit", schreibt die „Schwäbische Zeitung" am 29. Juli 1947. Und weiter steht dort: „Ein Zeichen, wie sehr die Menschen darauf angewiesen sind." Die Bauern werden aufgerufen, das Ährenlesen zu dulden – ohne dass die Genehmigung vom Ernährungsamt erteilt wird. „Viele Kilometer sind wir mit unserem Leiterwagen gelaufen", erinnert sich Hannelore Penzel-Dahl. „Auf dem Kornfeld taten einem oft die Füße weh, weil die abgeschnittenen Ähren so gepiekst haben. Ich empfand es jedoch nicht als Arbeit ...Bucheckernsammeln war schwieriger."

Immer wieder liest man in der Zeitung die Aufforderung der Behörden zum Bucheckernsammeln. Wer Bucheckern abgibt, bekommt im Tausch Bucheckernöl. Zusätzlich zu der vom Lebensmittelamt zugeteilten Fettration. Für sechs Pfund einwandfreie Bucheckern bekommt man einen Liter Öl. „Wahrscheinlich ist das Verhältnis zu schlecht", vermutet man im Ravensburger Gemeinderat – es werden viel zu wenig Bucheckern gesammelt.

Die Menschen sind anderweitig beschäftigt: Man fährt aufs Land, um zu arbeiten. „Wir haben für ein Vesper geschafft", sagt die heute 67-jährige Annette Haser aus Leutkirch. Zusammen mit seiner Mutter fährt das elfjährige Mädchen nach der Schule mit dem Rad zum Ziegelstadel – ein Hof, eineinhalb Kilometer von Leutkirch entfernt. Täglich zupft das Mädchen drei bis vier Stunden Unkraut oder rupft Flachs. „Meine Freundinnen sind in dieser Zeit zum Baden gegangen", erinnert sich Annette Haser. Da ihr Vater in Gefangenschaft ist, muss die älteste Tochter zusammen mit der Mutter für den Unterhalt der Familie sorgen. Das Schwimmbad ist für die kleine Annette deshalb tabu.

Auf dem Land dagegen ist die Versorgungslage wesentlich entspannter. Zwar müssen die Bauern einen Teil der Ernte an die Besatzer abliefern. Sie haben aber noch immer genügend Freiheiten, um auch in die eigene Tasche zu wirtschaften. Daran ändern auch die über die Zeitung angekündigten Kontrollen nichts.

„MEINE TANTE HATTE VON ALLEM"

„In den Ferien wurde ich immer auf dem Land einquartiert, damit meine Eltern meine Lebensmittelkarten für sich verwenden konnten", schreibt eine Schülerin aus Friedrichshafen-Fischbach in der Volkshochschul-Broschüre „Erlebte Nachkriegszeit in Friedrichshafen". „Ich war bei einer Tante zu Besuch ...Sie hatte keine Not zu leiden, im Gegenteil: Sie hatten von allem. Eines Abends war es besonders üppig, da stand Käse, Rauchfleisch, Schinken, Wurst, Butter, Honig, selbst noch rote Grütze ...und dazu stand als Krönung des Ganzen noch frischgeschlagene Schlagsahne auf dem Tisch. Alles, was das Herz begehrte! Und statt zu essen, wie mir angeboten wurde, fing ich an zu weinen und konnte überhaupt nichts hinunterbringen. Meine Tante konnte dies nicht verstehen. Da konnte ich nur schluchzend auf diesen vollbeladenen Tisch hinweisen und sagen: ‚Wenn das meine Eltern sehen könnten, dass es das noch gibt, ich glaube, die wären genauso traurig gewesen.' Sonst bekam ich nie etwas mit nach Hause, aber diesmal war es doch ein kleines Päckchen mit Butter. Sie hatte wohl zum ersten Mal überlegt, wie gut es ihnen den Krieg hindurch und auch nachher in den Zeiten der Reichsmark, wo es für die Städter ja noch viel schlechter war, ergangen ist!"

KINDERSPEISUNG UNTER SCHWEIZER FLAGGE

„Schmackhaft zubereitete Speisen fanden großen Anklang", steht in der „Schwäbischen Zeitung" vom 29. Oktober 1946. „Wir waren hungrig und für die damals organisierte Schulspeisung dankbar", erinnert sich eine Abiturientin des Häfler Graf-Zeppelin-Gymnasiums. In Friedrichshafen werden ab September 1946 täglich 600 Mahlzeiten verteilt. Es gibt Suppe – mit Linsen, Erbsen oder Bohnen, wie aus einem Bericht des evangelischen Stadtpfarrers Schmid hervorgeht. Welche Kinder zur Speisung dürfen, bestimmt das Gesundheitsamt. „Von 1200 Volksschülern wurden 400 ausgelesen", schreibt der Pfarrer weiter, von 240 Oberschülern 80, also je ein Drittel. Spender aus der Schweiz haben die Speisung in Friedrichshafen möglich gemacht, die Lebensmittel reichen für rund drei Monate. „Im Speisesaal der Schule hing eine riesige eidgenössische Flagge", erzählt die aus Friedrichshafen stammende Ursel Marohn.

Anders wird die Kinderspeisung in Ravensburg organisiert: Die Mädchen und Buben bringen ein kleines Töpfchen mit einem Deckel in die Schule mit, in der großen Pause wird das Essen in das Gefäß geschöpft. Ab 16. Oktober 1946 wird in Ravensburg fünf Mal pro Woche eine zusätzliche Mahlzeit gekocht. Welche der 600 Kinder zur Speisung dürfen, bestimmen die Lehrer. Später wählt das Gesundheitsamt aus, wer zur Speisung darf. Für fünf Monate ist die zusätzliche Mahlzeit gesichert, dank der Spenden des Liederkranzes und einiger Nachbargemeinden.

Nicht alle Kinder sind mit der zusätzlichen Mahlzeit zufrieden: „Leider haben die Köchinnen keine Phantasie walten lassen", erinnert sich Ursel Marohn. Einmal in der Woche gibt es Nudeln in süßlicher Milch. Ein Mahl, das bei den wenigsten Kindern ankommt. „Nur von den hungrigsten Kindern wurde dieses Gericht gegessen. Ich habe es bedauert, dass so viele Milchsuppenreste herumstanden", sagt Ursel Marohn.

TARNEN UND TAUSCHEN

Das Lager der Besatzer als Abenteuerspielplatz: Kinder haben am wenigsten Respekt vor den Uniformen der Besatzer. Der Lindauer Günter Müller erinnert sich, wie er sich als Elfjähriger oft in den Lagern der Franzosen aufhält. Nicht zum Spielen, sondern zum Geschäftemachen. Entbehrliche Dinge verhökern die Kinder auf dem Schwarzmarkt. Ware wird gegen Lebensmittel oder Zigaretten eingetauscht. Die Zigaretten-Währung ist besonders hoch im Kurs. „Wir Kinder waren stets bemüht und genötigt, unseren bescheidenen Anteil ...beizutragen", sagt Günter Müller.

MIT PAPP-FENSTERN GEFLICKTE HÄUSER

Wohnungen, Läden oder ein Büro werden notdürftig zwischen stehen gebliebenen Häusern eingerichtet. Zwischen den Schuttbergen eröffnet die Bäckerei Bucher in Friedrichshafen einen Laden. „Vor der Baracke hieß es immer Schlange stehen", erinnert sich das Schweizer Kind Ursel Marohn.

Für Besucher ist Friedrichshafen kaum wiederzuerkennen. Im September 1946 fährt zum ersten Mal wieder ein Schweizer Schiff über den See. Ein Schweizer Journalist schreibt über die Anfahrt auf die Ruinenstadt: „Es war das langsame Herangleiten an ein altbekanntes und doch fremd gewordenes Gestade." Und: „Das Einzige, was noch frohmütig stimmt – das ist die große muntere Schar Kinder, die zwischen den Ruinen spielt."

Ein neues Friedrichshafen bestaunen die Schweizer beim Anblick eines Gipsmodels, erfahren aber gleichzeitig, dass man in der Stadt nicht an diese Pläne glaubt. 200 Facharbeiter, 500 Hilfsarbeiter und 300 Handwerker wären zwölf bis 15 Jahre mit dem Wiederaufbau beschäftigt.

Beim Rundgang durch die Stadt können die Schweizer sehen, warum die Häfler nicht an den schnellen Wiederaufbau glauben: Nur die Straßen sind vom Schutt befreit, Neubauten gibt es so gut wie keine. Der Baurat der Stadt sagt der Schweizer Gruppe resignierend: „Ich werde nicht mehr aufbauen." Eineinhalb Jahre nach Kriegsende stockt der Wiederaufbau noch immer, weil das Material fehlt und keine Arbeiter da sind, um die Häuser wieder bewohnbar zu machen. Als im Mai 1946 die

Schweizerspende

Gespendet wurden

Käse	brutto	97.- Kg
Kakao	"	15 kg
Kindermehl	"	14 kg
Bärchenmusflocken	"	8 kg
Linsen	"	24 kg 500 Gr.
Bohnen	"	50 kg
Dörrobst	"	36 kg
Dörrobst-Bohnen	"	14 kg

20 % von der Gesamtsumme wurden auf Anweisung des Schweizer-Konsul Herrn Sutter dem Karl-Olga-Krankenhaus Friedrichshafen überwiesen.

Zur Verteilung an die Bevölkerung Friedrichshafens verbleiben:

Käse	brutto	77.600 kg.
Kakao	"	12.--- kg
Kindermehl	"	11.200 kg
Birchenmusflocken	"	6.400 kg
Linsen	"	19.600 kg
Bohnen	"	40.--- kg
Dörrobst	"	28.800 kg
Dörrobst-Bohnen	"	11.200 kg.

Friedrichshafen, den 13. Februar 19 6.

Spenden aus der Schweiz, bestätigt vom ehemaligen Musikdirektor Anton Elflein.

Schülerspeisung in Friedrichshafen.

Stadt 300 Arbeiter für die Trümmerbeseitigung bereit, werden diese von den Besatzern wieder abgezogen. Wäre der Schutt von der Bevölkerung nicht freiwillig weggeräumt worden, hätte es im September 1946 noch so ausgesehen wie direkt nach Kriegsende.

Die Ziegelei vor den Toren Friedrichshafens brennt in dieser Zeit noch immer keine Steine: Erst bleiben die Öfen kalt, weil keine Kohlen da sind, später liegt es an den fehlenden Arbeitern. Zement- und Nagelfabriken gibt es in der französischen Zone so gut wie keine. Nägel oder Zementsäcke über die Grenze zu bringen, ist fast unmöglich. Zerbrochene Fensterscheiben flicken die Menschen deshalb mit einem Stück Pappkarton oder Blech. Holz, der wichtigste Baustoff, ist ebenfalls Mangelware, weil sich zuerst die Franzosen bedienen und für die Deutschen so gut wie nichts mehr übrig bleibt.

Manche haben Glück, weil sie ihre Möbel vor dem Bombenangriff aus der Stadt gebracht haben. Andere richten mit dem Verbliebenen ihre zerstörten Wohnungen notdürftig wieder her. In Friedrichshafen freuen sich die Menschen, wenn sie überhaupt eine Wohnung haben. Meist sind die eigenen vier Wänden zerstört, oder Franzosen wohnen darin.

DEUTSCHE UND FRANZOSEN UNTER EINEM DACH

Mehr als 800 Wohnungen haben die Besatzer in Friedrichshafen beschlagnahmt. Gute Wohnungen, die besten Wohnungen. Ein, zwei Stunden haben die Besitzer Zeit, ihr Zuhause zu verlassen. Und werden an den Türen kontrolliert, ob sie nichts Begehrenswertes in der Tasche haben. So steht es in den Aufzeichnungen eines Häflers. Obdachlos geworden, müssen die Menschen mit ansehen, wie die Franzosen ihre Möbelstücke entweder auf Lastwagen verladen (und nach Frankreich chauffieren) oder zu Brennholz zersägen. Dass Radios oder Fotoapparate abgegeben werden müssen, sei wahrhaftig nicht erschütternd. Als viel schlimmer empfindet es der Häfler Bürger, dass Mütter von Babys beim Verlassen ihrer Wohnung nicht einmal die an der Wäscheleine hängenden Windeln mitnehmen dürfen.

FROSTIGES SCHULHAUS

„Als der Krieg zu Ende war, hatten wir die Schule ganz vergessen", erinnert sich eine damals 15-jährige Häflerin. Im Landkreis Tettnang wurden die Schulen am 1. Oktober 1945 – ein knappes halbes Jahr nach Kriegsende – wieder aufgesperrt. In den ersten Monaten ist die Schule nur an zwei bis drei Tagen in der Woche geöffnet. Extrem schlecht sind die Zustände an der Pestalozzi-Schule: 1200 Schüler müssen sich vier Klassenzimmer teilen. Eng ist es auch bei den Erstklässlern: Hier tummeln sich 80 bis 100 Schüler pro Klasse in einer Abteilung. „Die Aufstellung des Stundenplans gestaltet sich immer schwieriger", schreibt der Schulleiter in einem Brief an den Bürgermeister. Weil viele Schüler aus der Umgebung nach Friedrichshafen in die Schule kommen, will der Rektor die Wartezeiten so gering wie möglich halten. Es könne sein, dass die Schüler den Weg zwei Mal machen müssen, so der Schulleiter. Ein Schulweg, der sowieso sehr beschwerlich ist: Anfahrt in mehreren Etappen, die Zugverbindungen sind schlecht, die Zustände der Züge auch, viele Fenster mit Latten zugenagelt. Auch eineinhalb Jahre nach dem Krieg, im Oktober 1946, sei an der Pestalozzischule kein Fenster ganz, schreibt der Schulleiter in seinem Brief an den Bürgermeister. Es sind aber nicht nur die chaotischen Zustände im Schulhaus, die den Schulbetrieb hemmen. „Schulbücher gab es keine", erinnert sich eine Abiturientin des Graf-Zeppelin-Gymnasiums. Ausnahme: das Französischbuch Marchand I. Erst zwei Jahre nach Kriegsende bekommen die Schüler am Friedrichshafener Graf-Zeppelin-Gymnasium auch andere Bücher.

LEHRER- UND BRENNHOLZMANGEL

In Schnetzenhausen ist zwar die Schule offen, es gibt aber keinen Lehrer. In Tettnang werden fünf Klassen von nur einem Lehrer betreut. Da in der Pestalozzi-Schule anfangs nur drei Lehrer zur Verfügung stehen, müssen die Klassen fünf bis sieben zu Hause bleiben.

Ende November 1946 wird die Schule ganz geschlossen. Es ist zu kalt, die Häfler Volksschule ist seit mehr als einer Woche nicht mehr geheizt worden. Aus Sorge um das Wohlbefinden der Schüler sei er zur Schließung gezwungen, schreibt der Rektor der Häfler Pestalozzi-Schule an den Bürgermeister. „Die Lehrer weigern sich..., da auch ihre Gesundheit sehr gefährdet sei." Die Schule hat kein Brennholz, geschweige denn Kohlen zum Heizen.

Die Folge: Die Schulverwaltung ordnet Anfang Dezember Sammelaktionen an. Erster Vorschlag: Die Schüler sollen Tannenzapfen oder Fallholz auflesen. Zweiter Vorschlag: Jedes Kind soll einen Mindestsatz von Brennholz mitbringen. Auch im Staatssekretariat in Tübingen dürfte man gewusst haben: So lange kein Heizmaterial da ist, bleiben die Schultüren verschlossen. Sogar offiziell nennen die Tübinger die schulfreie Zeit Kohlenferien.

Inoffiziell soll der Unterricht aber weiter gehen. Die Schulen sollen improvisieren, fordert die Schulverwaltung, der Unterricht soll in Rathäuser, Kirchen, Gasthöfe, Fabriken oder Wohnungen verlegt werden. Falls ein normaler Unterricht nicht möglich sei, mögen die Schüler auf andere Weise den Winter über unterrichtet werden. In einem Brief an die Bezirksschulämter nennt das Staatssekretariat Möglichkeiten: Auswendiglernen, Hausarbeiten, Vorlesen in kleinen Gruppen, Basteln, Sport, Musizieren, Besichtigungen. Während der

Kohlenferien sollen sich die Schüler am Wiederaufbau beteiligen. Dazu gehören die Instandsetzung von Geräten in der Bastelgruppe oder ein eintägiger Hilfsdienst für Flüchtlinge oder Arme in der Gemeinde.

NUR IN DER KÜCHE IST ES WARM

Wo Pater Günthör im Winter 1946 in Weingarten auch hinkommt, es sieht in jedem Haus gleich aus: Nur in der Küche ist es warm, im Herd glimmen Tannenzapfen. Auf dem Herd klappert ein mit Kartoffeln gefüllter Kessel.

Bäume dürfen keine gefällt werden, man muss mit Zweigen oder Tannenzapfen auskommen. Die Wälder sind leer gefegt. Oder „sauber aufgeräumt", wie der Benediktiner-Pater bemerkt.

Heizmaterial ist streng rationiert. Auch noch gut zwei Jahre nach Kriegsende. Kohlen bekommt nur, wer bedürftig ist: werdende Mütter, allein stehende Frauen mit Kindern, Familien mit kleinen oder gar keinen Brennholzvorräten. So regelt es die Gemeinde Langenargen. An Kohlevorräte ist nicht zu kommen, damit haben sich die Menschen abgefunden. Kohle aus dem Saarland – dort sind die einzigen Zechen in der Zone – wird nach Frankreich ausgeführt. Da klingt es schon wie eine frohe Botschaft, wenn die „Schwäbische Zeitung" kurz vor Weihnachten 1946 ankündigt, dass in Weingarten und Ravensburg in den nächsten Tagen 2700 Zentner Kohle ausgeliefert werden. Ein bis zwei Zentner pro Haushalt, die Ration ist klein. Und doch besser als nichts. „Vielen, die es besonders nötig haben, dürfte eine vorweihnachtliche Freude bereitet werden", schreibt die „Schwäbische Zeitung". Gemeint sind damit: Alte, Kranke, Kriegsversehrte und Mütter mit Kindern.

Während sich die Ravensburger über eine Extra-Ration Kohlen freuen, wissen die Bedürftigen in Langenargen nicht, wie sie an Brennholz kommen sollen: „Nur in weit entfernten Wäldern war es möglich, Holz zu fällen", schreibt ein Chronist. Ein Raummeter pro Kopf. Für den Transport ist jeder selber zuständig. Alte, Kranke, Frauen bleiben auf der Strecke.

ES REGNET KOHLEN

Wenn es nicht wie bei einem Kinder-Schabernack unverhofft Kohlen regnet. Darüber schreibt die Ravensburger Schriftstellerin Maria Müller-Gögler in ihrem Tagebuch. „Kürzlich kamen im neuen Gymnasium für die Franzosen auf Lastwagen Kohlen angefahren. Da die Wagen langsam das Berglein hinauffahren mussten, machten sich einige kleine Buben einen Spaß daraus, die Franzosen, die droben saßen, zu necken, mit langen Nasen und ähnlichen Unarten. Die jungen Franzosen, selber noch halbe Kinder, warfen mit Kohlen auf die Bengel. Doch je mehr sie warfen, desto frecher wurden diese, und sie steigerten ihre Bosheit von einem Wagen zum anderen, ohne jede Angst vor den schwarzen Geschossen. Als endlich der letzte Wagen vorüber war, sprangen sie flink nach Hause, holten Körbe und füllten die Kohlen, von denen die Straße vollgestreut war, hinein. Was das für eine Freude für die Mütter bedeutete, weiß nur der, der einen langen Winter lang ohne eine einzige Kohle auskommen musste, und dies müssen heuer hierzulande alle deutschen Familien, soweit sie nicht Franzosen im Quartier haben."

Unhaltbar sei die Situation in Ravensburg, schimpfen die Mitglieder des Gemeinderats Ende Oktober. Der Winter kann jeden Tag kommen, die Menschen in der Stadt sind nicht darauf vorbereitet: Nach offiziellen Angaben ist nur jede dritte Familie in der Stadt mit Brennholz versorgt. Die Behörden wissen: Es reicht nicht mehr für jeden. Sie hoffen, dass sich die Leute selbst um ihr Holz kümmern.

„SÄUGLINGE AUF NASSEM STROH IN BUNKERN"

„An manchen Orten sind in den Jahren '44, '45 und '46 geborene Kinder zu 100 Prozent weg-

Schulbänke, eine Spende der Gemeinde Rorschach, werden im Hafen von Friedrichshafen von der „Thurgau" entladen.

I. Evangel. Stadtpfarramt Friedrichshafen,den 23. November 1945.

An den Evangel.Oberkirchenrat
Großheppach.
Betr. Bitte um einen Beitrag aus
dem kirchlichen Hilfswerk.
Beil. O.

Von dem Geschehen in der Nachkriegszeit wird unsere an sich schon schwer heimgesuchte Gemeinde noch besonders hart beroffen. Die Arbeit in den Rüstungsbetrieben wird begreiflicherweise nur zu einem geringen Teil wieder aufgenommen.Die Arbeitslosigkeit wächst.Immer neu kommen wieder Einquartierungen, die eine harte Belastung bedeuten. Die Leute wohnen in Kellern, in notdürftig geflickten Ruinen oder eng zusammengedrängt in den einigermaßen instandgesetzten Wohnräumen.Mit der einziehenden Winterkälte steigt die Not.Die Zahl der verschämtem Armen wird größer und größer.

Der hiesige Evg. Kirchengemeinderat hat mich beauftragt, den Oberkirchenrat zu bitten um einen Beitrag für unsere Gemeindeglieder aus dem für das "Kirchliche Hilfswerk"gesammelten Opfer. Wir wären dankbar für etwa 3 - 5 000 RM.

Z. B.
Schmid
Stadtpfarrer.

Der Kürze der Zeit halber geht
ein Durchschlag zu gleicher
Zeit an das Evg. Dekanatamt
in Ravensburg.

I.Ev. Stadtpfarramt Friedrichshafen,den 13.April 1948.

An die
Kreissparkasse
Friedrichshafen.
Betr. Care-Pakete.

Auf Ihr Schreiben v.1.d.M.beehre ich mich,Ihnen mitzuteilen,daß wir zwei Evangelische Kindergärten unterhalten mit je 80 Kindern:

1. a) Evangel. Kindergarten im Gemeindehaus,Scheffelstr. 15
   b) " " ", Zeppelindorf,Ludwig Dürrstr.
2.) je 80 Kinder.
3.) Die verantwortliche Leitung liegt beim I.Evangel. Stadtpfarramt,die Kindergärten stehen unter dem Schutz der Ev.Kirchengemeinde.
4.) Eine Untersuchung der Kinder im Gemeindehaus durch das staatliche Gesundheitsamt ergab folgendes:

in schlechtem Zustand befinden sich	22%	der Kinder
in mittlerem " " "	37%	" "
" gutem " " "	40%	" "
auffallende Blutarmut bei	7%	
Anzeichen von Rachitis "	22 %	
chronische Lymphdrüsenschwellung"	63 %	
Bein- und Fußverbildungen	25 %	

Aus alle dem geht hervor,daß die Kinder einer regelmäßigenzusätzlichen Kost dringend bedürftig sind.

Zur Beurkundung
[Unterschrift]
Stadtpfarrer.

gestorben", schreibt die Schweizer Zeitung „Wiler Bote" in ihrer Ausgabe vom 1. März 1947. „Das Säuglingselend ist unvorstellbar. ...Das Primitivste ist nicht vorhanden. Es fehlt an Nahrung, Wäsche, Reinigungsmitteln. Säuglinge sind auf nassem Stroh in Bunkern untergebracht."

Ein 1946 in Friedrichshafen geborenes Mädchen hat Glück. Als sechs Monate altes Baby leidet es im Winter an einer Lungenentzündung. „Nur durch unseren guten Hausarzt ...kam ich wahrscheinlich über den Berg", ist die Friedrichshafenerin überzeugt. In der Schweiz besorgt der Mediziner „Sulfonamid", in der Zeppelinstadt ist dieses Medikament nicht zu bekommen. „Trotz all der Missstände ...war ich ein gesundes und fröhliches Mädchen", sagt das Nachkriegskind rückblickend.

UNTERERNÄHRTE UND KRANKE KINDER

„In den Schülermessen wurden immer wieder Kinder ohnmächtig, weil sie unterernährt waren", schreibt Benediktiner-Pater Günthör. Sein Kollege aus Baienfurt bestätigt dies: 80 Prozent seiner über 400 Schulkinder seien unterernährt. Diese Zahl sei amtlich, betont der Pfarrer. Die Folge von Unterernährung: Die Kinder erkranken.

Eine Untersuchung in den beiden evangelischen Kindergärten in Friedrichshafen bringt erschreckende Zahlen ans Tageslicht: Keine Bedenken meldet das Gesundheitsamt nur bei 40 Prozent der Kinder an. Ein Fünftel sei in einem schlechten Zustand. Krankheiten, die besonders häufig festgestellt werden: Anzeichen von Rachitis (eine typische Mangelkrankheit), chronische Lymphdrüsenschwellung, Bein- oder Fußverbildungen. „Es geht hervor..., dass die Kinder dringend bedürftig sind", schreibt der Stadtpfarrer in einem Bettelbrief an die Sparkasse Friedrichshafen. Die Kinder bräuchten dringend zusätzliche Nahrung.

DIE SCHWEIZER HILFSLIEFERUNGEN – DAS BEISPIEL „WIL HILFT WEINGARTEN"

„Liebesgaben" heißen die Hilfsgüter, die die „Schweizer Grenzlandhilfe" ins zerbombte Deutschland schickt. Das Schweizer Hilfswerk hat bisher vor den Toren Weingartens Halt gemacht, da die Stadt von Bombenangriffen weitgehend verschont geblieben ist. Als im April '46 in Ravensburg 18 Tonnen Gemüse an die Armen ausgegeben werden, schreibt der Weingartener Bürgermeister seinem Ravensburger Kollegen einen Brief: „Ich erlaube mir die Anfrage, ob die Zuweisung lediglich für Ravensburg erfolgte."

Ein gutes Jahr später werden auch die Weingartener mit einer Kleidersammlung der Katholischen Kirchgemeinde Wil beglückt. „Die Sachen brauchen nur sauber zu sein", heißt es in dem Aufruf an die Wiler Bevölkerung, „Reparaturen werden durch uns besorgt." In der Schweizer Gemeinde werden Näh-, Strick- und Flickstuben aufgemacht. Frauen- und Töchtervereine richten die Kleider her. Was nicht durch Spenden aufzutreiben ist, muss eingekauft werden – deshalb gehen Schulkinder von Haus zu Haus, um Geld zu sammeln. Mit der „Sammelsäckli-Aktion" wollen die Wiler auch den Kommunionkindern in Weingarten helfen. Obwohl der „Weiße Sonntag" um eine Woche verschoben wird, erreicht die Hilfslieferung Weingarten erst vier Tage nach der Erstkommunion. Der Transport hat sich verzögert.

Die Resonanz in Weingarten ist trotzdem riesig: 200 Kinder können wieder „menschenwürdige" Kleider tragen („Wiler Bote"). Wert dieser Sendung: 20 000 Schweizer Franken. Und sie ist nicht die letzte.

Auch die Evangelische Kirchgemeinde in Wil stemmt eine Hilfsaktion, nachdem sie der Weingartener Stadtpfarrer Haeberle darum gebeten hat. „Dürfte ich vielleicht auf meinen Wunschzettel auch noch die Bitte um Schiefertafeln setzen, deren Fehlen eine ganz große Schulnot bedeutet?" Zwischen Flickleder, Schreibzeug, Schuhen, Nägeln, Sohlen-

Land Württemberg-Hohenzollern
– Wirtschaftsministerium –
– Landeswirtschaftsamt –
Wirtschaftsamt
(Dienstsiegel) № 905080
Spinnstoffkarte 1948/49
für Personen ab vollendetem 1. Lebensjahr
Name:
Wohnort:
Wohnung:
Die Spinnstoffkarte ist bei Ableben oder Wegzug aus Württemberg-Hohenzollern an die Kartenausgabestelle zurückzugeben.
Mißbrauch oder Fälschung der Karte wird bestraft.

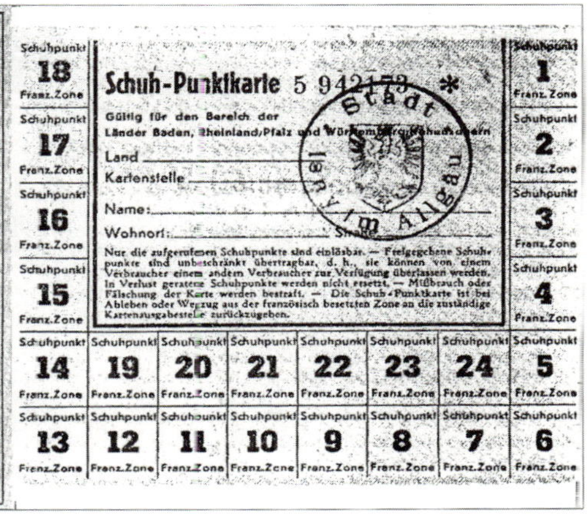
Schuh-Punktkarte 5 942173 *
Gültig für den Bereich der Länder Baden, Rheinland/Pfalz und Württemberg-Hohenzollern
Land
Kartenstelle
Name:
Wohnort: Straße
Nur die aufgerufenen Schuhpunkte sind einlösbar. – Freigegebene Schuhpunkte sind unbeschränkt übertragbar, d. h., sie können von einem Verbraucher einem andern Verbraucher zur Verfügung überlassen werden. In Verlust geratene Schuhpunkte werden nicht ersetzt. – Mißbrauch oder Fälschung der Karte werden bestraft. – Die Schuh-Punktkarte ist bei Ableben oder Wegzug aus der französisch besetzten Zone an die zuständige Kartenausgabestelle zurückzugeben.
Schuhpunkt 1 … 24, Franz. Zone

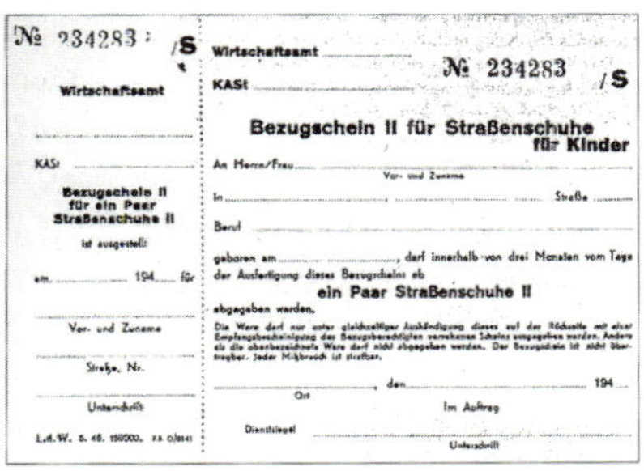
№ 234283 /S
Wirtschaftsamt
KASt
Bezugschein II für Straßenschuhe II
ist ausgestellt
am ... 194 ... für
Vor- und Zuname
Straße, Nr.
Unterschrift
L.d.W. 5. 48. 150000.
Wirtschaftsamt
KASt № 234283 /S
Bezugschein II für Straßenschuhe für Kinder
An Herrn/Frau
Vor- und Zuname
in ... Straße
Beruf
geboren am ..., darf innerhalb von drei Monaten vom Tage der Ausfertigung dieses Bezugscheins ab
ein Paar Straßenschuhe II
abgegeben werden.
Ort, den ... 194
Dienstsiegel Im Auftrag
Unterschrift

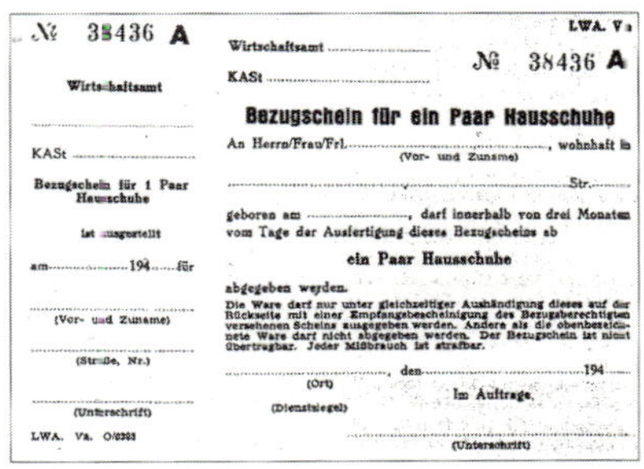
№ 38436 A
Wirtschaftsamt
KASt
Bezugschein für 1 Paar Hausschuhe
ist ausgestellt
am ... 194 ... für
(Vor- und Zuname)
(Straße, Nr.)
(Unterschrift)
LWA. Va. O/2303
LWA. Va
Wirtschaftsamt
KASt № 38436 A
Bezugschein für ein Paar Hausschuhe
An Herrn/Frau/Frl. ..., wohnhaft in
(Vor- und Zuname)
... Str.
geboren am ..., darf innerhalb von drei Monaten vom Tage der Ausfertigung dieses Bezugscheins ab
ein Paar Hausschuhe
abgegeben werden.
Die Ware darf nur unter gleichzeitiger Aushändigung dieses auf der Rückseite mit einer Empfangsbescheinigung des Bezugsberechtigten versehenen Scheins ausgegeben werden. Andere als die obenbezeichnete Ware darf nicht abgegeben werden. Der Bezugschein ist nicht übertragbar. Jeder Mißbrauch ist strafbar.
(Ort), den ... 194
(Dienstsiegel) Im Auftrage
(Unterschrift)

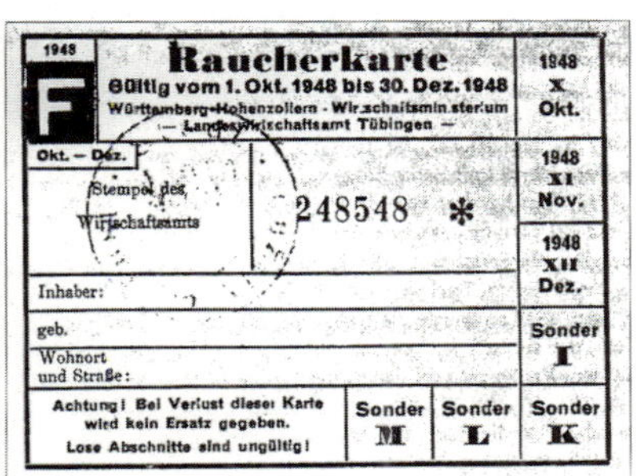
1948 F Okt. – Dez.
Raucherkarte
Gültig vom 1. Okt. 1948 bis 30. Dez. 1948
Württemberg-Hohenzollern · Wirtschaftsministerium
– Landeswirtschaftsamt Tübingen –
Stempel des Wirtschaftsamts
248548 *
Inhaber:
geb.
Wohnort und Straße:
Achtung! Bei Verlust dieser Karte wird kein Ersatz gegeben. Lose Abschnitte sind ungültig!
1948 X Okt. · 1948 XI Nov. · 1948 XII Dez. · Sonder I · Sonder M · Sonder L · Sonder K

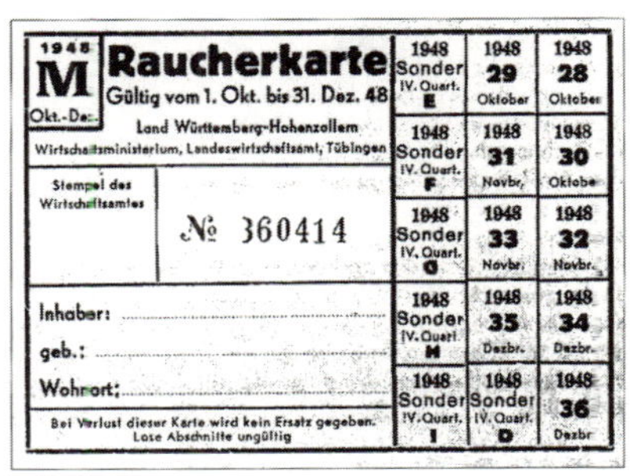
1948 M Okt.-Dez.
Raucherkarte
Gültig vom 1. Okt. bis 31. Dez. 48
Land Württemberg-Hohenzollern
Wirtschaftsministerium, Landeswirtschaftsamt, Tübingen
Stempel des Wirtschaftsamtes
№ 360414
Inhaber:
geb.:
Wohnort:
Bei Verlust dieser Karte wird kein Ersatz gegeben. Lose Abschnitte ungültig
1948 Sonder IV. Quart. E · 1948 29 Oktober · 1948 28 Oktober · 1948 Sonder IV. Quart. F · 1948 31 Novbr. · 1948 30 Oktober · 1948 Sonder IV. Quart. G · 1948 33 Novbr. · 1948 32 Novbr. · 1948 Sonder IV. Quart. H · 1948 35 Dezbr. · 1948 34 Dezbr. · 1948 Sonder IV. Quart. I · 1948 Sonder IV. Quart. D · 1948 36 Dezbr.

Bezugsscheine und -karten.

Die „Rhein", ausnahmsweise für den Kindertransport eingesetzt, beim Ablegen von Platz 4 in Friedrichshafen.

schützern, Nachtkappen, Vorhängen und Bibeln finden die Weingartener dann tatsächlich auch ein paar Schiefertafeln.

Im Kindergarten werden die Kisten und Säcke verstaut. Die Überbringer der Hilfsgüter hätten gerne gesehen, wie die Weingartener beim Aufmachen der Päckchen strahlen. „Doch wir mussten schon wieder an die Rückkehr denken", erinnert sich Pfarrer Geiger aus Wil. Man ist auf Briefe angewiesen. Und die kommen in großer Zahl: Mehr als 80 Dankesschreiben flattern ins Pfarrhaus. „Man kann nicht in Worten ausdrücken, wie all die Zeilen voll des Dankes, voll der Rührung und voll der Freude über das Empfangene sind", sagt Pfarrer Geiger bei einem Gemeindeabend.

Michael Hescheler

„... Beglückt zog man beschenkt nach Haus
und packte strahlend Gaben aus.
Manch Mutter wurd' die Sorge los:
Wie kommt mein Kind zur Schule bloß?
Im Sommer konnt's gut barfuß gehn,
doch was im Winter sollt' geschehn?
Wie froh ist doch nun jedermann,
der feste Schuh' kann ziehen an,
sich nicht mehr reibt die Füße wund,
weil er jetzt Strümpf' sich leisten kunnt.
Viel leichter fällt uns alles Tun,
weil wohlversorgt die Füße nun.
Die Sohlenschoner gar daneben
verlängern unsrer Füße Leben ..."

Paula Christiani,
Gemeindehelferin der evangelischen
Kirchengemeinde Weingarten,
reimt diese Zeilen am 1. Oktober 1947 und
bedankt sich mit dem Gedicht bei der
Partnergemeinde Wil für die großzügige Hilfe.

Weingarten, 26.12.47.

Sehr geehrter Herr Stadtpfarrer!

Es ist mir ein Bedürfnis, Ihnen u. Ihren lb. Gemeindegliedern herzlichst zu danken für all Ihre aufopfernde Mühe, die Sie sich gemacht haben, um uns zu helfen.
Ihre hochherzige Spende trug dazu bei meinen Kindern das Fest zu verschönern. Ich bekam Skistiefel, 1 Pullover, 1 Hose u. Handschuhe sodaß jedes meiner 4 Kinder durch Sie große Freude hatte.
Entschuldigen Sie bitte, wenn ich mich so spät bedanke; doch wollte ich Ihnen in Ruhe schreiben u. diese hatte ich vor dem Fest nicht, zumal ich mit meinen 4 Kindern nur 1 Notwohnung – ohne Küche habe – was sehr beschwerlich ist.
Mein Mann befindet sich noch in russischer Kriegsgefangenschaft.
Ihnen, sehr verehrter Herr Stadtpfarrer u. Ihren lb. Gemeindegliedern sei von Herzen für all Ihre guten Taten gedankt u. Gottes Segen für das kommende Jahr gewünscht. Frau W. Weiß, Weingarten
Württemberg, Promenade 3.

Dankesbrief von Wilhelmine Weiß, Weingarten.

„Wir wollen es den Schweizern nicht vergessen"

Französische Marinesoldaten im Hafen von Lindau.

In Lindau hoffte man nach dem Zweiten Weltkrieg auf Hilfe ohne zu wissen, woher sie kommen sollte. Ob sich die Schweizer angesichts der Not ihrer Nachbarn erweichen lassen würden?

Am 30. April 1945 marschierten in Lindau die Franzosen ein. Als nach dem Kriege die Zuständigkeiten für die deutschen Länder geregelt wurden, wurde Bayern amerikanische Zone. Nur Lindau und sein Landkreis machten eine Ausnahme: Dieses kleine Stück bayerischen Territoriums wurde der französischen Zone zugeschlagen. Der Grund: Lindau bot den Franzosen durch seine Lage die Möglichkeit, sich einen Korridor für ihre Vorarlberger Gebiete zu schaffen. Dass durch diese Regelung noch etwas anderes eingeleitet wurde, wird man sich wohl nicht sofort so gedacht haben. Lindau bekam nämlich bald einen eigenen Kreispräsidenten, der für das nächste Jahrzehnt fast so etwas wie ein Staatsoberhaupt mit weit reichenden Kompetenzen wurde. Lindau war in diesen Jahren fast so etwas wie ein eigenes Land, eine Art Mini-Liechtenstein. Der Kreispräsident konnte so die Lindauer Spielbank ins Leben rufen und auch sonst manches Gute für seine Bürger tun. Dass es den Lindauern dabei, zumindest den Umständen entsprechend, bald recht gut ging, war ebenfalls zum Teil auf diese Situation zurückzuführen.

Der Anfang freilich war gar nicht gut: Am 23. Mai 1945 wurde den Insulanern (und einem Teil der Festlandbewohner) per Lautsprecher mitgeteilt, dass sie noch an diesem Tage die Stadt zu räumen hätten. Wenig später sah man zahlreiche Lindauer mit dem, was sie mit sich trugen, aber eigentlich gar nicht hätten mitnehmen dürfen, stadtauswärts ziehen. Zurück blieben ihre unverschlossenen Wohnungen. Wem

Fanny Spöttl verlässt am 23. Mai 1945 mit ihrer gelähmten Mutter die Lindauer Insel.

die Plünderungen in diesen Tagen zuzuschreiben sind, sollte eine offene Frage bleiben. Waren es die Soldaten, oder waren es Fremdarbeiter, die sich hier aufhielten? Gottlob dauerte dieser Exodus nur zwei Tage, und so pilgerten am 25. Mai die gleichen Lindauer wieder stadteinwärts. Dass dieser Rückmarsch überhaupt möglich wurde, verdankten die Insulaner unter anderen auch ihrem Pfarrer Karl Schneidt, der sich als Bürge meldete und von dem wir noch hören werden. Der Vorfall zeigt aber, wie groß das gegenseitige Misstrauen war – jeder misstraute jedem. Nächtliche Ausgangssperre, Stromeinschränkung, Lebensmittelkarten, Ströme von Flüchtlingen waren an der Tagesordnung. Schon kurz nach Kriegsende mussten die Lindauer erholungsbedürftige Kinder aus Frankreich in den Landkreisgemeinden aufnehmen, obwohl sie selbst kaum mehr etwas hatten. Weitere Überraschungen waren jederzeit möglich. So musste zum Beispiel jede Lindauer Familie plötzlich einen Anzug bei der Behörde abliefern.

Langsam besserten sich aber doch die Verhältnisse. Bald konnten die Kinder wieder die Schule besuchen, eingeführt wurde auch eine Schulspeisung. Die Not war aber trotzdem weiterhin groß. Dass Lindau damals als „Fettfleck Deutschlands" bezeichnet wurde, lag nur daran, dass der Viehbestand für eine entsprechende Ernährung sorgte, während es an Mehl und Kartoffeln mangelte und die Bürger in manchem Monat gerade einmal 2,5 Kilogramm Kartoffeln zugeteilt bekamen. Es kam deswegen zu Tausch- und Korruptionsgeschäften, bei denen so manche Panne unterlief. Alles sollte sich erst mit der Währungsreform bessern.

Man hoffte auf Hilfe, ohne zu wissen, woher sie kommen sollte. Am ehesten schielte man hinüber ans andere Ufer, in die Schweiz. Und tatsächlich kam erste Hilfe von dort, zunächst einmal für die Kinder: in Form von Fahrten in die Schweiz. Die erste gab es am 24. November 1946 nach Rorschach. An ihr nahmen an die 500 Kinder – andere Quellen sprechen von 600 – teil. Die zweite Fahrt, bei der wiederum mehr als 600 Buben und Mädchen auf der Reise waren, führte – kurz vor Weihnachten – nach Heiden. Die beiden dortigen Pfarrer, Gottlieb Roggwiller aus Rorschach und Dr. Heinz Huggler aus Heiden (der schon zuvor den Lindauer Schulen Schulbücher hatte zukommen lassen), hatten sich darum besonders verdient gemacht, in Lindau war es der schon erwähnte Pfarrer Karl Schneidt, der sich um die Verwirklichung und dann die Organisation bemühte. Der Kommentar in der „Schwäbischen Zeitung" zur ersten Fahrt ins gelobte

Weinausgabe im Weinhaus Frey, wohl im März/April 1945, vor Eintreffen der Besatzer.

Militärregierung in Deutschland

Kontrollgebiet der 1. Französischen Armee

Bekanntmachung

Da persönliche Anschläge gegen die Französichen Besatzungsstreitkräfte in der Gegend von Lindau verübt wurden, hat die Militärregierung den Befehl zur Räumung der Stadt Lindau und seiner nächsten Umgebung für den 23. Mai 17 Uhr erteilt.

Infolge dieses Befehls, haben Monsignore Ludwig KERLER, katholischer Stadtpfarrer und Herr Karl SCHNEIDT, evangelischer Stadtpfarrer von Lindau, dem General Oberbefehlshaber der 1. Französischen Armee, folgenden Brief zukommen lassen:

„Wir die unterzeichneten verantwortlichen Pfarrer der beiden Kirchengemeinden in Lindau (B) haben durch den Bürgermeister der Stadt Lindau in Erfahrung gebracht, daß die Räumung des größten Teiles des Stadtgebietes Lindau bis 23. Mai 17 Uhr verfügt worden ist. Anlaß für die getroffene Maßnahme soll dem Vernehmen nach der am Sonntag, den 20. Mai in HEGE in einem von französischen Truppen belegten Gebäude ausgebrochene Brand sein.

Auf Grund unserer genauen Kenntnis der Einstellung der Bevölkerung Lindaus und seiner Umgebung geben wir unserer Ueberzeugung Ausdruck, daß es sich bei dem ausgebrochenen Brand keinesfalls um einen Akt böswilligen Verhaltens der Bevölkerung gegenüber der Besatzungstruppe handeln kann. Wir glauben vielmehr versichern zu können, daß trotz der schweren Erlebnisse, die die Besatzung mit sich bringt, sich die gesamte Einwohnerschaft ihrer Pflicht loyalsten Verhaltens gegenüber der französischen Armee bewußt ist. Wir versichern aber auch nachdrücklichst, daß sowohl von den maßgeblichen Stellen wie auch von uns als Seelsorgern der ganze Einfluß auf die Bevölkerung dahingehend geltend gemacht wird, daß alles unterbleibt, was als unfreundliche oder gar feindselige Haltung gegenüber der Besatzungsarmee ausgelegt werden müßte.

Aus unserer Ueberzeugung, daß die gesamte Bevölkerung unserer Stadt aufs tiefste jede unbesonnene oder feindliche Haltung gegen die französische Armee verabscheut und aus unserer pflichtgemäßen Sorge um das Schicksal unserer zur Räumung gezwungenen Gemeinden glauben wir die Bitte aussprechen zu dürfen, der Herr Befehlshaber der 1. Französischen Armee wolle gnädigst von der Durchführung des Räumungsbefehls absehen."

In aller Ehrerbietung

Für die kathol. Gemeinde:	Für die evangel. Gemeinde:
gez. Monsignore Ludwig Kerler	gez. Karl Schneidt
Stadtpfarrer	Stadtpfarrer

Rücksicht nehmend auf den Wortlaut dieser Bittschrift und auf die Tatsache, daß die zwei Seelsorger der Gemeinde Lindau, sowie Dr. EBERTH, Landrat und Bürgermeister, das zukünftige loyale und disziplinierte Verhalten der Bevölkerung gegenüber den Französischen Militärbehörden persönlich verbürgen, hat der General Oberbefehlshaber der 1. Französischen Armee, als eine außerordentliche Gnadenmaßnahme beschlossen, daß der am 23. Mai evakuierten Bevölkerung der Gegend Lindau erlaubt sein wird, ihre Wohnungen ab 25. Mai 8 Uhr wieder zu beziehen.

Die Bevölkerung wird ermahnt, daß falls in Zukunft die ausdrücklichen in ihrem Namen eingegangenen Verpflichtungen nicht gehalten werden, rücksichtslose Strafmaßnahmen sofort in Kraft treten werden. Rekurs wird auf keinen Fall gewährt werden.

Den 24. Mai 1945.

Im Auftrage der Militärregierung.

Die Lindauer Stadtpfarrer Kerler und Schneidt nehmen die Zivilbevölkerung in Schutz.

Land lautete: „Wir wollen es den Schweizern nicht vergessen, was sie in dieser schweren Zeit an unsern Kindern Gutes getan haben, und ebenso wenig, dass es kirchliche Gemeinden waren, die dieses Werk der christlichen Hilfsbereitschaft im Advent 1946 in die Wege geleitet haben."

So fuhren also am 24. November 1946 die Lindauer Kinder mit Begleitpersonen mit dem Schiff „Thurgau" zu Besuch hinüber ans andere Ufer, wo sie von Schweizer Familien für ein paar Stunden aufgenommen wurden. Das menschenfreundliche Unternehmen war vom Hilfswerk der Evangelischen Kirchen der Schweiz ausgegangen und nicht zuletzt auch dem Entgegenkommen der französischen Militärregierung zu verdanken. „Mit leuchtenden Augen erzählen die Kinder immer noch von all dem Schönen, das sie erlebt und gesehen haben: Von der Fahrt auf der „Thurgau", von der Ankunft am anderen Ufer, vom Besuch bei den Gasteltern und natürlich vom Festessen, von den schönen und nützlichen Geschenken, die sie mit heimnehmen durften. Vom tiefen Dank erfüllt sind Kinder und Eltern denen gegenüber, die diesen Erholungstag ermöglichten", schrieb die „Schwäbische Zeitung". Eine Umfrage bei den damals Beteiligten zeigt, dass man sich noch gern und dankbar daran erinnert. Man weiß noch, dass die Eltern ihre Sprösslinge ermahnten, sich ja gut zu benehmen und ja nicht zu betteln, und dass genau deswegen eigentlich bei den Kleinen ein bisschen Angst mitschwang, als sie ihre Gastgeber kennen lernten.

Eine zweite Fahrt mit Lindauer Kindern fand einen knappen Monat später statt, am 15. Dezember 1946. Sie hatte erneut Pfarrer Schneidt aus Lindau organisiert, der auch selbst mitfuhr. In der Schweiz waren es wiederum seine beiden Kollegen Roggwiller und Dr. Huggler, die keine Mühe scheuten, das Projekt ein zweites Mal zu verwirklichen. Diesmal ging die Fahrt nach Rorschach und von dort mit der Zahnradbahn – es waren zwei Fahrten nötig – hinauf ins Bergdorf

Die Liebesgaben der „Grenzlandhilfe".

Heiden. Nach einem Gottesdienst fuhren die Kinder weiter nach Reute, Wald, Oberegg und Wolfhalden. Einer der Omnibusse machte dabei seine Jungfernfahrt. Bei der Heimfahrt am Abend läuteten die Glocken von Heiden den Kindern zum Abschied. Auch dieses Mal lobte die „Schwäbische Zeitung" in ihrer Ausgabe vom 20. Dezember die Großzügigkeit der Schweizer: „Die Schweizer haben es an nichts fehlen lassen, um den deutschen Kindern den Tag bei ihnen so schön wie möglich zu gestalten. Nicht nur, dass sie die Kinder aufs Beste bewirteten und sie nach den Jahren der Entbehrung und des Darbens einen Tag lang sich satt essen ließen, sie beschenkten sie zum Abschied noch reich mit vielen nützlichen Dingen, die in Deutschland schon lange nicht mehr zu haben sind. Mit großen Paketen beladen kamen die kleinen Reisenden zurück. Schuhe, warme Kleider aller Art, wollene Strümpfe, Schokolade, Kakao, Zucker, Süßstoff, Konserven, Fett haben die Schweizer in liebevoller Fürsorge mitgegeben und damit den Gabentisch zum Weihnachtsfest für viele Kinder gedeckt. Und gar manches Kind ist aufgefordert worden, ganz bestimmt im kommenden Jahr auf ein paar Wochen zu Besuch zu kommen." Der Dank des Schreibers galt aber am Schluss auch den kirchlichen Gemeinden, die dieses Werk christlicher Hilfsbereitschaft in die Wege geleitet hatten.

Im und nach dem Krieg für viele überlebensnotwendig: ein Leiterwagen, in dem das Erbettelte und Gesammelte transportiert wurde.

Von einer späteren Fahrt berichtet der „Südkurier" in seiner Ausgabe vom 29. August 1947. Wiederum waren es an die 500 Buben und Mädchen, die an einer Tagesfahrt teilnahmen. Im Gegensatz zu den früheren Fahrten kamen dieses Mal aber viele Kinder – etwa 180, denen das einmalige Vergnügen zuteil wurde – aus dem oberen Landkreis. Eingeladen hatte eine Fabrik in Heerbrugg im Rheintal. Wiederum ging es mit dem Schiff über den See. Nach der Ankunft in Rorschach nahmen alle ein Frühstück ein, dann wurden die Buben und Mädchen verteilt. Wer das Glück hatte, der Gruppe zugeteilt zu werden, die nach Berneck fuhr, erlebte dort auch den ersten Jahrmarkt seines Lebens. In Lindau gab es so etwas schon seit den letzten Kriegsjahren nicht mehr. Um 17 Uhr begann der letzte Teil dieser kleinen, aber schönen Reise mit der Heimfahrt über den See. Wohl ziemlich übermüdet kamen die letzten Teilnehmer erst gegen 22 Uhr in ihren Dörfern im Westallgäu an.

Pfarrer Schneidt trat schließlich noch als Vermittler für eine Fahrt Langenargener Kinder auf, worum ihn sein dortiger Amtskollege zuvor gebeten hatte. Und so reisten endlich auch die Buben und Mädchen von dort hinüber in die schöne Schweiz.

Die Lindauer versuchten in diesen ersten Nachkriegsjahren auch alles, um die Schweizer als Besucher auf ihre Insel zu ziehen. Ein erster Versuch war die Kreisausstellung, die 1946 erstmals stattfand und tatsächlich auch eine große Zahl von Schweizern in die Inselstadt lockte. In der Zeit vom 15. September bis 6. Oktober brachten 53 Schiffe 19 122 Gäste aus der Schweiz hierher, wodurch „die alte, vor sieben Jahren abgerissene Verbindung mit Lindau weitgehend wiederhergestellt" wurde. Jeder Schweizer konnte damals zehn Reichsmark für 4,30 Schweizer Franken kaufen. Noch heute unterrichtet uns ein damals erschienener Ausstellungskatalog über die einzelnen Aktivitäten. Dass die Ausstellung schließlich 1949 ein finanzielles Defizit brachte und deswegen aufgegeben wurde, ändert nichts an ihrem ideellen Gewinn für Lindau.

Werner Dobras

Massenandrang in der Schweiz auf Schiffe, die zur Industrie- und Gewerbeausstellung fahren.

Endlich schweigen die Waffen – Die Situation in Vorarlberg

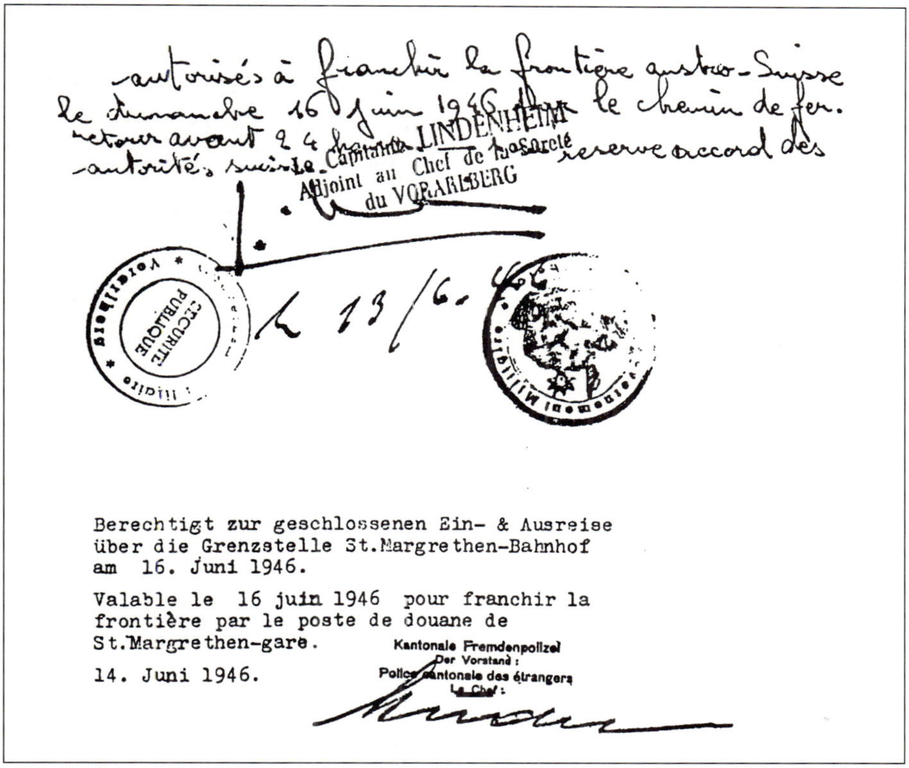
autorisés à franchir la frontière austro-Suisse le dimanche 16 juin 1946 par le chemin de fer. retour avant 24 heures reserve accord des autorités suisses.

Le Capitaine LINDENHEIM
Adjoint au Chef de la Sûreté
du VORARLBERG

le 13/6.46

Berechtigt zur geschlossenen Ein- & Ausreise
über die Grenzstelle St.Margrethen-Bahnhof
am 16. Juni 1946.

Valable le 16 juin 1946 pour franchir la
frontière par le poste de douane de
St.Margrethen-gare.

14. Juni 1946.

Kantonale Fremdenpolizei
Der Vorstand:
Police cantonale des étrangers
Le Chef:

Diese Stempel bedeuten für mehr als 1 000 Kinder einen schönen Tag.

Für die schweizerische Bevölkerung fand der Zweite Weltkrieg mit dem 8. Mai 1945 – dem Tag der Waffenruhe – sein Ende. Die Rationierung der Lebensmittel galt aber weiterhin. Schlimmer hatten es die Nachbarn über dem Rhein. Die Franzosen hielten Vorarlberg besetzt, der Hunger plagte. Die Not spürten insbesondere die Kinder. Auf Initiative des Handharmonikaspielers Alfred Jäger luden Heerbrugg, Balgach, Rebstein und Marbach am 16. Juni 1946, dem ersten Sonntag nach Pfingsten, 1000 Dornbirner Kinder für einen Tag in die Schweiz ein.

Als am Mittag des 2. Mai 1945 die ersten französischen Panzer auf den Dornbirner Marktplatz fuhren und die Stadt den Franzosen übergeben wurde, wussten die Menschen, dass jetzt wenigstens das Töten ein Ende hatte. Von den zirka 20 000 Einwohnern waren rund 3300 zum Kriegsdienst einberufen, und von diesen wurden nicht weniger als 840 als gefallen und vermisst gemeldet. So kann man sich vorstellen, wie viel Sorgen und Not in so vielen Familien eingekehrt waren. Mütter und Väter hatten ihre Söhne, Frauen ihre Männer und Kinder den Vater verloren. Dazu kam die große Zahl derer, die in den zahllosen Gefangenenlagern in Europa, Asien, Afrika und Amerika auf ihre Heimkehr warteten. Wohl war der Großteil der Bevölkerung froh, dass die sieben Jahre des „Tausendjährigen Reiches" vorbei waren, doch über der Zukunft stand ein großes Fragezeichen.

Durch direkte Kriegseinwirkung hatte Dornbirn verhältnismäßig wenig gelitten, doch die Not war da – wenn auch nicht so offensichtlich. Die französischen Besatzungstruppen richteten rasch eine neue Verwaltung ein. Dem nationalsozialistischen Bürgermeister, den die Franzosen anfänglich noch im Amte ließen, wurde ein Beirat zur Seite gestellt, der aus Männern bestand, die bereits vor der Nazizeit politisch tätig waren und aus dem christlichsozialen und sozialdemokratischen Lager der Vorkriegszeit kamen.

FREI UND DOCH NICHT FREI

Wenn auch an der Grenze Österreichs zu Deutschland in den Maitagen 1945 eine große Tafel stand, auf der in französischer Sprache zu lesen stand: „Soldaten, denkt daran, dass ihr nun ein befreites Land betretet", so war diese Freiheit ein sehr relativer Begriff. Es durfte eigentlich nichts geschehen ohne den Segen der Besatzungsmacht. Weder die einzelnen Gemeindeverwaltungen noch der Landesausschuss für Vorarlberg durften von sich aus etwas Größeres entscheiden. Alles musste über den Schreibtisch des örtlichen Kommandanten beziehungsweise des Kommandanten für das ganze Land gehen. Wenn sich vielfach das persönliche Verhältnis zwischen den maßgebenden Personen mit der Zeit normalisiert hatte, war man doch stets abhängig. Es gab die Ausgangssperren am Abend und die vielfältigen Einschränkungen im Verkehr mit den Nachbargemeinden. Dazu kam, dass viele Wohnungen beschlagnahmt waren.

DER MAGEN KNURRT

Das größte Problem für Dornbirn war die Sicherung der Ernährung. Lebensmittellieferungen von außen konnte die Stadt, wie auch die anderen Vorarlberger Gemeinden, in dieser Zeit nicht erwarten. Man musste mit dem auskommen, was vorrätig war und was innerhalb der eigenen Grenzen erzeugt wurde. Vorarlberg war ja schon immer ein Zuschussgebiet in Bezug auf Nahrungsmittel. Da aus klimatischen Gründen nur wenig Getreide angebaut werden kann, musste das Land bereits vor dem Krieg jährlich an die 2500 Waggons Getreide einführen. Dazu kamen unter anderem 3000 Waggons Kartoffeln, 400 Waggons Zucker und 300 Waggons Fett. Vorräte dieser Art gab es am Ende des Krieges in Vorarlberg keine mehr. Die Nahrungsmittelreserven für den westlichen Teil Österreichs waren in Südtirol und in Bayern untergebracht und jetzt nicht mehr erreichbar.

Zur ersten Amtshandlung der neu eingerichteten Verwaltung gehörte es, die Bauern dazu aufzurufen, ihre Anbauflächen möglichst zu vergrößern, die Nichtlandwirte sollten aus Kleinbauäckern möglichst viele Nahrungsmittel herausholen. Die Landwirte mussten mehr Schlachtvieh abliefern und die Hühnerhalter eine bestimmte Menge Eier abgeben.

Die Lebensmittelmarken mussten öfter doppelt so lange reichen als darauf angegeben. Wenn man bedenkt, dass der Normalverbrauch eines Erwachsenen bei rund 2500 Kalorien täglich liegt, so kann man verstehen, was es bedeutet, wenn die Tagesration in Vorarlberg unmittelbar nach Ende des Krieges auf 925 Kalorien fiel.

Auch die französischen Truppen waren auf Lebensmittel aus den besetzten Gebieten angewiesen, da der Nachschub aus Frankreich den Bedarf der Truppe nicht deckte. Für die Besatzungssoldaten waren immerhin mehr als 3000 Kalorien pro Tag vorgesehen.

DAS SCHULJAHR MUSS WIEDERHOLT WERDEN

Die Kriegesereignisse wirkten sich auch auf den Schulbetrieb aus. Das am 15. Oktober 1945 angefangene Schuljahr 1945/46 zählte als

„Aus der Küche, aus der Speise / trägt herbei man schüsselweise / Suppen, Braten, Spätzli, Nudel / Obst und Pudding, Kuchen, Strudel / Und dann wird zuguterletzt / noch die Torte vorgesetzt."

Wiederholung des Schuljahres 1944/45. Das Schuljahr begann ohne Bücher und fast ohne Lebensmittel, und schon bald ergaben sich Schwierigkeiten. Wegen Mangels an Heizmaterial und auch weil die Vorfenster fehlten, konnte im Herbst oft nur eine Stunde unterrichtet werden. In der zweiten Hälfte des Schuljahres wurde die Tirolerfibel eingeführt. Rechen- und Sprachbücher fehlten noch. Mit Heften und Zeichenpapier musste sparsam umgegangen werden, Tafel und Griffel gab es nur auf Bezugsschein. An Weihnachten gab es eine bescheidene Weihnachtsfeier. Nur die ärmsten Kinder ohne Vater – ob gefallen, in Gefangenschaft oder interniert – wurden beschenkt.

Das folgende Schuljahr 1946/47 wurde nach langer Zeit wieder mit einem Heiliggeistamt am 16. September feierlich eröffnet. Es gab 430 Schüler in neun Klassen. Im Frühjahr wurde die Schulküche errichtet. Täglich wurden 430 Portionen Suppe an alle Kinder ausgegeben.

EIN HANDHARMONIKASPIELER ALS BINDEGLIED

Alfred Jäger war Handharmonikaspieler in Balgach. Aus einer musikalischen Familie stammend, hatte er sich sein Können als Autodidakt erarbeitet. Bald einmal reifte in Alfred Jäger die Idee, mit seinem Handharmonikaklub im „Radio Vorarlberg" aufzutreten. Der Sender, dessen Studio sich in Dornbirn befand, wurde auf Schweizer Seite nicht nur wegen des guten Empfanges oft eingeschaltet. Über seine in Dornbirn verheiratete Schwester knüpfte Jäger Anfang 1946 Kontakte zur Radio-Leitung. Diese war an einer Aufnahme interessiert und besorgte für Jäger und seine 30 Klubmitglieder bei der französischen Kommandatur die Bewilligung zum Grenzübertritt. Im April 1946 versammelten sich die Mädchen und Buben des Handharmonikaklubs vor dem Mikrofon von „Radio Vorarlberg".

DIE NOT BERÜHRT

Die Besuche in Dornbirn führten Alfred Jäger und Otto Spörri, den Gemeinderatsschreiber von Balgach, die prekäre Ernährungslage im Vorarlbergischen vor Augen. Nach den Aussagen des Leiters des Fürsorgeamtes konnte während vier Wochen kein Brot abgegeben werden. Auch die Kartoffeln seien trotz der Sammelaktion im schweizerischen Rheintal weiterhin sehr knapp. Die Ernährung bestehe vorwiegend aus Hülsenfrüchten.

Angeregt durch Hilfsaktionen von rheintalischen Gemeinden für Vorarlberger Kinder schlugen Jäger und Spörri vor, einen Teil der Dornbirner Jugend für einen Tag nach Balgach und in weitere Dörfer einzuladen. Die Idee für eine Hilfsaktion wurde freudig begrüßt. Abklärungen des Gemeinderatsschreibers Spörri ergaben die Bereitschaft der Gemeinden Marbach und Rebstein und des Dorfteils Heerbrugg zum Mitmachen.

Am Samstag, 8. Juni 1946, traf sich eine Delegation unter der Leitung von Spörri mit Dr. G.A. Moosbrugger, Bürgermeister von Dornbirn, und Stadtinspektor Johann Thurnher, der auch Leiter des Fürsorgeamtes war, zu einer Besprechung in Dornbirn. Man einigte sich auf eine Aktion für 1000 hilfsbedürftige Kinder. Als günstigster Besuchstag stellte sich bald der erste Sonntag nach Pfingsten, also der 16. Juni 1946, heraus. Der 23. Juni war schon belegt mit einem Turnfest in Heerbrugg, und danach begannen die Jahrmärkte in den rheintalischen Gemeinden. Solche Anlässe empfand man für eine Kinderhilfsaktion als denkbar ungünstig. Auch die Verschiebung der Aktion auf unbestimmte Zeit schien angesichts der misslichen Ernährungslage nicht ratsam zu sein. Zur umfangreichen Organisation stand somit nur die sehr knapp bemessene Zeit von einer Woche zur Verfügung. Die Gemeinderatskanzlei Bal-gach übernahm die Koordination auf der schweizerischen Seite und wurde zur Zentralstelle der Hilfsaktion. Um die gegenseitige Kontaktaufnahme zu erleichtern und eine zuverlässige Verbindung herzustellen, wurde der Kurier von „Radio Vorarlberg" als Botenträger eingesetzt. Was aber sollte geschehen, wenn die französische Besatzungsmacht die Grenzübertrittsbewilligung nicht rechtzeitig ausstellte? Anstatt lange über die Antwort zu sinnieren, veranlasste man auf beiden Seiten des Rheines noch gleichentags die ersten Vorbereitungen.

FREIPLÄTZE GESUCHT

Mit sofort aufgehängten Anschlägen, der Bekanntgabe von der Kanzel am Pfingstsonntag und einem Aufruf in der Dienstagszeitung wurde die Bevölkerung von Marbach, Rebstein, Balgach und Heerbrugg über die geplante Hilfsaktion informiert. Die Balgacher Familien, die bedürftige Kinder aufnehmen wollten, wurden gebeten, die Zahl der gewünschten Schützlinge sofort bei einem der Pfarrämter, den Frauenvereinsvorständen oder der Gemeinderatskanzlei zu melden. Im Verlaufe des Dienstages zeichnete sich ab, dass die notwendigen 1000 Freiplätze mit Sicherheit zur Verfügung stehen würden. Am Mittwoch erließ die Zentralstelle Balgach eine entsprechende Mitteilung an den Bürgermeister. Gegen Ende der Woche mussten aber noch rund 30 weitere Plätze gesucht werden, weil sich die Kinderzahl durch die von schweizerischer Seite im letzten Moment verfügte Aufnahme sämtlicher protestantischer Kinder leicht erhöht hatte.

BETRIFFT: SONDERZUG

Während das Bürgermeisteramt bei der Staatseisenbahndirektion in Innsbruck um einen Sonderzug mit zwölf Waggons anfragte,

„Denn wohl kein Kind verließ nach reichlicher Ernährung unser Dorf, ohne ein freudebringendes, überraschendes Geschenk an Lebensmitteln und Kleidung mitbringen zu dürfen", schreibt eine Schweizer Zeitung am 19. Juni 1946.

beantragte die Zentralstelle Balgach bei den schweizerischen Instanzen die Zustimmung für die Einfahrt des von Bregenz kommenden Extrazuges in St. Margrethen und dessen Weiterfahrt bis Rebstein. Mit der Zusicherung des Sonderzuges und der Regelung der Grenzkontroll-, Zoll- und sanitätspolizeilichen Formalitäten fand sich für das Transportproblem eine rechtzeitige Lösung.

GRUPPEN VON 60 BEDÜRFTIGEN KINDERN

Die Direktoren und Schulleiter hatten aus ihrer Schülerschar eine vorgegebene Zahl von Kindern auszuwählen und sie in Gruppen von 60 Schülern aufzulisten. Im 34-seitigen Verzeichnis waren alle für die Hilfsaktion ausgesuchten Mädchen und Buben mit ihrem Namen, dem Vornamen, dem Geburtsdatum (oder Alter) und ihrer Konfessionszugehörigkeit eingetragen. Sie stammten aus der Realschule, der Hauptschule und den Volksschulen Markt, Hatlerdorf, Kehlegg, Haselstauden, Oberdorf, Gütle und Watzenegg. Während die Jüngsten gerade sieben geworden waren, gehörten die Ältesten dem Jahrgang 1931 an.

BEGEHRTE STEMPEL

Bürgermeister Moosbrugger stellte sofort nach der Zusicherung der Freiplätze bei der französischen Besatzungsmacht einen Antrag für den Grenzübertritt. Doch Landesgouverneur Oberst Jung ließ aus Bregenz ausrichten, er wünsche, dass der Antrag auf Bewilligung zum Grenzübertritt längere Zeit vorher eingereicht werde. Und zudem würde der Grenzübertritt nur für Gruppen von ungefähr 300 Kindern und Begleitpersonen gestattet. Bedeutete dieser Bescheid den vorzeitigen Abbruch der so gut angelaufenen Aktion? Die Organisatoren mochten nicht daran glauben. Es gelang ihnen, Oberst Jung trotz seiner unmissverständlichen Weisungen umzustimmen. Am Donnerstag, 13. Juni, überbrachte der Kurier das Namensverzeichnis, versehen mit allen notwendigen Stempeln und Unterschriften, in die Zentralstelle nach Balgach. Am folgenden Tag wurde per Express die Einreisebewilligung für 1029 Kinder und 29 Begleitpersonen und Behördenvertreter beim Kantonalen Polizeidepartement eingeholt. Jetzt stand der Kinderaktion für Dornbirn am Sonntag, 16. Juni 1946, nichts mehr im Wege.

Franz Albrich und Ernst Nüesch

In einer zerschossenen Stadt

In einer zerschossenen deutschen Stadt,
in Schutt und Sand, in geschwärzten Ruinen,
die die Zeit übergrast,
die der Wind verweht,
sah ich ein Kind mit der Puppe spielen:
Bleich wie der Schnee,
vom Fieber verdorrt,
im blöden Rock und mit nacktem Fuß.

Aber die leuchtenden Augen
herzten die Puppe,
das magere Ärmlein
wiegte sie leis.
Die dünnen Lippen formten ein Lied,
ein Lied ohne Wort. –

Nun weiß ich,
ob auch der Tod heut mäht,
sein Höllenzeichen auf Türpfosten schreibt,
dass die Liebe durch Nacht und Trümmer geht,
die ewige Mutter aufersteht
und bei uns bleibt,
ob die Stadt verweht.

Martin Schmid

Schwierige Versöhnung

Die zerstörte Friedrichshafener Altstadt.

Wie sich die hüben und die drüben nach dunklen Jahren wiederfanden

Die beiden, die hüben und die drüben, sind, als es in Europa Nacht wurde, weit, sehr weit auseinander gekommen, ein Vielfaches der Breite des Bodensees zwischen Friedrichshafen und Romanshorn.

Ihr drüben sprecht gern vom „Schwäbischen Meer", und die Schwaben drüben, jenseits des Wassers, mit ihrem gemütlichen „Schwäbele" waren uns in den Vorkriegsjahren und sind uns heute wieder lieb und wert. Die Nazizeit mit ihrer irren Ideologie brachte die stammesverwandten Alemannen auseinander, wir wurden uns fremd und fremder. Wir hatten einander immer weniger zu sagen, und das nicht nur auf dem lärmigen Markt des Lebens, sondern bis hinein in die Kirche. So war denn das, was einmal vor vielen Jahren Sympathie und Zuneigung war, 1945, als der Krieg zu Ende ging, hart gefroren. Die Grenzen blieben zunächst durch die Siegermächte verschlossen, und wie der Schlagbaum am Zoll verriegelt, so verschlossen die Herzen.

Es brauchte viel Geduld und Beharrlichkeit, bis man ein Visum für drüben bekam, um dort im Schutt einer zerbombten Welt wieder den Menschen zu suchen und zu finden.

Es war nicht die Kirche, sondern eine politische Partei, die „Freisinnigen" in Rorschach, die auf den glücklichen und befreienden Gedanken kam, die Kinder von Bregenz zu einem Mittagessen am Familientisch nach Rorschach einzuladen. Das Beispiel gelang, die Rorschacher Häuser waren offen, und das Beispiel machte rasch Schule. Pfarrer Fritz Rohrer, mein Kollege in Arbon, nahm Kontakt auf mit dem sorgenbeladenen Stadtpfarrer von Friedrichshafen, Eugen Schmid, und die beiden kamen überein, für einen Sonntag die Kinder von Friedrichshafen nach Arbon einzuladen. Mein Kollege brachte die Sache in einer Sitzung im Kirchenvorsteherstift zur Sprache. Dieser war nicht dagegen, hatte aber Bedenken, ob beide Pfarrer auch genügend Anmeldungen aus den Arboner Häusern erhielten. Man sei allerorten immer noch nicht gut auf die Deutschen zu sprechen. Nun, wir waren der Meinung, man müsste es wagen. Was in Rorschach möglich war – offene Ohren und offene Herzen zu finden – sollte auch in Arbon möglich sein.

Zu unserer Freude und eigenen Überraschung gingen die Anmeldungen so zahlreich ein, dass am betreffenden Sonntag nicht nur kein Kind zurückblieb, sondern etliche Gastgeber mit leeren Händen ohne ein Kind an der Hand etwas enttäuscht die Kirche verlassen mussten.

Ich durfte die Kinder in Friedrichshafen mit der „Thurgau" abholen und zur Kirche auf dem Bergli bringen. Etwas ängstlich und verwirrt, das eine oder andere gar dem Weinen nahe, gingen die Mädchen und Buben von der Kirche an der Hand des Gastgebers weg in die Geborgenheit der Familie und an einen gedeckten Tisch.

Die Sorgen, die uns bei Beginn des Vorhabens bewegt hatten, ob überhaupt und wie die Kinder in unseren Arboner Häusern und Stuben aufgenommen würden, wich an jenem Sonntagabend, als wir die Kinder wieder am Hafen erwarteten, der Freude und Überraschung, dass weit mehr geschehen war, als wir erwartet hatten. Nicht nur Türen, sondern Herzen waren aufgegangen, nach Jahren, in denen die Türen, wie uns schien, für sehr lange Zeit ins Schloss gefallen waren. Es waren mehr als ungute Gefühle, die uns in den Kriegsjahren und in der Nazizeit bewegt und umgetrieben hatten, es war an manchem Ort Hass, der sich in Häusern und Herzen eingenistet hatte. Ich erlebte als junger Pfarrer in Arbon jene furchtbare Bombennacht, in der Friedrichshafen von einem Ende zum andern in Schutt und Asche gelegt wurde. Ich

Pfarrer Andreas Gantenbein und seine Frau Magdalene.

sah auf dem Dach des Pfarrhauses die brennende Zeppelinstadt, eine einzige leuchtende Lohe, über die die alliierten Bombengeschwader kamen und gingen. Unvergesslich! Ich sah in Gedanken Menschen, die aus den brennenden Häusern auf die brennenden Straßen flohen, verbrannten und verkohlten. Kurz gesagt: Was wir in jener Schreckensnacht auf den Dächern Arbons mit ansehen mussten, ging ans Herz und war zum Erbarmen. Und doch musste ich vom Dach des benachbarten Posthofes Stimmen hören, die mich erschrecken ließen und mir deutlich machten, dass uns die drüben nicht nur fremd und fremder, sondern mit dem zunehmenden Naziterror, mit dem der Nachbar die Völker Europas tyrannisierte, wurden.

Daher die Freude und Überraschung über den Wandel in Stuben und Herzen unserer Arboner, als die Kinder an der Hand der Gastgeber vor Freude und Glück strahlend am Abend zum Schiffssteg kamen, zum Teil neu eingekleidet, um heimzukehren, das Bündelchen ihrer Kleider vom Morgen an der Hand, mit Schachteln und Paketen reich beladen. Das war ein herzliches Abschiednehmen der kleinen Gäste von ihren Gastgebern, die den Kindern am Vormittag noch fremd waren, ein Winken und Zurufen, bis die „Thurgau" im Nebel verschwand.

Wir hatten an jenem Sonntag die beiden Begleitpersonen der Kinder bei uns zu Gast, Herrn Heussler und den Direktor der Zahnradfabrik in der Zeppelinwerft. Letzterer erzählte uns bei Tisch, wie er in jener Bombennacht in Geschäften unterwegs gewesen war und, als er zurückkehrte, sein Heim und Glück unter einem Schutthaufen mit Frau und Kind begraben fand.

Wie so anders erschienen am Abend die Kinder, die wir vor Mittag in die Häuser entlassen hatten. Am Morgen standen sie im kalten Morgennebel etwas verloren, still und mit der Sorge und Spannung in den kleinen Herzen, was sie wohl am andern Ufer erwarten würde, am Geländer auf Zehen, und jetzt, am Abend, war eitel Jubel, ein Hin und Her auf dem Vordeck; ein Erzählen und Zurufen und Vorzeigen, was sie alles verpackt mitbekommen hatten. In der Tat, manch ein Gastgeber übertrat das Sonntagsgebot, klopfte den Schuhhändler und Kleiderhändler heraus und kaufte und sparte nicht mit den raren Kleidermärkle oder gab mit, was Sohn und Tochter vor Jahren getragen hatten.

Mir wurde freilich etwas bange, der Zollinspektor in gehäbiger Postur musterte mit strengen Augen bald rechts, bald links die Kinder. „Ja, mein lieber Herr Pfarrer, Sie haben doch wohl gelesen und gehörig instruiert, dass nur ausgetragene Kleider den Kindern mitgegeben werden dürfen." „Ja, ich habe gelesen und verstanden." „Und was sagen Sie zu dem, was Sie auf Deck sehen?" Ja, was sollte ich sagen? „Herr Inspektor, können wir uns vielleicht dahin einigen: fast neue Kleider, fast neue Schuhe." Der Zollinspektor sah mich an und ging weg, ohne die Kinder anzusehen, sein strenger Beamtenblick verbarg die Güte des Herzens nicht.

Wir freuen uns, sind noch nach Jahr und Tag dankbar, an diesem Sonntag ein Bescheidenes getan zu haben. Es war sicher wenig vom Wenigen, das auch wir in jenen Nachkriegsjahren noch hatten. Wir vergessen aber nicht und haben das Freunden drüben immer gesagt, dass wir nicht nur gegeben, sondern auch empfangen haben: Die Kinder halfen uns wieder, den Zugang zum Nachbarn drüben, der uns so fremd geworden war, zu finden. Und das war viel, mehr als wir gaben.

So war es, so erinnert sich der letzte Zeuge, der bei der Aktion aktiv mit dabei war, 87-jährig jener Sonntage. Es war ein Geben und Nehmen, das beide reicher machte, Freundschaften entstanden zum Teil aus dieser ersten Begegnung. Meine Frau und mich verband eine Freundschaft mit dem Pfarrer-Ehepaar Waldbaur in Langenargen. Es wurde viel und, ich weiß, von Herzen gedankt, von denen, die damals als Kinder bei uns waren und über Jahrzehnte nicht vergessen wollten, nicht vergessen konnten.

Lassen wir es jetzt aber gut sein. Es war, so wie wir es sehen, ein Weniges, das wir taten und empfingen, mehr als nur schlichten Dank: Wir fanden uns nach Jahr und Tag wieder. Nun ist des Gedenkens und des Dankes genug. Wir könnten sonst vergessen, was unser Herr und Erlöser Jesus Christus sagt: „Wenn du gibst, so lass deine linke Hand nicht wissen, was die rechte tut."

Pfarrer Andreas Gantenbein

Französische Besatzung

Albert Merglen französischer Militärgouverneur im Kreis Tettnang (1947–1950)

Portal der „École de Cadres".

Albert Merglen, französischer Militärgouverneur im Kreis Tettnang (1947 – 1950) bleibt unvergessen: Ihm haben Tausende von deutschen Kindern „das Wunder einer Reise" zu verdanken.

Albert Merglen

Albert Merglen, heute als pensionierter französischer General in Dijon lebend, wurde am 17. Juni 1915 in Schlettstadt geboren. Die Herkunft aus dem jahrhundertelang zwischen Frankreich und Deutschland umstrittenen Elsass hat, wie Herr Merglen bei einem Besuch in Friedrichshafen im April 1991 erklärte, sein Verhältnis zu den Deutschen wesentlich beeinflusst. Verwandte von Albert Merglen haben im Ersten Weltkrieg für das Deutsche Reich gekämpft, andere sind nach 1940 von den Deutschen verfolgt worden. Als Elsässer beiden Nationen verwandt und verbunden, hat sich Merglen nach dem Zweiten Weltkrieg entschieden für den Ausgleich und die Versöhnung zwischen Franzosen und Deutschen eingesetzt.

Diese Haltung wurde schon in der ursprünglichen Berufswahl deutlich. Albert Merglen entschied sich für den Beruf des Lehrers und unterrichtete von 1934 bis 1937 das Fach Deutsch am Collège Saint-Joseph in Dijon. 1937 folgte der Militärdienst, in dem Merglen dann 33 Jahre lang aktiv blieb, bis er, zuletzt zum Brigadegeneral befördert, 1970 freiwillig ausschied und sich einer neuen zivilen Aufgabe zuwandte.

Von 1939 bis 1940 nahm Merglen als Führer einer Alpenjägereinheit am Krieg gegen Deutschland teil. Er geriet in der Nähe von Haguenau in Kriegsgefangenschaft und kam in ein Offizierslager in Pommern. Ende Oktober 1940 gelang ihm dort die Flucht; nach mehreren Wochen kam er wohlbehalten in seiner Garnison Grasse in Südfrankreich an. Merglen ging dann nach Marokko, wo er sich der Résistance anschloss; bis 1944 nahm er wiederholt an Geheimoperationen im besetzten Frankreich teil. Als Frankreich den Krieg gegen Deutschland wieder aufnahm, ging Merglen im Oktober 1944 zur 1. französischen Armee, mit der er durch Elsass, Pfalz, Baden und Württemberg vorrückte und das Kriegsende bei Lindau erlebte. 1944 und 1945 weilte er zu Spezialeinsätzen auch in Spanien und der Schweiz.

Von Rottweil, wo er als stellvertretender Militärgouverneur amtiert hatte, wurde Merglen mit Wirkung vom 1. Februar 1947 als Militärgouverneur nach Tettnang beordert. Hier hat er eine außergewöhnliche Tätigkeit entfaltet. Sie zeugte von Beginn an vom Verständnis für die Nöte der deutschen Bevölkerung und insbesondere der schwer zerstörten Stadt Friedrichshafen und ihrer Industriebetriebe. Wo Merglen nur konnte, setzte er sich für eine Verbesserung und Neuordnung der katastrophalen Situation ein. Schon zwei Monate nach seinem Amtsantritt, am 10. April 1947, bat Gouverneur Merglen rund 150 im öffentlichen Leben stehende Personen des Landkreises Tettnang um die offene, ungeschminkte Beantwortung von vier Fragen:

„**1.** Welche Erwartungen hegten Sie bezüglich der Besetzung Deutschlands durch die Alliierten, insbesondere durch die Franzosen?

2. Inwieweit sind diese Erwartungen eingetroffen bzw. was hat Ihnen die Besatzung Gutes gebracht?

Kinder in Ravensburg mit einem Besatzungssoldaten.

3. Was haben Sie der Besatzung vorzuwerfen?
4. Welche Vorschläge können Sie der Besatzung machen, und welches sind Ihre Hoffnungen?"

Der Gouverneur begründete seine Umfrage und sein Interesse an der Stimmung in der deutschen Bevölkerung mit dem Hinweis: „Uns ist nur damit zu tun, den Deutschen und damit Europa beim Aufbau einer besseren und freieren Welt zu helfen."

Diese Aufsehen erregende Aktion, die sich vom harten Kurs der damaligen französischen Deutschlandpolitik auffallend abhob, schuf zugleich die Basis für eine vertrauensvolle, ja geradezu freundschaftliche Zusammenarbeit mit vielen deutschen Stellen. Eine sehr gute Beziehung entwickelte sich zum Landratsamt Tettnang, das mit der französischen Militärregierung die Räume des Tettnanger Schlosses zu teilen hatte, aber auch zur 1945/46 eingesetzten Geschäftsleitung und dem Betriebsrat der Zahnradfabrik. Dabei ging Merglen von klaren Prinzipien aus, von denen er unter keinen Umständen abweichen wollte. Merglen machte sich die Grundsätze zu eigen, die sein Vorgänger im Militärgouvernement Tettnang, Pierre Ulmer, 1946 formuliert hatte. Sie lauteten, in bewusster Ablösung von den bis 1945 geltenden industriellen Strukturen, vereinfacht gesagt: „Neuer Name, neue Männer, neues Programm." Sie zielten ab auf eine Entflechtung des Zeppelinkonzerns, den Austausch der Führungskräfte und die Umsetzung demokratischer und sozialer Ideen in der Betriebsorganisation. So hat Merglen eine Zusammenarbeit mit den bis 1945 aktiven Geschäftsführern der Friedrichshafener Industrieunternehmen stets entschieden abgelehnt und gleichzeitig die Stärkung der Arbeitnehmervertretung in den Firmen betrieben.

In Friedrichshafen standen alle vier Großbetriebe – die Luftschiffbau Zeppelin GmbH, die Maybach-Motorenbau GmbH, die Zahnrradfabrik Friedrichshafen AG und die Dornier-Werke GmbH – als ehemalige Rüstungsunternehmen auf der offiziellen Demontageliste der Alliierten. Um der schwer geprüften Stadt wenigstens einen Teil der beträchtlichen Vermögensmasse zu erhalten, hob das Staatssekretariat in Tübingen am 28. Januar 1947, vier Tage vor Merglens Amtsantritt in Tettnang, auf französische Weisung hin die Zeppelinstiftung als rechtsfähige Stiftung auf und übertrug ihr Vermögen auf die Stadt Friedrichshafen. Merglen verteidigte diese Übertragung, die am 1. März 1947 in Kraft trat, während seiner Amtszeit konsequent, da sie der Not leidenden Bevölkerung zugute kam. Mit großem persönlichem Einsatz und unter vielen persönlichen Risiken, auch in engem Zusammenwirken mit der Stadtverwaltung und ihrem Justitiar Dr. Ernst Mühlhäuser sowie mit Dr. Walter Münch, dem stellvertretenden Landrat in Tettnang, unterstützte der Gouverneur die zähen, bis 1950 andauernden Bemühungen der Stadtverwaltung zur Rettung und Neubelebung der örtlichen Betriebe. Höhepunkt dieser intensiven Bemühungen war die im August 1950 von Paris und Baden-Baden genehmigte und sofort vollzogene Übertragung der Aktien an der Zahnradfabrik Friedrichshafen vom Luftschiffbau Zeppelin, dem weiterhin die Liquidation drohte, auf die Stadt Friedrichshafen. Auch dieser große städtische Erfolg war zu einem erheblichen Teil Merglens Verdienst.

Die Sorge des Militärgouverneurs galt aber nicht nur den Großbetrieben und ihren Arbeitskräften. Albert Merglen hat sich in vielen Angelegenheiten, so auch in der Unterbringung von Schulklassen, für die deutsche Seite stark gemacht. Besonderen Ausdruck fand das Verständnis für die Belange der Not leidenden deutschen Bevölkerung nicht zuletzt darin, dass Gouverneur Merglen die Einladung deutscher Kinder zu Tagesaufenthalten, zum Teil sogar zu Ferienaufenthalten in der Schweiz für seinen Amtsbereich im Landkreis Tettnang genehmigte und durch Ausräumung von Hindernissen möglich machte. Dieses häufige Eintreten für deutsche Interessen hat ihm – durch eine gespaltene Pariser Deutschlandpolitik begünstigt – in der französischen Verwaltung manche Feinde geschaffen, die schließlich im Herbst 1950 seine Entfernung aus dem Tettnanger Amt durchgesetzt haben.

Albert Merglen war und ist eine außergewöhnliche Person in der französischen Besatzungszeit; für die Stadt Friedrichshafen darf seine Amtszeit als Glücksfall in höchster Not bewertet werden. Die warme und dankbare Erinnerung an sein geradliniges, unbestechliches und ehrliches, sachlich und menschlich überzeugendes Wirken in Tettnang und Friedrichshafen ist bei Zeitgenossen heute noch lebendig.

Einen sehr dichten und differenzierten Ausdruck fand die Rückschau auf „ein menschlich tief befriedigendes und sachlich wertvolles Zusammenwirken" in einer Laudatio, die im Mai 1974 zu einem Vortrag von Merglen von der Zahnradfabrik ausgearbeitet wurde; ein einziger Satz aus dieser Würdigung durch den ZF-Vorstand mag als Zusammenfassung genügen: „Sie waren uns ein lauterer, uneigennütziger, unbestechlicher und mutiger, aus eigener Überzeugung und ohne Rücksicht auf die eigene Person handelnder Freund."

Als sich im Frühjahr 1976 erstmals zwei Friedrichshafener Schülergruppen am „Schülerwettbewerb Deutsche Geschichte um den Preis des Bundespräsidenten" beteiligten und sich dem demokratischen Neubeginn in der Stadt nach Kriegsende widmeten, kam auch in ihren Zeitzeugen-Befragungen die gute Erinnerung an Gouverneur Merglen mehrfach zur Sprache; sie war offenbar ein ermutigender Lichtblick in den sonst oft so trostlosen und deprimierenden Erfahrungen der Nachkriegsjahre.

Im November 1950 wurde Gouverneur Albert Merglen von Tettnang abberufen. Über Algerien wurde er für drei Jahre zur Fallschirmjäger-Fremdenlegion nach Indochina versetzt. Er hat sich im Indochinakrieg glänzend bewährt und in der Folge eine steile militärische Karriere durchlaufen. Zweieinhalb Jahre lang war er Komman-

-5-

Lfd. Nr.	Name	Geburts-datum	Wohnung
629	Guttenberger August	21. 8.37	Schnetzenhausen, Fährtwiesenstr.
630	Loichinger Hermann	5. 6.38	Schnetzenhausen, Obere Mühlbachstr.10
631	Hofmann Egon,	11.12.38	Schnetzenhausen, Fährtwiesenstr.1
632	Schöllhorn Rudolf	28. 7.38	Schnetzenhausen, Sparbruck
633	Bosch Sieglinde	16. 6.38	Schnetzenhausen, Riedweg 6
634	Singer Brunhilde	6. 2.41	Arndtstr. 17 Friedrichshafen
635	Reiser Adolf	16. 8.40	Brucknerstr. 3
636	Bühler Rosmarie (Freitag)	9. 3.40	Brahmstr. 12
-37 ×	Fischer Sigfried [illegible] Hans	1[illegible]. [illegible]	[illegible] Hülshoffstr. 18
638	Schubert Hans Peter	3. 1.40	Eugenstr. 1
639	Schmid Angelika	2. 4.36	Ailingerstr. 116
640	Speidel Marta [illegible]	1[illegible].12.39	[illegible] 23
641	Feist Helga	3. 8.39	Trautenmühle 14
642	Rück Josef Huber Alfred	[illegible]. [illegible].39	[illegible]
643	Gerats Hubert	6.12.39	Trautenmühle 14
644	Rudhard Marianne	22.10.34	Charlottenstr. 34
645	Blattner Margot	11. 5.38	Trautenmühle 10
646	Baldauf Irma	11. 6.39	Graf v.Sodenstr. 12
647	Bucher Emilie	21. 5.37	Neue Heimat Haydnstr.12
648	Kapp Hiltrud	18. 9.40	v.Steinstr. 3
649	Bäder Maria	9. 2.36	Keplerstr. 32
650	Biedermann Brigitte	30. 4.36	[illegible]
649a	Alfred Günther		
650a	[illegible]		

Avis favorable

Le Capitaine MERGLEN
Délégué pour le Gouvernement Militaire du Cerle de TETTNANG

Ersatz:

Rudhard Gerda	14. 2.39	Charlottenstr. 47
Schwarzkopf Irmgard	13.9.35	Äußere Ailingerstr. 41
Spätling Christa	20.10.40	Panoramastr. 19
Weirich Reinhold	2. 4.39	Wendelgardstr.26
Müller Heinz	2. 7.37	Magdalenenstr. 56

GOUVERNEMENT MILITAIRE TETTNANG

Friedrichshafen

Ausreisegenehmigung für 650 Kinder, unterschrieben von Gouverneur Albert Merglen.

deur einer Fallschirmjägerbrigade, vier Jahre lang Kommandeur der NATO-Luftlandeschule in Pau, um nur wenige Stationen des weiteren Werdegangs zu nennen.

Albert Merglen wurde zum Kommandeur der französischen Ehrenlegion ernannt und mit Orden mehrerer Staaten hoch dekoriert; im Juni 1970 wurde ihm auch das Große Verdienstkreuz des Verdienstordens der Bundesrepublik Deutschland verliehen.

Von 1971 bis 1982 war Albert Merglen, mit seinen glänzenden Auslandsbeziehungen hierfür bestens gerüstet, weltweit als Wirtschaftsexperte aktiv; seither hat er in vielen Ländern auch eine rege Vortragstätigkeit zu historischen Themen und zu Fragen der aktuellen Politik und Ökonomie entfaltet.

Seit 1943 hat Albert Merglen als Militärwissenschaftler und Militärhistoriker eine Vielzahl von Büchern und Fachaufsätzen veröffentlicht. Merglen ist Mitglied der „Commission française d'Histoire militaire" (Paris) und des „International Institute for Strategic Studies" (London).

Merglen hat sogar zwei Kinderbücher – „Le grand livre du monde" und „Les deux éclaireurs de l'Ohio" –, geschrieben, von denen das erste im November 1948, also während seiner Tettnanger Jahre, erschienen ist. Damit nicht genug: 1960 erwarb er in Paris die „Licence des lettres", und 1969 erlangte er an der Universität Bordeaux mit einer Arbeit über die deutschen Truppen an der Westfront im September 1939 das Doktorat als Historiker.

Dr. Georg Wieland

Bittere Armut

„Da hab ich natürlich nicht nein gesagt“

Mit Luftangriffen hatte man in Friedrichshafen gerechnet: Im unterirdischen V-2-Werk in Raderach wurde an der „Endwaffe“ Adolf Hitlers gearbeitet, und auch sonst gab es viel Industrie. Die Kirchen, insbesondere deren Türme, wähnte man dagegen sicher. Teilweise Jahrhunderte alte Bücher der Stadt und der Kirchengemeinde wurden deshalb im Turm von St. Nikolaus gelagert. Doch die Ereignisse der Nacht vom 28. April 1944 lehrten die Menschen eines Besseren. Bei einem Luftangriff wurde ganz Friedrichshafen in Schutt und Asche gelegt. Monsignore Robert Mayer (88), Friedrichshafen, wenig später Kaplan in St. Nikolaus, erinnert sich – auch an die Hilfe, die ihm nach jener Nacht zuteil wurde.

Schiff der zerstörten Nikolauskirche Friedrichshafen.

„Die schreckliche Bombennacht vom 28. April 1944 – vier Jahre, nachdem ich nach Friedrichshafen gekommen war – werde ich nie vergessen. Ich selbst wurde im Pfarrhaus von Canisius verschüttet. Wie ich und ein paar andere da wieder rausgekommen sind, kann ich nicht mehr genau sagen. Ich weiß nur: Draußen hat alles furchtbar ausgesehen. Das Ausmaß der Zerstörung war einfach unglaublich. Von der Kirche der Pfarrei St. Nikolaus waren nur noch die Mauern übrig geblieben, auch eine Madonna des Künstlers Veit Stoß (1440/50 – 1533) verbrannte. Gottesdienst hat man fortan in einem Raum des inzwischen zerstörten Spitals gehalten, in dem die Kohlen gelagert worden sind. Ich selbst wurde Ende 1944 als 29-Jähriger nach St. Nikolaus zum Wiederaufbau geschickt. Wir haben angefangen, die riesigen Mengen von Dreck wegzufahren. Dass man zusammengeholfen hat, war damals klar.

Eines Tages kam eine Schwester aus dem Rorschacher Kloster nach Friedrichshafen – die haben heute noch das bekannte Internat. Sie hat gefragt, ob sie den Bischof der Diözese St. Gallen bitten soll, eine Sammlung machen zu dürfen. Da habe ich natürlich nicht nein gesagt. Bei der Sammlung, die der Dekan von Rorschach organisiert hat, sind damals 13 000 oder 14 000 Franken zusammengekommen. Wir waren gottfroh über das Geld. Auch das Dach unserer Kirche kam aus der Schweiz, und zwar aus dem Wallis: 96 000 Schieferplatten mit 96 000 von Hand geschmiedeten Nägeln. Noten für den Chorgesang waren in jener Bombennacht alle verbrannt. Auch solche haben wir aus der Schweiz bekommen – von meinem Pfarrerskollegen aus Romanshorn. Die habe ich nachts mit Tusche vervielfältigt.

1946 am Nikolaustag haben wir Richtfest gefeiert. Glocken hatten wir damals keine mehr, aber wenn der Wind günstig war, haben die Glocken aus der Schweiz die Friedrichshafener zum Gottesdienst gerufen.

Als die Schweizer auch noch die Kinder zu sich eingeladen haben, konnten wir es fast

Monsignore Robert Mayer

nicht glauben. Meine Schwester hat damals als Seelsorgehelferin in St. Nikolaus gearbeitet und die ganze Organisation der Fahrten in unserer Pfarrgemeinde übernommen. Wie sie es geschafft hat, alle Friedrichshafener Kinder zu erreichen, ist mir heute noch ein Rätsel. Die Häuser der meisten waren ja zerstört, sie haben bei Bauern in Kressbronn und in anderen Ortschaften im weiten Umkreis gewohnt und sind nur tagsüber zum Aufbau nach Friedrichshafen gekommen. Meine Schwester Ute – sie ist im Jahr 2000 im Alter von 87 Jahren gestorben – war wie ich bei den Fahrten als Betreuungsperson dabei. Ich bin damals in der Schweiz vom Pfarrer aufgenommen worden und habe dort zum ersten Mal erfahren, dass man in den Kaffee auch Schnaps tun kann – drei verschiedene hatte er zur Auswahl. Und Schuhe habe ich bekommen. Der Pfarrer ist mit mir in einen Schuhladen gegangen und hat zur Verkäuferin gesagt: „Das ist mein Büble, das kriegt neue Schuhe." Ein bisschen verdutzt war die Verkäuferin schon. Ich war damals über 1,80 Meter groß."

Protokoll: Hildegard Nagler

„Wir hatten wirklich gar nichts mehr“

Erwin Glönkler, 71 Jahre, ist einer der ältesten Fischer Friedrichshafens. Er berichtet vom Leben am und auf dem See während und nach dem Zweiten Weltkrieg.

„Wir haben mit der Schweiz schon immer gute Kontakte gehabt, auch während des „Dritten Reiches“ – mein Vater war nie für die Nazis. Kapitäne aus der Eidgenossenschaft haben wir immer wieder getroffen, und natürlich Berufskollegen. Ich selbst habe beim Bombenangriff vom 28. April 1944 meine Mutter und meine beiden Schwestern verloren. Mein Vater musste ein dreiviertel Jahr im Krankenhaus bleiben – drei Splitter einer Streubombe waren durch seine Gummistiefel gegangen.

Quasi elternlos wurden mein Bruder und ich auf einen Bauernhof in Weiler bei Meckenbeuren gebracht.

Als Vater das Krankenhaus, den Sonnenhof in Kressbronn, wieder verlassen durfte, hat er eine Wohnung in Friedrichshafen genommen. Wir hatten wirklich gar nichts mehr, waren bitterarm. Für uns Buben war deshalb klar: Wir müssen dem Vater beim Fischen helfen. Das war auch der Grund, warum wir keine Zeit hatten, zum Hafen zu gehen, als nach dem Krieg einmal pro Tag ein Sonderschiff aus der Schweiz angelegt hat. Die Kapitäne waren sehr beliebt. Jedes Mal, wenn sie kamen – andere als die Schweizer Schiffe legten bei uns nicht an – war es ein Volksfest, der Hafen war voll von Leuten. Für die Kinder hatten die Kapitäne immer Schokolade dabei. Wir kannten so etwas ja nur vom Hörensagen.“

Protokoll: Hildegard Nagler

Fischer Erwin Glönkler

Interview mit Maria Bart

Maria Bart

„Im Grunde genommen habe ich an der Sache nur wenig Freude gehabt"

Die Suche nach Zeitzeugen gestaltet sich schwierig. Die meisten, die mit der Organisation zu tun hatten, sind bereits tot. Klar ist innerhalb der Arbeitsgruppe Schweizer Kinder: Auf der Suche nach historischen Quellen muss auch in den Archiven der Kirchengemeinden geforscht werden. Da taucht plötzlich der Name Maria Bart auf. Ein paar Schweizer Kinder aus Friedrichshafen erinnern sich an die 1921 in der Zeppelinstadt geborene Frau: Irgendetwas habe sie damals mit den Fahrten zu tun gehabt. Hildegard Nagler hat die agile 81-Jährige getroffen und interviewt.

Maria Bart: Bevor Sie das Thema „Schweizer Kinder" aufgegriffen haben, hat man ja lange nichts mehr davon gehört, wahrscheinlich nicht einmal mehr daran gedacht…

Sie auch nicht?

Maria Bart: Doch. Immer wieder.

Es scheint aber nicht, als wäre es für Sie eine glückliche Erinnerung…

Maria Bart: Nein, nicht unbedingt.

Was ist noch heute so belastend für Sie?

Maria Bart: Ich war damals Seelsorgehelferin in der katholischen Kirchengemeinde Canisius und habe gemeinsam mit unserem Pfarrer Valentin Mohr die Fahrten organisiert. Wir haben das nach bestem Wissen und Gewissen gemacht, ich meine, das mit der Auswahl der Mädchen und Buben. In Friedrichshafen hatte es im Frühjahr 1944 diese furchtbaren Bombenangriffe gegeben. Es gab zwei Familien, die Väter waren Brüder, die Mütter Schwestern. Die eine Familie hat mit ihren fünf Kindern in der Löwentalsiedlung gelebt, die andere hatte drei Kinder. Sie wohnte in der Katharinenstraße. Am 18. März 1944 waren Silvia und Qualbert, zwei Kinder der Familie aus der Löwentalsiedlung, mit Onkel und Tante in der Stadt unterwegs. Plötzlich gab es Bombenalarm. Die Menschen rannten in den Bunker am Sonnengärtle – heute steht dort die Dresdner Bank.

Was passierte dann?

Maria Bart: Nachdem Entwarnung gegeben worden war, machten sich Silvia und Qualbert auf den Heimweg. Als sie die Löwenunterführung passiert hatten, riefen ihnen Leute zu: „Eure Eltern sind tot." Zuhause fanden sie nicht nur Mutter und Vater tot auf: Auch die sechsjährige Anneliese und die erst dreieinhalb Monate alte Maria Anna waren bei dem Bombenangriff getötet worden. Die dreijährige Martha Maria war schwer verletzt. Damit nicht genug: Die beiden sechsjährigen Zwillinge von Tante und Onkel, die gerade zu Besuch in der Löwentalsiedlung waren, lebten nicht mehr – die Bombe hatte das Haus dem Erdboden gleichgemacht. Ich wollte dem 13-jährigen Qualbert etwas Gutes tun und habe ihn für eine Fahrt nach Gossau eingeteilt.

Das hat dann nicht geklappt?

Maria Bart: Nein. Ich stand am Hafen mit meiner Liste und habe Kind um Kind abgehakt. Nur Qualbert hat gefehlt. Ein anderer, der kleine Walter, ist gerade barfuß rumgesprungen. Der war zwar bereits am 19. Oktober in St. Gallen, das hatte ich aber in der Hektik nicht mehr parat. Weil ich genau wusste, dass drüben Gastgeber auf ihr deutsches Kind warten, habe ich Walter gesagt: „Komm Bub, geh du mit. Ich sage Deiner Mutter Bescheid." Ruckzuck war Walter auf dem Schiff. Und ist abends mit einem Paar neuer Stiefel zurückgekommen.

Warum war der andere Junge nicht zum Hafen gekommen?

Maria Bart: Wahrscheinlich hat ihn unsere Nachricht nicht erreicht, denn er war evakuiert, in Aulendorf bei den Großeltern untergekommen. Nur so kann ich mir das heute zusammenreimen.

Verzeichnis

der Katholischen Pfarrgemeinde St. Petrus Canisius
Friedrichshafen

lfd. Nr.	Name	Geburtsdatum	Wohnort	Kinderzahl
600	Michelberger Albertine	28. 4.34	Schwarzmeerweg 10	10
601	Reiser Maria	3. 1.33	Brucknerstr. 3	10
602	Lieb Hildegard	14. 4.35	Scheffelstr. 33	8
603	Scherer Aloisia	19. 7.33	Trautenmühleweg 7	8
604	Reiser Elfriede	3. 6.34	Hofenerstr. 48	8
605	Bodenmüller Irmgard	30.12.33	Werastr. 52	7
606	Hörmann Rosmarie	30. 6.35	Äußere Ailingerstr. 63	7
607	Neuffer Hedwig	30.10.35	Trautenmühleweg 6	7
608	Löscher Werner	11.2.38	Trautenmühleweg 5	8
609	Segelbacher Anna	25.9.34	Ludwig Dürrstr. 6	6
610	Holzer Margot	19.8.34	Graf v.Sodenstr. 13	6
611	Rudhart Waltrudis	9.9.37	Charlottenstr. 47	5
612	Blattner Maria Edeltraud	16.5.36	Trautenmühleweg 10	5
613	Foß Rita	24.2.35	Eugenstr. 21	5
614	Bausinger Erika	14.11.33	Marienstr. 38	5
615	Müller Elisabeth	14.10.33	Riedleöschstr. 16	6
616	Spätling Reinhard	28. 5.38	Panoramastr. 19	6
617	Köb Friedrich	38	Haydnstr. 1	5
618	Kramper Artur	5. 9.34	Aichstegstr. 33	5
619	Waggershauser Annerose	9. 6.33	Werastr. 33	5
620	Angele Wilhelm	22. 9.36	Haydnstr. 1	5
621	Walser Elisabeth	30.10.33	Eugenstr. 4/I	4
622	Wölfle Hildegard	2. 9.37	Keplerstr. 42	5
623	Manz Hans	17. 4.35	Eugenstr. 31	5
624	Kobel Lieselotte	27. 4.32	Ailingerstr. 82	4
625	Rehfuß Helmut Peter	7.10.38	Charlottenstr. 54	4
626	Spähn Gerda	30. 4.33	Brahmsstr. 10	4
627	Reuchlin Hermann	30. 9.39	Siebenbürgenstr. 1	4
628	Huster Herbert	4. 8.38	Memellandweg, Behelfsheim	4
629	Weil Inge	25. 2.36	vom Steinstr. 3	4
630	Kloos Horst	20. 7.37	Arndtstr.8	4
631	Schlegel Ida	11. 7.37	Karl Lanzstr. 3	4
632	Benninger Eugen	12.10.35	Meistershofenerstr. 69	4
633	Stubenbaum Annemarie	4.12.33	Trautenmühleweg 14	4
634	Stubenazi Eleonore	5. 7.35	Allmansweiler 10	4
635	Seifried Richard	26. 2.34	Meistershofenerstr. 4	4

Liste von „Schweizer Kindern" aus kinderreichen Familien.

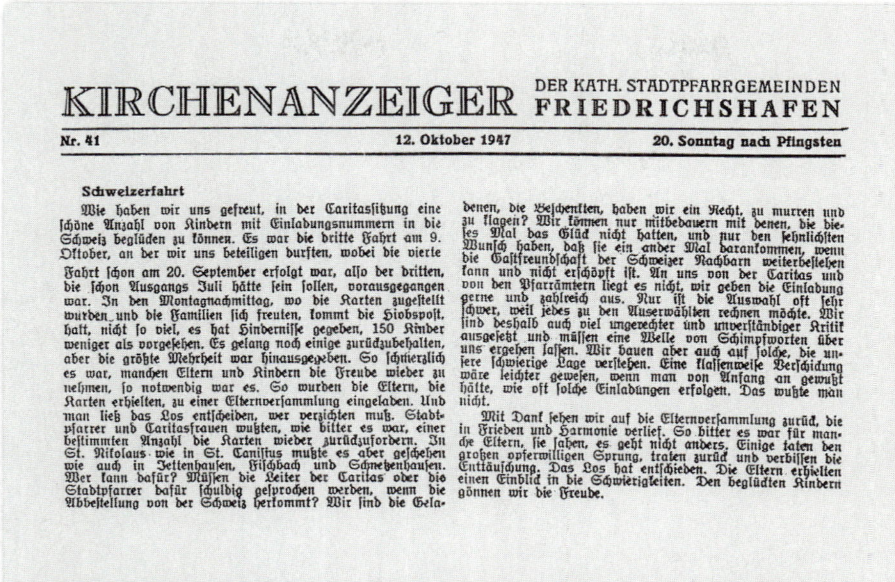

KIRCHENANZEIGER DER KATH. STADTPFARRGEMEINDEN FRIEDRICHSHAFEN

Nr. 41 12. Oktober 1947 20. Sonntag nach Pfingsten

Schweizerfahrt

Wie haben wir uns gefreut, in der Caritassitzung eine schöne Anzahl von Kindern mit Einladungsnummern in die Schweiz beglücken zu können. Es war die dritte Fahrt am 9. Oktober, an der wir uns beteiligen durften, wobei die vierte Fahrt schon am 20. September erfolgt war, also der dritten, die schon Ausgangs Juli hätte sein sollen, vorausgegangen war. In den Montagnachmittag, wo die Karten zugestellt wurden und die Familien sich freuten, kommt die Hiobspost, halt, nicht so viel, es hat Hindernisse gegeben, 150 Kinder weniger als vorgesehen. Es gelang noch einige zurückzubehalten, aber die größte Mehrheit war hinausgegeben. So schmerzlich es war, manchen Eltern und Kindern die Freude wieder zu nehmen, so notwendig war es. So wurden die Eltern, die Karten erhielten, zu einer Elternversammlung eingeladen. Und man ließ das Los entscheiden, wer verzichten muß. Stadtpfarrer und Caritasfrauen wußten, wie bitter es war, einer bestimmten Anzahl die Karten wieder zurückzufordern. In St. Nikolaus wie in St. Canisius mußte es aber geschehen wie auch in Jettenhausen, Fischbach und Schnetzenhausen. Wer kann dafür? Müssen die Leiter der Caritas oder die Stadtpfarrer dafür schuldig gesprochen werden, wenn die Abbestellung von der Schweiz herkommt? Wir sind die Geladenen, die Beschenkten, haben wir ein Recht, zu murren und zu klagen? Wir können nur mitbedauern mit denen, die dieses Mal das Glück nicht hatten, und nur den sehnlichsten Wunsch haben, daß sie ein ander Mal darankommen, wenn die Gastfreundschaft der Schweizer Nachbarn weiterbestehen kann und nicht erschöpft ist. An uns von der Caritas und von den Pfarrämtern liegt es nicht, wir geben die Einladung gerne und zahlreich aus. Nur ist die Auswahl oft sehr schwer, weil jedes zu den Auserwählten rechnen möchte. Wir sind deshalb auch viel ungerechter und unverständiger Kritik ausgesetzt und müssen eine Welle von Schimpfworten über uns ergehen lassen. Wir bauen aber auch auf solche, die unsere schwierige Lage verstehen. Eine klassenweise Verschickung wäre leichter gewesen, wenn man von Anfang an gewußt hätte, wie oft solche Einladungen erfolgen. Das wußte man nicht.

Mit Dank sehen wir auf die Elternversammlung zurück, die in Frieden und Harmonie verlief. So bitter es war für manche Eltern, sie sahen, es geht nicht anders. Einige taten den großen opferwilligen Sprung, traten zurück und verbissen die Enttäuschung. Das Los hat entschieden. Die Eltern erhielten einen Einblick in die Schwierigkeiten. Den beglückten Kindern gönnen wir die Freude.

„Hiobspost“ aus der Schweiz: Weniger Kinder als vorgesehen dürfen reisen.

Aber es gab ja noch mehr Fahrten.

Maria Bart: Ja. Ich hatte mir geschworen: Bei der nächsten Fahrt kommt der Bub mit. Das war die vierte und letzte, wie wir später erfahren sollten – die Begeisterung hat ja dann auch bei den Schweizern nachgelassen. Ich habe den Jungen also für Gossau eingeteilt. Verwandte haben ihm einen Brief mitgegeben, in dem sie erklärten, wie es dem Buben ergangen war, dass er keine Eltern mehr hat. Doch in der Schweiz hat man ihm nicht geglaubt, gedacht, man habe den Buben auf arm getrimmt. Es ist ihm dort nicht so gut gegangen.

Sie geben sich dafür die Schuld.

Maria Bart: Ja. Ich fühle mich schuldig, dass es mit der Verständigung nicht geklappt hat. Ausgerechnet bei diesem Kind musste mir so etwas passieren.

Es hat Hunderte, sogar Tausende von Kindern gegeben, die in der Schweiz verwöhnt wurden. Sie schwärmen noch heute. Ich weiß aber auch von ein paar anderen, die ein ähnliches Erlebnis hatten wie Ihr Junge.

Maria Bart: Ist das wahr?

Ja. Eine Frau hat mir erzählt, dass sie zu zwei älteren Damen kam und bei ihnen den ganzen Tag lang brav auf dem Bänkchen sitzen musste, sich nicht rühren durfte. Es muss eine Qual für das Mädchen gewesen sein, zumal draußen andere Kinder lärmten und spielten. Ein Mann weiß noch genau, wie ihn die Kinder der Gastgeber beim Mittagessen andauernd beschimpft haben, er sei Teil der Brut Hitlers. Die Gastgeber selbst haben nicht eingegriffen – ihnen, meint der Mann heute, war es recht, dass die Kinder diese Rolle übernommen haben. Als der Junge abends wieder aufs Schiff musste, hat ihm der Schweizer Gastvater eine Tafel Nussschokolade hingestreckt.

Maria Bart: Immerhin…

Schon. Nur: Als der Junge die Tafel Schokolade aufgemacht hat, sind Würmer rausgekrochen. Seither kann er keine Nussschokolade mehr sehen, geschweige denn essen.

Maria Bart: Das muss wirklich furchtbar für die Kinder gewesen sein.

Ja, ich glaube, das werden sie lebenslang nicht vergessen. Dabei gab es viele, die sich eine riesige Mühe allein mit der Organisation der Fahrten gemacht haben. Sie hatten doch eine Mammut-aufgabe zu bewältigen…

Maria Bart: Ich habe am 1. Juli 1946 in der Pfarrei angefangen. Zuvor arbeitete ich bei der ZF als Stenotypistin. Aber Sie können mir gerne glauben: Ich bin schneller in den Stiefel reingekommen, als ich gedacht habe. Die erste Fahrt war ja bereits am 19. Oktober 1946.

Nach welchen Kriterien haben Sie die Kinder ausgewählt?

Maria Bart: 1946 gab es in der Stadt nur zwei Pfarreien, Canisius und St. Nikolaus. Canisius zählte 4644 Katholiken, 1947 bereits rund 5200. Das heißt, allmählich sind immer mehr Menschen nach Friedrichshafen zurückgekommen, die während des Krieges die Stadt hatten verlassen müssen. Wir haben damals von der Stadt Friedrichshafen ein gewisses Kontingent zugeteilt bekommen. Alle wollten natürlich, dass ihre Kinder in die Schweiz fahren dürfen. Bei der ersten Fahrt durften 63 Kinder aus unserer Pfarrei mit. Ich habe da noch in meinen Unterlagen zwei lange Vorschlagslisten. Da stehen die Familien drauf, die mehrere Kinder hatten oder bei denen die Väter vermisst oder gefallen waren.

Aber auf den Listen stehen weit mehr als 63 Kinder.

Maria Bart: Die habe ich mit einer alten Kofferschreibmaschine getippt (lacht). Sie sehen auch das dünne Papier – wir waren damals froh um jeden Fetzen, haben halt auf die Rückseite von alten Rundschreiben geschrieben. – Wir hatten Karteikarten, auf denen alle Familien fein säuberlich mit der Anzahl der Kinder vermerkt waren – manche hatten ja sogar zehn. Die Karteikarten sind wir bestimmt durchgegangen. Außerdem habe ich auch Religionsunterricht gegeben. Da wusste ich: In dieser oder jener Familie ist so ein Mageres, so ein Hendschele.

Nicht alle Familien werden mit Ihrer Auswahl zufrieden gewesen sein…

Maria Bart: Nein. Immer wieder kamen welche und haben gesagt: Wir haben doch auch ein mageres Kind. Unser Problem war: Wir wussten genau, wir dürfen nur so und so viele Kinder mitschicken.

Eine undankbare Aufgabe. Wahrscheinlich hatten Sie viele schlaflose Nächte.

Maria Bart: In der Tat. Denn viele haben hintenrum über uns geschimpft.

Ist es so zu erklären, dass die Liste für die zweite Fahrt am 21. Mai 1947 handschriftlich abgeändert wurde?

Maria Bart: Nein, das glaube ich nicht. Der Pfarrer hat sich von Schimpfereien nicht beeindrucken lassen. Ich denke, dass er die Liste deshalb abgeändert hat, weil er Kinder von Rückkehrern aufgenommen hat.

Standen Sie unter Rechtfertigungszwang?

Maria Bart: Ja, ständig. Mir war es doch so arg, wenn ich jemandem sagen musste: Ich kann Ihr Kind nicht mitlassen. Einmal kam sogar die Hiobsbotschaft, für die nächste Fahrt gebe es 150 Plätze weniger als zugesagt. Dabei hatten wir den Eltern schon die freudige Nachricht übermittelt, dass ihre Kinder in die Schweiz dürfen. Weil keiner freiwillig zurückgetreten ist, musste das Los entscheiden. Diejenigen, deren Kinder nicht mitfahren durften, waren bitter enttäuscht – und die Mädchen und Buben natürlich auch.

Hatten die Leute Verständnis für Ihre schwierige Lage?

Maria Bart: Nein. Viele, die nicht mitkonnten, waren persönlich böse. Bei der Kirche macht man Ausnahmen, wurde immer wieder gestichelt. Ich frage mich noch heute: Warum soll ich jemandem, der engagiert mitgearbeitet hat, nicht auch etwas Gutes tun? Nein, Freude habe ich an der Sache im Grunde genommen nur wenig gehabt.

Obwohl Sie mitbekommen haben, wie beglückt die meisten Kinder zurückgekommen sind?

Maria Bart sucht auf einer alten Liste nach Namen: „Einige von den Kindern leben tatsächlich noch in Friedrichshafen."

Maria Bart: Natürlich habe ich mich darüber gefreut. Aber sobald das Schiff mit den Mädchen und Buben abfuhr, war meine Arbeit beendet. Ich war dann bereits mit der Organisation der nächsten Fahrt beschäftigt. Warten Sie. Nur einmal habe ich nach der Rückkehr der Kinder gehört, wie eines seinen Eltern zugerufen hat: „Ich habe einen süßen Schübling bekommen." Das war eine Banane (lacht).

Haben Sie die Kinder auch auf die Fahrten vorbereitet?

Maria Bart: Wir haben ihnen auf Anweisung der Stadt gesagt, dass sie kein Geld und keine Taschen bei sich haben sollen. Und dass sie anständig gekleidet sind, mit Schuhen und Strümpfen. Wissen Sie, zwischen arm und schlampig ist noch ein Unterschied.

Hatten die Kinder Angst? Viele fuhren ja zum ersten Mal in die Schweiz.

Maria Bart: Angst? Nein, das glaube ich nicht. Die Häfler haben ja gesehen, da drüben ist nachts immer Licht, die müssen nicht in den Keller, dort gibt es keinen Krieg. Als die ersten Kinder aus der Schweiz zurückgekommen sind, hat sich ihre Begeisterung schnell rumgesprochen. Nein, Angst hatten sie nicht. Sie waren aber sicherlich gespannt.

Mussten die Kinder beziehungsweise deren Eltern für die Fahrten bezahlen?

Maria Bart: Nein. Die Eltern der Kinder, die wir mitgeschickt haben, hätten sich das gar nicht leisten können. Ich nehme an, dass die Schweizer die Kosten für das Schiff übernommen haben.

Die Kinder aus Ravensburg waren versichert: Pro Kind und Fahrt waren 0,50 Reichsmark zu bezahlen. Bei Invalidität hatte die „Zürich", die Versicherung, 5000 Reichsmark zugesagt, bei Tod 500.

Maria Bart: Ich habe nie ein derartiges Schreiben gesehen. Die Ravensburger hatten es ja auch weiter. Wahrscheinlich waren unsere Kinder über die Stadt versichert.

Hat jemand von offizieller Seite her versucht, Einfluss auf die Auswahl der Kinder zu nehmen?

Maria Bart: Nein. Die Franzosen, die für uns zuständig waren, haben die Listen abgestempelt. Wobei ich schon sagen muss: Angst hatten wir vor ihnen schon.

Einige deutsche Familien haben nach den Fahrten Kontakt zu den Schweizern gehalten, Päckli bekommen. Ist keiner zu Ihnen gekommen und hat sich bedankt?

Maria Bart: Nein. Manche haben auch keine Päckli bekommen und waren dann sauer, dass es anderen besser ging. Nein, Dank hat es keinen gegeben. Wobei ich dafür auch Verständnis hatte und niemandem böse bin.

Ein bisschen enttäuscht wirken Sie aber schon.

Maria Bart: Die Fahrt war vorbei, die Menschen hatten wieder mit dem Alltag zu kämpfen.

Manchen Kindern wurde ihr Päckchen abgenommen – von Deutschen, die gesagt haben: Kind, das ist zu schwer für dich. Ich trag's dir. Sie haben es nie wieder gesehen. Ist Ihren Kindern auch so etwas passiert?

Maria Bart: Nein. Aber sagen Sie selbst: Das kann doch nicht wahr sein.

Waren Sie auch in der Schweiz?

Maria Bart: Ja, ich habe eine Fahrt begleitet. Ich bin von einer älteren Dame in St. Gallen-Bruggen aufgenommen worden. Mir ist es dort gut gegangen. Zum Abschied hat sie mir ein Nachthemd mit Spitzen und ein halbärmeliges Strickjäckle geschenkt. Beides habe ich kaum angezogen, vor lauter Sparen. Aber ich habe das Nachthemd und das Strickjäckle immer wieder angeschaut und mich daran gefreut.

Und heute?

Maria Bart: Wenn ich die Listen durchschaue, denke ich mir: Menschenskind, was ist nur aus diesem Mädchen, jenem Buben geworden? Ein paar von ihnen sind schon tot. Damals sind sie als arme Kinder fortgekommen. Man war froh über alles, was man gekriegt hat. Ja, es ist viel Zeit ins Land gegangen.

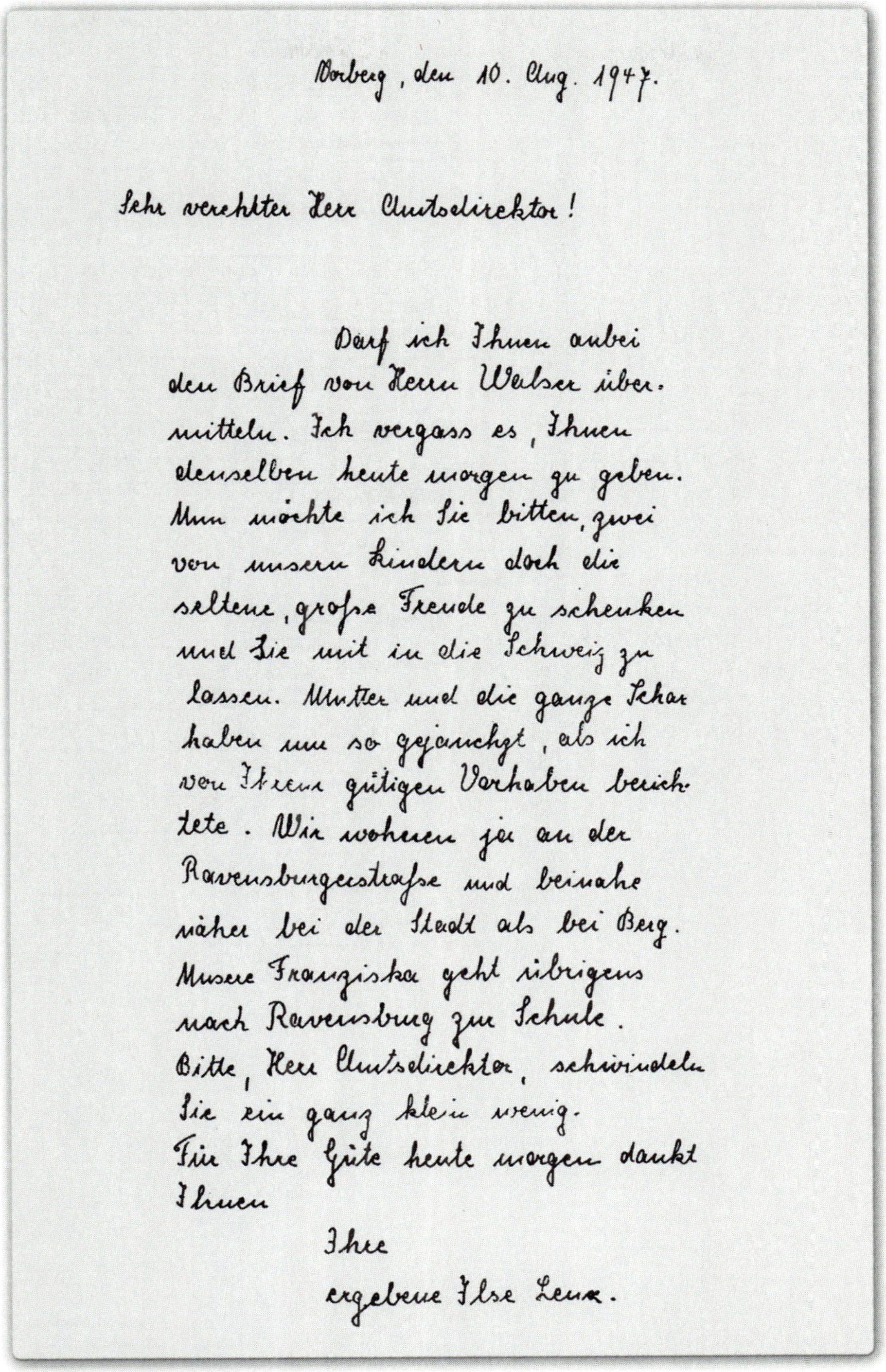

Vorberg, den 10. Aug. 1947.

Sehr verehrter Herr Amtsdirektor!

Darf ich Ihnen anbei den Brief von Herrn Walser übermitteln. Ich vergass es, Ihnen denselben heute morgen zu geben. Nun möchte ich Sie bitten, zwei von unseren Kindern doch die seltene, große Freude zu schenken und sie mit in die Schweiz zu lassen. Mutter und die ganze Schar haben nur so gejauchzt, als ich von Ihrem gütigen Vorhaben berichtete. Wir wohnen ja an der Ravensburgerstraße und beinahe näher bei der Stadt als bei Berg. Unsere Franziska geht übrigens nach Ravensburg zur Schule. Bitte, Herr Amtsdirektor, schwindeln Sie ein ganz klein wenig. Für Ihre Güte heute morgen dankt Ihnen

Ihre

ergebene Ilse Lenz.

Brief von Ilse Lenz vom „Kinderhaus“ in Vorberg bei Ravensburg an Amtsdirektor Gindele. Im „Kinderhaus“ lebten damals ungefähr zwölf elternlose Kinder aller Altersgruppen, liebevoll betreut von ihrer „Mutter“ Maria Lenz.

Flüchtlingsnot

„Ihr Zustand war Besorgnis erregend, und sie trugen ihr ganzes Hab und Gut auf dem Leib"

Vor der Abfahrt.

In Rorschach aufgewachsen, erlebte ich die Kriegsjahre zunächst als Schüler und die erste Zeit danach als Seminarist am Lehrseminar auf eindrückliche Art und Weise. Nicht nur wurden wir bei den verschiedenen Hilfsaktionen eingesetzt, so zum Beispiel auch beim wöchentlichen Einsammeln des Flüchtlingsbatzens, der durch die Zentralstelle für Flüchtlingshilfe für innerchristliche Ökumene 1942 ins Leben gerufen wurde, sondern konnten als Pfadfinder auch für Betreuungsaufgaben der vielen Flüchtlingskinder Dienst leisten.

Ich mag ich noch an einen vom Schweizerischen Roten Kreuz organisierten Transport kriegsgeschädigter Kinder erinnern, der bei Nacht und Nebel in Rorschach eintraf. Für die Kinder war in der Turnhalle des damaligen Mädcheninstitutes Stella Maris eine Schlafstelle eingerichtet worden. Doch bevor sie verpflegt werden konnten, mussten sich die Mädchen und Buben einer Quarantäne unterziehen, weil sie zum Teil verlaust waren. Ihr Zustand war Besorgnis erregend, und sie trugen ihr ganzes Hab und Gut auf dem Leib. Diese verängstigten Gesichter werde ich mein ganzes Leben lang nicht mehr vergessen. Dazu entnehme ich der Chronik des Rorschacher Neujahrsblattes 1947 folgende Notiz: „August 8. Mit einem Wiener-Kinderzug traf im Grenzbahnhof Buchs das hunderttausendste kriegsgeschädigte Kind in der Schweiz ein. Eine schöne und doch eine kleine Zahl, wenn man bedenkt, wie viele Hunderttausende von armen Geschöpfen hungern und darben, wie vielen ihre Gesundheit durch die jahrelange Kriegsnot fürs ganze Leben ruiniert wurde. Nach den bisherigen Erhebungen des Roten Kreuzes gibt es in Europa 20 Millionen in gefährlichem Grade unterernährte Kinder, von denen ungefähr die Hälfte bereits tuberkulös ist."

Anderntags konnten die Mädchen und Buben dann zu einem dreimonatigen Erholungsaufenthalt in aufnahmebereite Familien fahren.

Ebenso ist mir in diesem Zusammenhang ein anderes Erlebnis in Erinnerung geblieben, als ich mit der Pfadfinderabteilung Hospiz, St. Gallen, ein mehrwöchiges Lager von Franzosenkindern im Toggenburg mitleiten durfte. Auch meine Eltern nahmen für ein viertel Jahr einen Franzosenbuben aus dem Elsass auf. Mein Bruder und ich nannten ihn „Dodele", weil er so einen lustigen deutsch-französischen Dialekt hatte. Der Junge besuchte in Rorschach auch die Franzosenschule.

Auf diese Weise kamen 60 000 kriegsgeschädigte Kinder in den Genuss eines Erholungsaufenthaltes in der Schweiz. Natürlich wäre hier noch von anderen Aktionen, zum Beispiel Naturaliensammlungen, oder über die Schieferdacheindeckung der Schlosskirche in Friedrichshafen zu berichten, doch interessierte mich damals als angehenden Lehrer vor allem die Frage, wie möglichst vielen kriegsgeschädigten Kindern geholfen werden könnte. Daher beschränke ich mich auf die Aktionen der Nachkriegsorganisationen, die das Rote Kreuz (Schweizerspende) in Zusammenarbeit mit der

Französische Flüchtlingskinder 1944 in der Rorschacher Schule.

Rorschach, den 28. Februar 1947

Liebe Familie!

Sie haben sich in freundlicher Weise bereit erklärt, am kommenden Sonntag ein Kind aus Lindau bei sich aufzunehmen. Nun sind aber mehr Einladungen bei uns eingegangen, als wir Kinder vermitteln können, sodass wir eine Anzahl Anmeldungen zurückstellen mussten und nun auch Ihnen diesen abschlägigen Bescheid geben müssen. Bei der Zuteilung haben wir auf die Reihenfolge der eingegangenen Anmeldungen und auch darauf abgestellt, ob schon bei der letzten Aktion vom November des letzten Jahres Ihre Gastfreundschaft beansprucht worden ist.

Auf alle Fälle danken wir Ihnen sehr herzlich für Ihre Bereitschaft und wir erlauben uns, Ihre Anmeldung zu behalten, um eventuell bei einer spätern Aktion auf Ihre Einladung zurückkommen zu dürfen.

Mit freundlichem Gruss:

i.A. G. Küng, Gemeindehelferin.

Geht an:

Fam. Minder
Kellenberger
Sorapera
Brunner
Nichli
Boretti
Hänseberger
Hüttenmoser
Bergeler
Tödtli
Willkomm
Tanner
Hensel
Schär

In Rorschach war der Wunsch, ein deutsches Kind aufzunehmen, so groß, dass manche Familien leer ausgingen (Namen handschriftlich vermerkt).

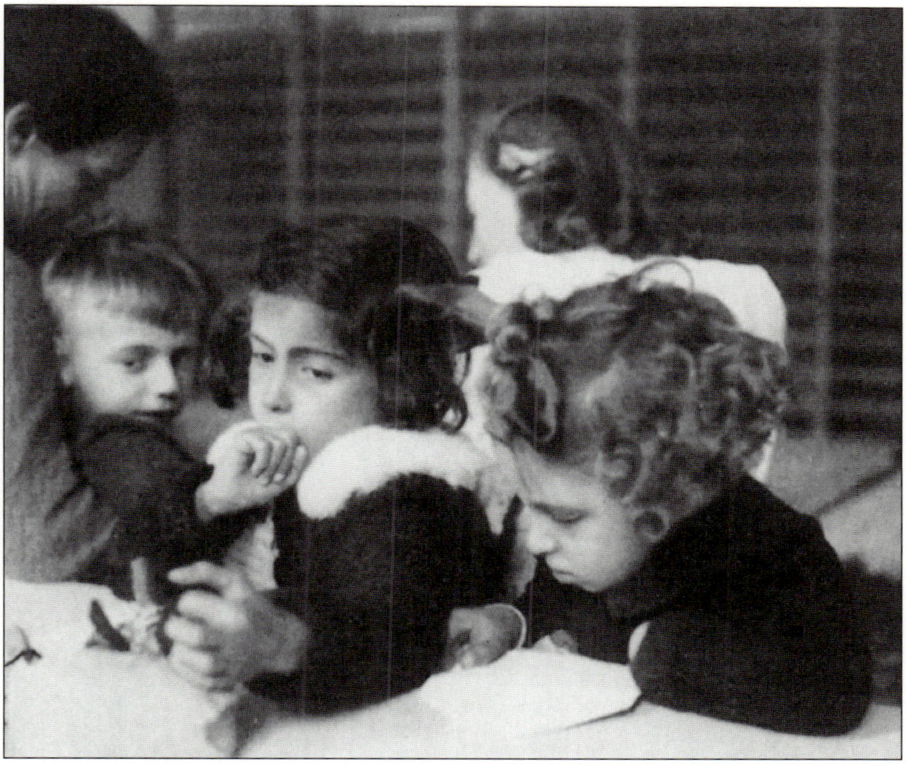

Französische Flüchtlingskinder im Unterricht in Rorschach.

interkonfessionellen „Ostschweizer Grenzlandhilfe" (Caritas und Hilfswerk der Evangelischen Kirchen der Schweiz, HEKS) durchführten.

So berichtet unser damaliger Pfarrer Gottlieb Roggwiller unter anderem an den Kantonalen Kirchenrat St. Gallen am 7. Januar 1947: „Wir führten eine Aktion durch für Lindau. Es kamen 460 evangelische Kinder für einen Tag in unsere evangelischen Familien (dazu 180 katholische in katholische Familien, die wir mitgenommen haben). Ich darf sagen, dass bei dieser Aktion etwa 2-3 Tonnen Kleider und Schuhe nach Lindau gingen, worunter sicherlich 80 Paar neue Schuhe, die gleich angezogen wurden. – Dazu gingen etwa 200 kg Lebensmittel mit. Das war eine große Aktion, nachdem kurz vorher 1000 Bregenzer Kinder hier waren und ähnlich bedacht wurden, allerdings paritätisch. In diesem Rahmen wurde auch Penizillin durch Ausfuhrbewilligung nach Lindau gebracht."

Übrigens ist dieses Rundschreiben, das damals an die aufnahmewilligen Familien ging, noch in unserem Archiv vorhanden und auf der linken Seite abgebildet.

Das Hilfswerk der Evangelischen Kirchen in der Schweiz (HEKS) schrieb in seinem Mitteilungsblatt Nr. 4 im Juli 1947 Folgendes zu den Kinderaktionen: „Diese verdienen unserer vermehrten Beachtung, denn Kinder-Hereinnahmen stellen eine der wirksamsten Hilfen dar. Nicht nur das Kind, sondern auch Eltern, Verwandte und Bekannte freuen sich mit, und das Bewusstsein, dass hier an einem Punkt geholfen wird, stärkt auch die anderen. – Wir stehen in enger Verbindung mit dem Schweizer Roten Kreuz, der Kinderhilfe und deren Schweizer Sektion und bitten unsere Gemeinde-

Abschied von Rorschach: Wiener Kinder fahren nach einem Erholungsaufenthalt zurück in die Heimat.

kommissionen so viel als möglich mit den örtlichen Sektionen der Kinderhilfe zusammen zu arbeiten. Eine diesbezügliche Aufforderung wird von der Kinderhilfe an ihre Gemeindeorgane ergehen."

In diesem Zusammenhang verdient die Aktion „Tagesaufenthalt von Kindern aus dem Grenzland" ganz besondere Beachtung. Weil die Hilfsbereitschaft derart groß war, musste bereits auf eine gewisse Zurückhaltung hingewiesen werden, auch deshalb, weil verschiedene Aktionen nebeneinander liefen. Dazu entnehmen wir dem vorhin erwähnten Mitteilungsblatt des HEKS Folgendes:

„**1.** Die Strapazen der Reise sind sehr groß, und gerade solche Kinder, welche es nötig hätten, können deshalb nicht teilnehmen.

2. Das Wesentliche bei diesen Aktionen sind die in der Schweiz erhaltenen Kleider. Die Versorgung mit diesen richtet sich aber nicht nach der Bedürftigkeit des Kindes, sondern nach den Gebemöglichkeiten und -freudigkeit der Schweizer Gastgeber, hängt also mehr oder weniger vom Zufall ab.

3. Es steht fest, dass durch diese Aktionen die oben erwähnten Kinder-Hereinnahmen für 3 Monate beeinträchtigt werden. Es wurde schon öfters erklärt: Wir würden ja gerne ein Kind für 3 Monate nehmen, aber wir haben erst kürzlich ein Kind über den Sonntag hier gehabt und ihm alles mitgegeben, was wir hatten und noch ziemlich viel gekauft. So kann es geschehen, dass Kinder aus großen Notgebieten (Rheinland, Ruhrgebiet, Berlin, Hamburg, etc.) einen Aufenthalt von 3 Monaten (!) entbehren müssen, weil ein Grenzlandkind für einen Tag hier war.

4. Wir wissen alle, dass die Situation im anliegenden Grenzland nicht rosig ist, aber doch handelt es sich hier um vorwiegend landwirtschaftliche Gebiete, im Gegensatz zu den großen Städtemassierungen, welche das eigentliche Notgebiet darstellen. Außerdem haben die Grenzgebiete doch vermehrte Beziehungen zur Schweiz, durch alte nachbarliche und oft auch verwandtschaftliche Verhältnisse. Wir haben diese Frage letzte Woche mit deutschen Pfarrern des Grenzgebietes besprochen, und sie haben volles Verständnis für unser Anliegen gezeigt und die obigen Punkte bestätigt."

Über einen weiteren eintägigen Aufenthalt berichtet die „Chronik des Rorschacher Neujahrsblattes" von 1948 folgendes: „März 2. Unvermindert muss die „Grenzlandhilfe" ihre Tätigkeit weiter ausüben können. Dass die engere Nachbarschaft einen ersten Anspruch auf unsere Hilfe haben darf, ist selbstverständlich. Die eingeführten „Schweizer Sonntage" für die Kinder der deutschen und österreichischen Grenznachbarschaft gehören zu den schönsten Erlebnissen der von der Not hart betroffenen Nachkriegsjugend. Man muss die Ankunft eines Schiffes im Rorschacher Hafen miterlebt haben, man muss die stillen Geschöpfchen mit den bleichen Gesichtern und den dürftigen Kleidern und Schuhen gesehen haben, um zu ahnen, welche Wohltat ein kleiner Liebesdienst sein kann. Heute Sonntag kamen 630 Lindauer Kinder über den See, von denen 200 in Rorschach und Umgebung gastfreundlich aufgenommen wurden. Der grössere Teil der eingeladenen Kinderschar führt nach der Kantonshauptstadt."

Max Frei

Fahrt ins Märchenland

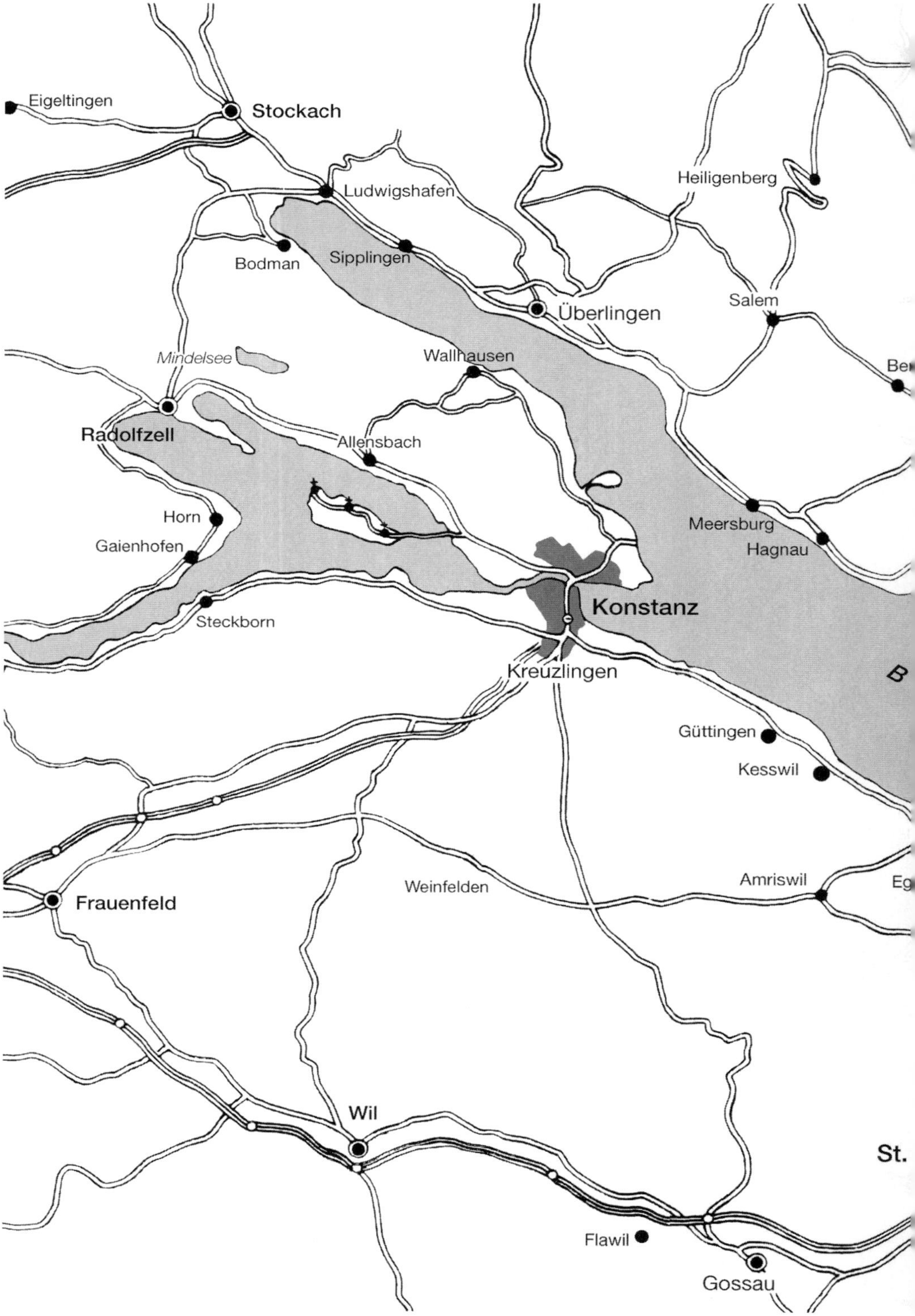
Eigeltingen
Stockach
Ludwigshafen
Heiligenberg
Bodman
Sipplingen
Überlingen
Salem
Mindelsee
Wallhausen
Radolfzell
Allensbach
Horn
Gaienhofen
Meersburg
Hagnau
Steckborn
Konstanz
Kreuzlingen
Güttingen
Kesswil
Weinfelden
Amriswil
Frauenfeld
Wil
St.
Flawil
Gossau

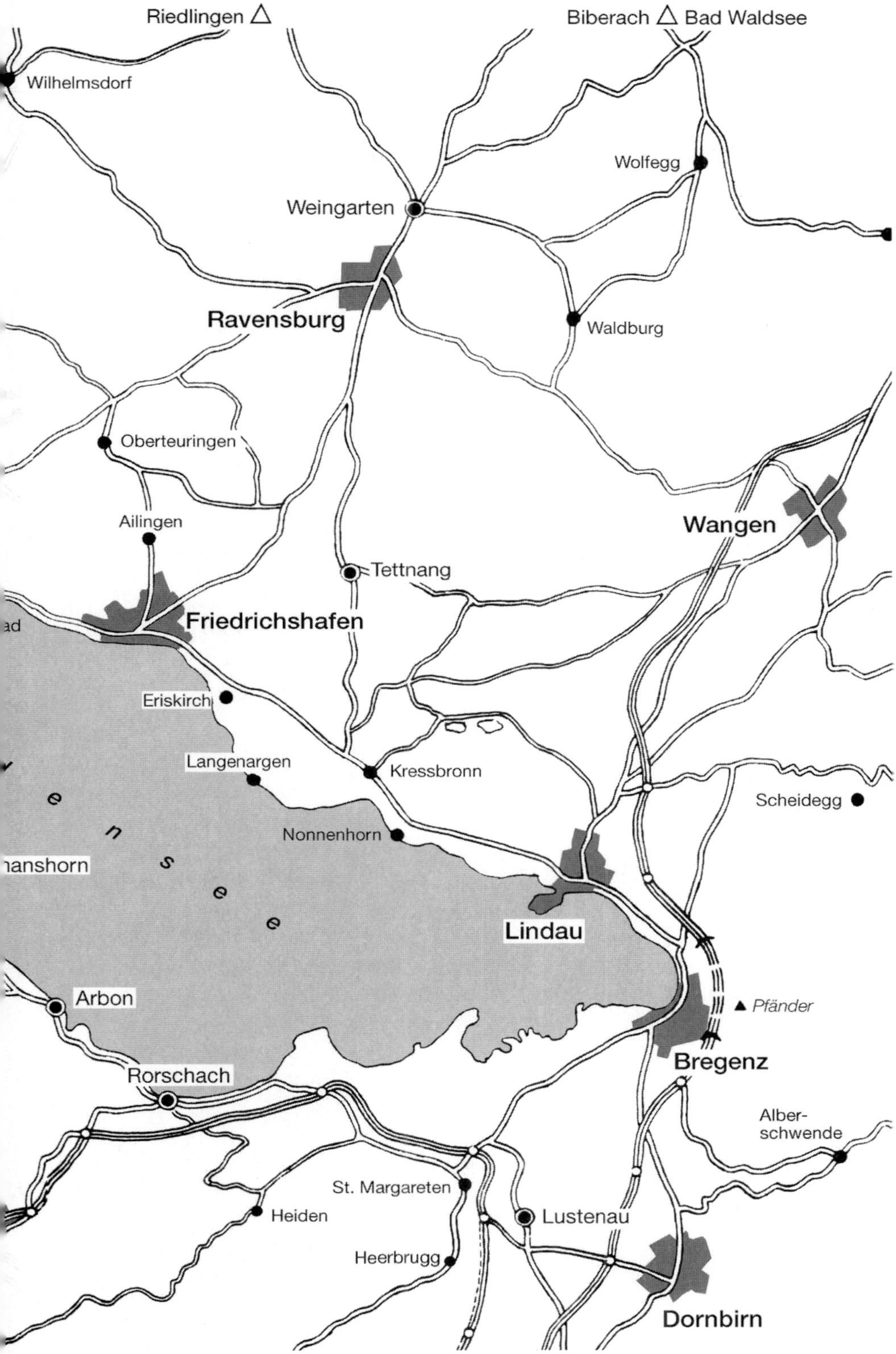

Die Großzügigkeit der Schweizer sprach sich bald herum: Waren es am Anfang nur Kinder der Seegemeinden und -städte, die in die Eidgenossenschaft durften, so wurden bald auch Mädchen und Buben vom Hinterland mit einbezogen. Farbig unterlegt sind die Namen der beteiligten Gemeinden und Städte, so weit sie bekannt sind.

„Eines Tages war plötzlich die Einladung da“

Die Schweizer Kinder gehen an Bord der „Thurgau“.

Teils ängstlich, teils erwartungsvoll warten die Kinder am Landesteg in Langenargen.

Spätestens nachdem das weiße Schiff „Thurgau" im Jahre 1946 Hunderte von armseligen deutschen Kindern aus dem zerstörten Friedrichshafen aufgenommen und ans gegenüberliegende Ufer gebracht hatte, gab es für Glückseligkeit einen neuen Namen: DIE SCHWEIZ.

Wir wissen nicht mehr, wer die Ersten waren, die die frohe Kunde brachten. Fest steht nur: Wir alle bekommen heute noch in der Erinnerung an dieses unvergleichliche Ereignis glänzende, ja feuchte Augen.

Es war der Anfang einer beispiellosen Aktion. Sie kamen in den folgenden zwei Jahren von überall her, die Kinder, mit dem Zug, mit den wenigen noch verfügbaren Fahrzeugen, ja sogar auf offenen Lastwagen. Und sie hatten vieles gemeinsam: die Not, den Hunger, Entbehrungen, Väter – gefallen, vermisst oder in Kriegsgefangenschaft – und Mütter, die es nur mit Zauberkünsten immer wieder schafften, irgendetwas Essbares auf den Tisch zu bringen. Wir alle verbrachten – aus dem Schlaf gerissen und mit wenigen Habseligkeiten bepackt – angstvolle Nächte im Keller. Das Heulen der Sirenen, das Rennen in den nächsten Luftschutzbunker, wenn man unterwegs war. Das alles war uns in Fleisch und Blut übergegangen, so sehr, dass manche nach Kriegsende verwundert darüber waren, nachts durchschlafen zu dürfen. Dem Einmarsch der Besatzungstruppen sahen wir mit Bangen entgegen. Zu den katastrophalen Verhältnissen in den zerbombten Städten kam nun auch noch die Requirierung intakter Wohnungen und Häuser. Doch letztendlich gewöhnte man sich an neue Bestimmungen und Verordnungen. Es ist wie immer im Leben: Wenn die Situation schlimm ist, macht es keinen großen Unterschied mehr, wenn sie noch ein bisschen schlimmer wird...

Wir kannten Zuckerrüben, die, zu Sirup gekocht als Zuckerersatz verwendet wurden,

Buben auf der „Thurgau" winken zum Abschied, bevor es Richtung Schweiz geht.

was nicht das Schlechteste war, aber Fische ohne Zitrone, Salz und Pfeffer! Gewürze waren rar und kostbar. Es gab Kuchen aus Mais, die zwar goldgelb aussahen, jedoch bleischwer waren. Die Linsen musste man verlesen, weil in ihnen lebendes Ungeziefer herumkrabbelte, und von Fleisch oder Wurst konnte man nur träumen. Wer einen Garten hatte, lebte tagaus, tagein von Kartoffeln.

Eines Tages war plötzlich die Einladung in die Schweiz da. Wir brachten sie von der Kirche oder Schule mit nach Hause. Jedoch längst nicht alle gehörten zu den Auserwählten, und die Daheimgebliebenen schauten neidvoll auf die Glücklichen, die, sauber angezogen, mit Nummernschildern versehen und Blumensträußen in der Hand, die Reise antreten durften. Auf der einen Seite aufgeregt und voller Vorfreude, auf der anderen Seite verunsichert drängten sich die Kinder am Landungssteg. War es doch für die meisten von uns der erste Ausflug überhaupt, noch dazu ohne Eltern, in ein fremdes Land und zu Leuten, die wir nicht kannten. Viele von uns sahen sogar zum ersten Mal den Bodensee und ein Schiff!

Die Schweiz, das gelobte Land. Man wusste zwar aus Erzählungen, dass es dort keinen Krieg gegeben hatte – diejenigen, die entlang des Sees zu Hause waren, hatten manchmal nachts das hell erleuchtete Ufer gesehen – so viel Licht, und bei uns vollständige Dunkelheit. Zu essen sollte es auch genügend geben, das hatte sich schon herumgesprochen.

Und nun stehen wir selber auf dem Schiff, die Ruinen von Friedrichshafen bleiben verschwommen zurück und vor uns, über dem See, der Säntis, ein alter Bekannter.

Das Stimmengewirr ist verhalten. Und dann schon passiert das erste Wunder: Wir bekommen herrlich weiße Brötchen und Kakao, können es fast nicht glauben. Wie sieht wohl die Schweiz aus? Leben die Menschen wirklich in einem Schlaraffenland?

Zur Begrüßung gibt's an Bord weiße Brötchen und einen Schokoriegel.

Das Ufer kommt näher. Wir sehen die Kirche, helle, freundliche Häuser, Leute, die winken.

Wir haben versucht, uns das Paradies vorzustellen. Aber das, was wir antreffen, übersteigt alle unsere Erwartungen. Mit einer ungeahnten Herzlichkeit werden wir am Hafen empfangen. Und dann gibt's weitere Wunder: Wir betrachten mit Staunen die unversehrten Häuser, die sauberen und glatten Straßen, schöne Autos, wohl gefüllte Geschäfte, Marktstände mit Früchten, die wir nur vom Hörensagen kennen, aber an diesem Tag noch kosten sollen. Diejenigen, die weiterfahren, können sich am Zug fast nicht satt sehen, der, weil elektrisch, überhaupt keinen Rauch und Ruß ausstößt. Auch die Leute sehen nicht so grau und verhärmt aus. Sie haben fröhliche Gesichter und lachen. Ist das so, wenn Frieden herrscht?

An Kirchen und Bahnhöfen werden unsere Nummern aufgerufen, ein jeder gesellt sich zu seinen Gasteltern, die ihrerseits sicherlich genauso gespannt sind, welches Kind sie in Empfang nehmen dürfen. Die Scheu, ja Ängstlichkeit ist groß. Wir werden an die Hand genommen und gehen – viele fahren gar mit Autos, Straßenbahn, Pferdefuhrwerk –, weiter ans Ziel. Dort warten Buben und Mädchen, Verwandte, Nachbarn, um einen Blick auf das deutsche Kind zu werfen, das auch für die Schweizer aus einer anderen Welt zu kommen scheint: Viele von uns tragen geflickte Kleidung mit oftmals zu kurzen Ärmeln und „Holzklepper", Sandalen mit Holzsohlen und daran befestigten Riemen. „Ja, habt ihr denn keine anderen Schuhe?", ruft ein Gastvater erstaunt aus, als er seinen kleinen Buben sieht.

Nein, wir besaßen keine anderen Schuhe, ein Paar vielleicht, für den Winter. Schuhe hatten zu dieser Zeit eine ganz besondere Eigenschaft: Sie waren entweder zwei Nummern zu groß oder zu klein. Zwischendurch passten sie eine Weile. Irgendwann wurde

Längst nicht alle Kinder gehören zu den Auserwählten.

vorne das Oberleder abgeschnitten, damit die Zehen rausgucken konnten. Diesem Mangel sollte an diesem Tag abgeholfen werden.

Zunächst jedoch gilt es, die hungrigen Mägen zu füllen. Ja, was gibt es da für Köstlichkeiten auf dem schön gedeckten Tisch! Man traut sich kaum zuzulangen, und manchem von uns klingen die Ermahnungen der Mütter in den Ohren, nicht allzu gierig über das Essen herzufallen. Zurückhaltung auf der einen, gutes Zureden auf der anderen Seite. Und doch hat wohl das eine oder andere Kind alle guten Ratschläge in den Wind geschlagen: Einigen wird vom vielen guten Essen schlecht. Doch was spielt das schon für eine Rolle?

Während des Essens tauen wir ein wenig auf und erzählen, durch vorsichtige Fragen ermuntert, von Zuhause. Ungläubig lauschen unsere Gasteltern unserem stockenden Bericht über Elend und Mangel an den alltäglichsten Dingen, über unsere Ängste, die uns ständig begleitet haben, den Schrecken des Krieges und Bombennächte mit Verschütteten und Toten, die Verwandte, Freunde und Nachbarn waren. „Mehl bekommt man, wenn man zum Ährenlesen geht" und „Öl gibt es in der Ölmühle für Bucheckern". Kann sich jemand vorstellen, wie es ist, mit dem Leiterwagen und kleinen Kindern zehn, 15 Kilometer weit zu einem abgeernteten Kornfeld zu laufen, um ein paar übrig gebliebene Ähren zusammenzulesen? Oder wie viel sechs Kilo dieser winzig kleinen Bucheckern sind, die man vom Waldboden aufsammeln musste, damit es einen Liter Öl gab?

Einzelne größere Kinder verdingten sich auf Bauernhöfen, bei Verwandten, sofern man welche hatte. Dafür brachten sie dann Eier, Brot und Milch nach Hause. Oder man klopfte bei Bauern an, um etwas Essbares zu bekommen. Heute würde man es Betteln nennen. Doch damals war „Hamstern" bittere Notwendigkeit. Auch so manches Familienerbstück oder Brautkleid wechselte für ein paar Eier oder einen halben Liter Milch den Besitzer.

Nun aber, in der Schweiz, sind für einen Tag alle Armut und Not vergessen. Wir sitzen in den gemütlichen Wohnzimmern und Stuben und lassen es uns schmecken. Die Schweizer tun alles, um ihre jungen Gäste zu beglücken. Dies muss wahrhaftig das Paradies sein.

Damals wussten wir noch nicht, wie tief sich das Erlebte in unsere Herzen einprägen würde. Wir haben all diese Eindrücke wohl nie verarbeitet, sondern lange in uns getragen, ein kostbar gehüteter Schatz, den man immer wieder hervorholt und andächtig betrachtet wie die wenigen verbliebenen Erinnerungsstücke an diesen Tag: die Puppe, das abgegriffene Globi-Buch und ein buntes Säckchen mit Knöpfen, in dem ehemals Murmeln waren.

So unterschiedlich und vielfältig der Aufenthaltsort und die Familien sind, so verschieden gestaltet sich der weitere Verlauf des Tages. Wir sehen viel Neues. Spielen mit den anderen Kindern, die uns in ihrem Kreis wie Geschwister aufnehmen, sitzen zum ersten Mal auf einem „Velo", machen Bekanntschaft mit den Tieren des Bauernhofes. So manch einer wundert sich

Schwer bepackt verlässt Ingrid Gruber (heute Wille) aus Biberach das Schiff.

über auffallend dicke, wohl genährte Katzen. Wir werden auf den Fußballplatz mitgenommen, dürfen in die Stadt, machen Spaziergänge in die nähere Umgebung, wo sich uns bisher ungeahnte Weiten eröffnen und der Grundstein gelegt wird für eine lebenslange Liebe zum Land und seinen Bewohnern. Und immer wieder ist es das Erstaunen über diese heile, wunderbare Welt, die unser Herz vor Glück höher schlagen lässt. So etwas haben wir noch nie erlebt!

Irgendwann an diesem Tag werden wir auch eingekleidet. Was für eine Freude in den Geschäften! Solch schöne Sachen haben wir noch nie gesehen. Bei uns werden Kleider aus alten Vorhängen, Wehrmachtsmänteln und Uniformen genäht, das Vorhandene immer wieder geändert und ausgebessert, wobei jede Rolle Nähfaden eine Kostbarkeit ist. Und nun dürfen wir uns sogar selbst aussuchen, was uns gefällt. Die Kleidungsstücke sollten eigentlich nicht neu sein, eine Vorschrift, an die sich die wenigsten Schweizer halten. Deshalb werden hin und wieder, aus Vorsichtsgründen, die alten Sachen über die neuen angezogen. So kommt es, dass auf der Rückfahrt der Eindruck entsteht, einzelne Kinder hätten an Umfang und Gewicht zugelegt. .

Wir sind sprachlos, als wir auch noch Schuhe geschenkt bekommen. Es kann heute niemand ermessen, was das für uns bedeutet hat, vor allem, wenn sie neu und glänzend waren. Über gebrauchte Schuhe und getragene Kleidung sind wir genauso glücklich. Jeder von uns hat seinen eigenen besonderen Festtag, den er nie mehr vergessen soll.

Am Nachmittag gibt es feinen Kuchen, Kaffee und Kakao duften köstlich. Es ist, als wollten die Schweizer ein Polster schaffen, von dem wir zehren können, wenn der Hunger wieder zu nagen beginnt. Als die Stunde des Abschiednehmens näher rückt – für die Kinder, die Zutrauen zu ihren Gasteltern gefasst und für die Gasteltern, die die Kinder ins Herz geschlos-

Einige Kinder bekommen in der Schweiz neue Schuhe.

sen haben –, werden Päckchen und Pakete mit vielen köstlichen und brauchbaren Dingen geschnürt. Die Schweizer denken an alles – es gibt nichts, was sie uns nicht noch zustecken, um damit die letzten Taschen zu füllen.

Wir fühlen uns wie im Himmel und müssen doch bald wieder auf die Erde zurückkehren. Warum nur, so denken wir, ist hier alles ganz anders als daheim? Warum hat es hier keinen Krieg gegeben?

Viele Fragen drängen sich uns auf, die wir unausgesprochen mit nach Hause nehmen. Dort werden sie nur ausweichend beantwortet. Wir waren schließlich nur Kinder, die die Zusammenhänge der großen Weltgeschichte nicht begreifen konnten. Und doch sahen und fühlten wir an diesem Tag die harte Diskrepanz zwischen Krieg und Frieden, was wohl unser ganzes weiteres Leben geprägt hat.

Heute wissen wir, dass nicht alle Familien, die uns aufgenommen haben, so begütert waren, wie wir glaubten. Auch in der Schweiz hatte der Krieg seine Spuren hinterlassen. Manche konnten ein deutsches Kind nur aufnehmen, verköstigen und mit Geschenken ausstatten, weil sie selbst auf vieles verzichteten. Sicherlich musste so manches Kind aus der Schweiz Kleidungsstücke oder Spielsachen hergeben, die ihm lieb waren. Sie taten es vielleicht nicht immer gern. Doch davon spürten wir nichts. Uns wurde an diesem Tag in höchstem Maße Gastfreundschaft und Nächstenliebe zuteil, die wir kaum fassen konnten und mitnahmen durch die ganzen späteren Jahre.

Wir kehren heim wie s' Christkind: geradewegs aus dem Himmel gefallen – und so bepackt sind wir auch. Als wir unsere mitgebrachten Schätze ausbreiten, sind es die Mütter, die vor Freude weinen.

Hannelore Penzel-Dahl und Siegfried Rehm

„Ach rührend ist so ein ausgetauschtes Kriegskindtschöpli"

„Soeben landet im Hafen (Rorschach) ein Schiff aus dem dritten Reich. Es bringt etwa 500 Kinder aus der kriegsbeschädigten Nachbarzone, die von unsern Stadtbewohnern zu Gast geladen sind – leider nur für diesen sonnig klaren Märzsonntag. Sie werden verteilt und nun ziehen sie durch unsere Strassen – froh, jedes etikettiert wie wandelnde Ware, aber glücklich und erwartungsvoll der Dinge die da kommen werden in diesem gelobten Land, das von Milch und Honig fliesst – genannt die Schweiz – für sie das Schlaraffenland – wo man sich ganz satt essen darf, wo man einem das armselige Rucksäckli füllt, wo die Hosen aus Vaters alter Uniform ausgetauscht werden gegen richtige Knickerbocker. Ach rührend ist so ein ausgetauschtes Kriegskindtschöpli. Ich habe eines ganz genau angestaunt: Flick auf Flick, zauberhaft aus lauter Not und Liebe gestichelt, sicherlich unter Tränen und Seufzen wieder und wieder für den Gebrauch gerichtet – einfach ein Ausstellungsstück wie kein Pariser Modesalon es zeigen kann. Die Grossmutter hat es gemacht, das Kind so lieb und blond und durchsichtig haucht es bescheiden – die Mutter ist in Russland, der Vater in der Gefangenschaft. Es bringt auch noch kein Wort hervor, als der Tausch vollzogen und es ein ganz neues Kleid anhat. Nur die Augen leuchten und staunen, dass es so etwas gibt.

...Unsere Kinder unserer Leute nahmen sie alle ausnahmsweise in Empfang als wären es Brüder und Schwestern. Unsere Kinder nahmen sie stolz an der Hand, bestaunten sie ebenso eifrig und liebten sie vom ersten Moment an. Ist das nicht ein Beweis, dass der Krieg ein Teufelswerk, etwas unnatürliches ist?"

„Deutsche Kinder zu Besuch in der Schweiz"
Aufsatz von Mathilda Federer-Frischmann, Rorschach
wahrscheinlich im März 1946.

Zeugnisse einer Herzlichkeit und Wärme

In einer Schlange warten die Kinder in Friedrichshafen, bis sie aufs Schiff dürfen.

Die „Thurgau“ verlässt mit Hunderten von Kindern die Zeppelinstadt.

Der Zweite Weltkrieg ist vorbei, das Deutsche Reich liegt in Trümmern. Überall herrscht Not. Am meisten leiden die Kinder. Was die Herzen der Schweizer rührt. Sie bringen den Mädchen und Buben im Südwesten Deutschlands und in Vorarlberg Hoffnung, schenken ihnen, was sie vorher noch nie bekommen hatten: einen wundervollen Tag im Märchenland. Die meisten Schweizer Kinder werden ihre Erlebnisse nie vergessen. Ein paar haben sie gleich nach der Fahrt niedergeschrieben, andere erinnern sich in Briefen daran, die sie mehr als 50 Jahre nach der Fahrt in die Eidgenossenschaft geschrieben haben. Sie sind Zeugnisse einer Herzlichkeit und Wärme, die viele Schweizer Kinder noch heute empfinden.

EDWIN ALLGAIER, Friedrichshafen, zu Besuch bei Fam. Herscher, St. Gallen:

Ich wurde von den Gasteltern am Bahnhof abgeholt und fühlte mich in St. Gallen zunächst einmal wie in einer Großstadt. Dann ging es gleich zum Einkaufen und Geschenke auswählen ...Es gab ein reichliches und schmackhaftes Essen, Nudeln mit Tomatensoße und Salat, gekrönt von Schokolade-Dessert.

CHRISTA AMANN geb. Caspar, Ravensburg:

Schon alleine die Fahrt von unserer „Oberschule für Mädchen“ in Ravensburg hinten auf einem Lastwagen ohne Verdeck, dann mit dem Schiff und Zug war ein großes Erlebnis für mich.

KARL BAREIS, Möglingen, damals Lindau:

Mit großer Dankbarkeit denke ich an meine Fahrt nach Oberegg zurück. Meinen Kindern und Freunden erzähle ich häufig davon.

WOLFGANG BAREIS, Friedrichshafen:

Ich war bei einer Apotheker-Familie, die mich sehr großzügig mit neuen Schuhen, Wollsocken und einem Mantel beschenkt hat. Auch für meinen kranken Vater habe ich eine Salbe mitbekommen. Dafür mein allerherzlichster Dank. Dieser Tag ist mir wie ein Traum in Erinnerung.

WOLFGANG BAUER, Neu-Ulm, damals Weingarten:

Durch die Gemeinde kursierte schon lange das Gerücht, alle Kinder dürften verreisen, „weil wir alle so unterernährt sind". Vor der Abreise gab es noch Anweisungen und Ermahnungen: „Zieht euch nicht zu schön an, Kinder, lieber etwas ärmlich, aber sauber muss es unbedingt sein!" ... Plötzlich stoppten die Schiffsmaschinen. „Rorschach" lasen wir auf einem Schild durch den Nebel. ... Die bärtigen Fuhrmänner mit lustigen Käppis waren gut gelaunt. „Gruezi mitainand, habt ihr schon z'morga chno?" – „Was?" – „Habt ihr schon gefrühstückt?" – „Nein". Dann gaben sie gefüllte Kekse und „Schoggi" herum. Jetzt endlich wusste ich, wie Schoggi schmeckt. Mit dem Pferdefuhrwerk ging es über Felder und grüne Wiesen, vorbei an gepflegten, mit Schindeln bedeckten Bauernhäusern und schönen Gärten. Daheim waren die meisten unserer Häuser ...von den Tieffliegern durchlöchert.

...Die Begrüßung bei meinen Gasteltern war etwas steif, aber sehr herzlich. ... Sie beobachteten mich wie aus einer anderen Welt, fragten viel. ... „Ja, ich habe in den Kasernen viele Tote gesehen." „Mein Vater war kein Nazi", log ich. ...„Die Franzosen sind nett." „Die Holzschuhe tragen wir auch im Winter, aber mit ekelhaft beißenden Wollstrümpfen."

...Wieder auf dem Schiff, tauschten die aufgeregten Kinder ihre Erlebnisse aus und zeigten ihre neuen Sachen. Nur Fritz, ein Nachbarjunge, erzählte enttäuscht, dass er den ganzen Tag nur Teppiche klopfen musste und nichts mitgekriegt hat.

...Doch damit ist die Geschichte ...noch nicht zu Ende. ...Nachdem ich von meinen lieben Gasteltern so überreich beschenkt worden war, ...wollten meine Eltern ihre Dankbarkeit irgendwie zum Ausdruck bringen. Aber wir hatten doch nichts zu bieten. Mein Vater konnte als Dekorationsmaler mit Farbe und Pinsel umgehen. Also beschloss er, ...ein Ölbild zu malen. Das passende Motiv war schnell gefunden: Wasserburg mit dem Bodensee und den Schweizer Bergen. ...Am schwierigsten gestaltete sich die Wasserspiegelung. Hier musste ich öfters in den Keller rennen und Most holen. ...Gegen Advent wurde das Bild silberfarben gerahmt. So sah es noch viel wertiger aus.

...Zum Glück kannte mein Vater einen Kriegskameraden ...auf einem deutschen Hof bei Kreuzlingen mit Feldern auf Schweizer Gebiet. Wir legten das Kunstwerk also gut verpackt unten in die Mistkarre und deponierten es beim Schweizer Nachbarhof. Von dort konnte die junge Frau (die Tochter meiner Gastgeber) das Bild abholen. ...Nach Weihnachten erfuhren wir von dem geglückten, illegalen Kunsttransfer. Das Bild hatte inzwischen einen Ehrenplatz im Stübli bekommen. Ob es dort auch heute noch hängt?

URSULA BAUHOFER geb. Auchter, Horgenzell, damals Ravensburg-Eschach:

Ich kann mich noch genau an die Fahrt ins Märchenland Schweiz erinnern. Ich bekam in St. Gallen unter anderem eine Banane und prompt versuchte ich, sie mit der Schale zu essen.

OTTO BAUSCH, Ravensburg, zu Besuch bei Fam. Reischmann, Romanshorn:

In der Schule wurden wir eines Tages ganz überraschend auf die Waage gestellt. Warum, hat sich erst später herausgestellt: Alle Kinder, die weniger als 25 Kilogramm wogen, durften mit aufs Erholungsschiff. Für mich war dieser Tag ein einmaliges Erlebnis. Wir sind in Friedrichshafen an Bord eines Schweizer Schiffes gegangen. Als wir es auf der anderen Seeseite wieder verlassen haben, war es für mich, als sei ich im Paradies angekommen. Mein erster Blick fiel auf den Kiosk im Romanshorner Hafen. Dort gab es Bananen, Orangen und Schokolade – Dinge, die ich noch nie gesehen hatte. Bei meiner Gastfamilie gab es alles, was das Herz begehrt: Essen und Getränke. Ich weiß noch, dass eine riesige Schokoladentorte auf dem Tisch stand. Honig und Butterbrot gab es auch. Ganz nach dem Leitspruch: „Was der Schwabe nicht kennt, das isst er nicht" habe ich zum Butterbrot gegriffen. Ich wusste ja nicht, was eine Torte ist. Auch meine ältere Schwester hat von meinem Besuch profitiert. Meine Gastfamilie hatte zwei Töchter, und über all die Jahre haben sie meiner Schwester Kleider geschickt. Übrigens: Als Schwergewichtsringer hatte ich auch später immer wieder mit der Waage zu tun.

ERIKA BEYRLE geb. Füssinger, Friedrichshafen:

Es war ein einmaliges Erlebnis.

ALFRED BLANK, Weingarten, zu Besuch bei Fam. Niederer in St. Gallen:

In Friedrichshafen angekommen, ging es auf das Schiff „Thurgau", wo wir gleich einen Wecken und einen Apfel bekamen. ...Nach dem guten und reichlichen Essen fragte mich Herr Niederer in St. Fiden, ob ich keine besseren Schuhe hätte als diese Holzklepper. Ich musste dies verneinen. Also gingen wir nachmittags gleich zum Schuhe kaufen. Frau Niederer hatte mein Paket auch schon gepackt mit allem, was ich nach Hause mitnehmen sollte: 10 Tafeln Schokolade, 1 Anzug für Vater, 3 Pfund Zucker, Butter und Süßigkeiten für meine Geschwister. ...Als wir Kinder von St. Finden – wir waren ja ein paar Hundert –, die Heimreise antraten, waren wir mit Gepäck so beladen, dass wir es kaum schleppen konnten.

SIGRID BLOCHING-BÜHLER, Stuttgart, früher Ravensburg, zu Besuch bei Fam. Hess-Wildbolz in Amriswil:

Ich sehe mich heute noch auf dem Bahnhofsplatz in Amriswil stehen, zusammen mit meiner Schwester und vielen, vielen anderen Kindern, mit einem Nummernschild um den Hals hängend, nicht wissend, was jetzt passiert. ...Ich wurde einer Familie Hess-Wildbolz zugeteilt. ...Wir – es war außer mir noch ein Junge dort –, wurden den ganzen Tag nach allen Richtungen verwöhnt. ...Es war eine liebenswürdige Gastfamilie. Wir waren vier Kinder, und unser Vater galt damals noch als vermisst. Dass er 1945 gefallen war, erfuhren wir erst 1951. ...Leider verstarb Frau Hess-Wildbolz 1954 viel zu früh. Mit Herrn Hess hatten wir bis zu seinem Tod 1970 ein enges, freundschaftliches Verhältnis.

Am 10. Dezember 1947 schrieb EDWIN HESS an Frau Bühler:

„Ich wollte Ihnen deshalb sofort schreiben, weil es unsere Absicht war Ihnen zu sagen, Sie sollen uns aufgeben was Sie an Kleidern und Lebensmitteln am Nötigsten haben. Und wir werden versuchen, es zu senden. Wir können Ihnen nachfühlen, wie schwer Sie es haben mit Ihren vier unerwachsenen Kindern. Wir hoffen auch mit Ihnen, dass die Vermisstmeldung Ihres Mannes nicht Anlass dazu gibt, das Schlimmste befürchten zu müssen. Oder wissen Sie etwas Näheres über die Vermisstmeldung?"

IRMGARD BOß geb. Bühler, Bad Urach, damals Ravensburg:

Meine Mutter war zu Tränen gerührt, als sie die Lebensmittel – an Fett kann ich mich hauptsächlich noch erinnern – sah.

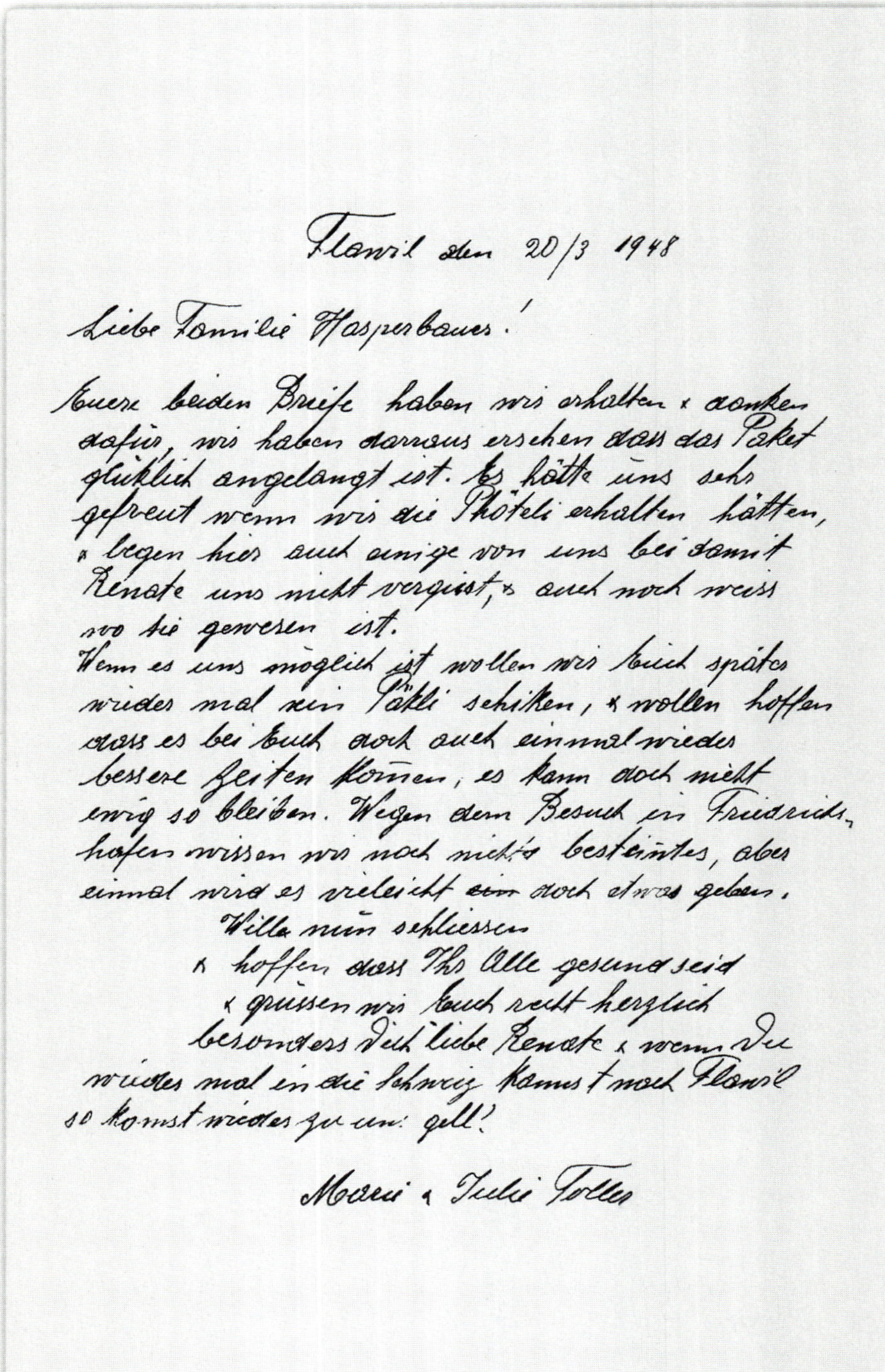

Flawil den 20/3 1948

Liebe Familie Kasperbauer!

Euere beiden Briefe haben wir erhalten & danken dafür, wir haben daraus ersehen dass das Paket glücklich angelangt ist. Es hätte uns sehr gefreut wenn wir die Phöteli erhalten hätten, & legen hier auch einige von uns bei damit Renate uns nicht vergisst, & auch noch weiss wo sie gewesen ist.
Wenn es uns möglich ist wollen wir Euch später wieder mal ein Päkli schiken, & wollen hoffen dass es bei Euch doch auch einmal wieder bessere Zeiten kommen, es kann doch nicht ewig so bleiben. Wegen dem Besuch in Friedrichs-hafen wissen wir noch nichts bestimmtes, aber einmal wird es vieleicht ~~ein~~ doch etwas geben.

Will nun schliessen & hoffen dass Ihr Alle gesund seid & grüssen wir Euch recht herzlich besonders Dich liebe Renate & wenn Du wieder mal in die Schweiz kommst nach Flawil so komst wieder zu uns: gell!

Marie & Julie Toller

Brief der Schwestern Toller an Familie Kasperbauer in Friedrichshafen.

ROLF BREITINGER, Friedrichshafen:

Ein unvergessliches Erlebnis!

RENATE BRIELMAIER geb. Kasperbauer, Friedrichshafen, zu Besuch bei den Schwestern Toller in Flawil:

Ich durfte zwei ledige Damen namens Toller besuchen. ...Kann feststellen, dass ich alles, was ich geschenkt bekam, in Ehren gehalten habe. Zum Beispiel einen dunkelbraunen gestrickten Rock in Glockenform, den meine Tochter und ich insgesamt 50 Jahre getragen haben.

MARIANNE BRÖG geb. Brugger, Bodolz, damals Friedrichshafen:

Es war etwas ganz Besonderes, es war ein Stück Märchen.

CHARLOTTE BRUGGER geb. Fischer, Ingoldingen, damals Langenargen:

Alle sind mit Schachteln voller Kleidung nach Hause.

ROSWITHA BÜHLER, Ravensburg:

Wir standen in Friedrichshafen am Hafen und warteten auf das Schiff. Hinter uns lagen die Häuser in Trümmern. Alles sah grau und trostlos aus. Doch dann betraten wir das Schiff, und freundliche Menschen nahmen uns in Empfang. In Romanshorn wurde ich einem sehr lieben Ehepaar zugeteilt. Der Tag war für mich wie ein Tag im Märchenland.

CHRISTA DEPNER geb. Sparapani, Wangen:

Es rührt mich heute, wenn ich daran denke, dass diese kinderreiche Familie mit zwölf Jungen, die sicher selbst sehr sparen musste, ein Kind aus Deutschland eingeladen hatte.

LUISE DIETERICH, Kisslegg, damals Ravensburg:

Ein Taschentuch, das ich damals bekam, habe ich heute noch.

SIGRID DUNZ geb. Legler, Friedrichshafen:

Voll bepackt und glücklich bin ich von einem Besuch bei einer netten Schweizer Familie nach Hause gekommen.

RICHARD EBENHOCH, Leutkirch, zu Besuch bei Fam. Leutenegger, Frauenfeld:

Mein Vater starb 1946 in Eisenach/Thüringen nach seiner Entlassung aus russischer Gefangenschaft. Meine Mutter, mein zwei Jahre älterer Bruder und ich lebten in sehr einfachen, ja ärmlichen Verhältnissen in Wangen. In meinem Leben durfte ich viel Schönes sehen und erleben und bin dankbar dafür. Unauslöschlich ist jedoch der Tag bei der Schweizer Gastfamilie. Wie eingebrannt ist noch heute besagte Adresse: Familie Leutenegger, Wielsteinstrasse 33, CH-Frauenfeld. Der ganzen Schweizer Bevölkerung sei nach all den vielen Jahren aufrichtiger Dank gesagt.

BRUNO EBERLE, Tettnang, zu Besuch bei Fam. Hux, Frauenfeld:

Ich wurde damals mit gut erhaltenen Kleidern der Frauenfelder Familie Hux (fünf Kinder) eingekleidet und erhielt neben Kaffee und Kuchen auch noch einen Ball.

IRMGARD EHRLE geb. Bösch, Bad Schussenried, damals Ravensburg:

Auf mich kam eine liebe ältere Frau zu und hat mich zu sich nach Hause genommen und an einem Tag liebevoll umsorgt. Die Familie war bestimmt nicht reich. Trotzdem bekam ich neue Schuhe und wurde neu eingekleidet. Zum

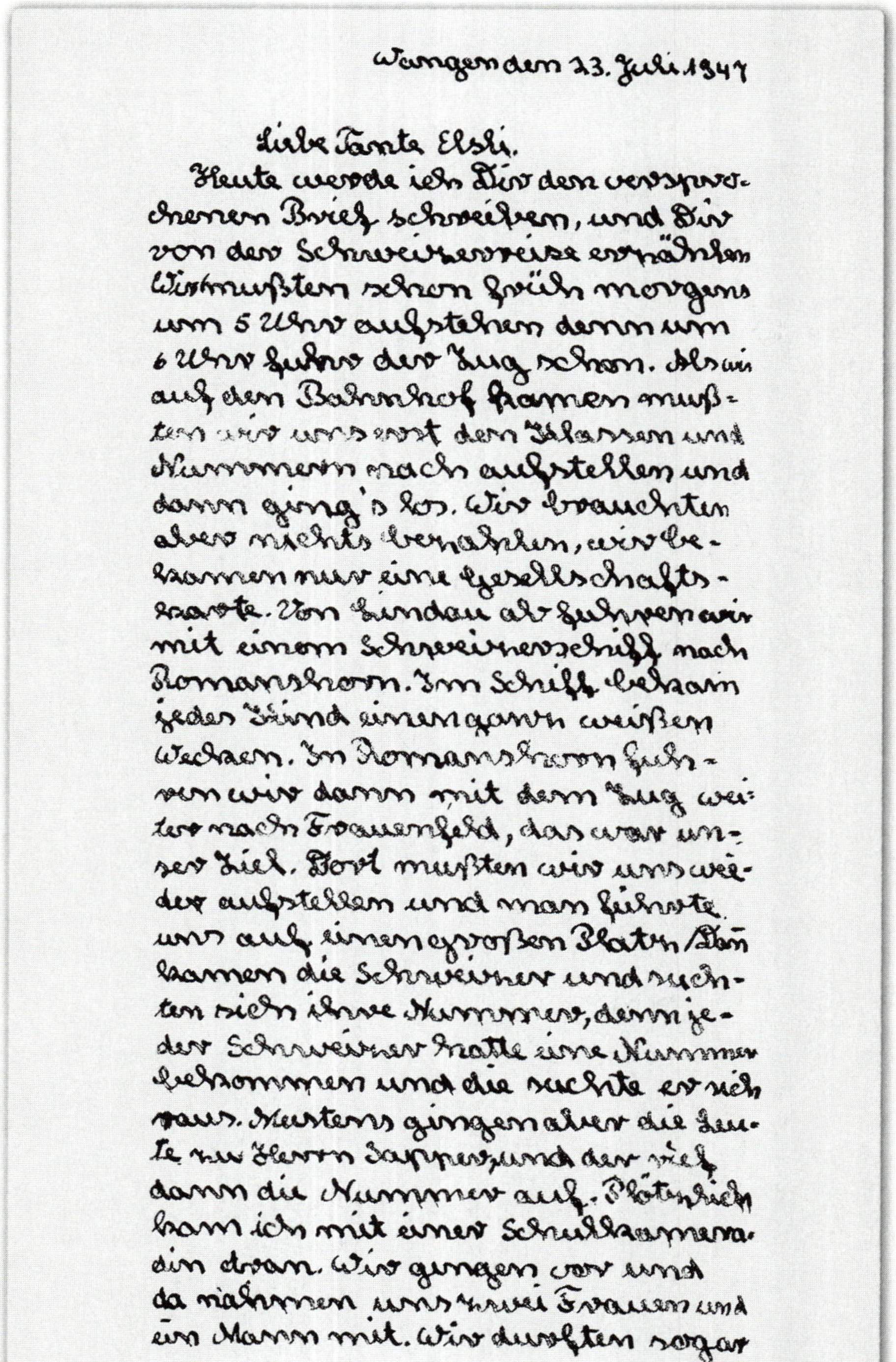

Wangen den 23. Juli 1947

Liebe Tante Elsi.

Heute werde ich Dir den versprochenen Brief schreiben, und Dir von der Schweizerreise erzählen Wir mußten schon früh morgens um 5 Uhr aufstehen denn um 6 Uhr fuhr der Zug schon. Als wir auf den Bahnhof kamen mußten wir uns erst den Klassen und Nummern nach aufstellen und dann ging's los. Wir brauchten aber nichts bezahlen, wir bekamen nur eine Gesellschaftskarte. Von Lindau ab fuhren wir mit einem Schweizerschiff nach Romanshorn. Im Schiff bekam jedes Kind einen ganz weißen Wecken. In Romanshorn fuhren wir dann mit dem Zug weiter nach Frauenfeld, das war unser Ziel. Dort mußten wir uns wieder aufstellen und man führte uns auf einen großen Platz. Dort kamen die Schweizer und suchten sich ihre Nummer, denn jeder Schweizer hatte eine Nummer bekommen und die suchte er sich raus. Meistens gingen aber die Leute zu Herrn Sapper, und der rief dann die Nummer auf. Plötzlich kam ich mit einer Schulkameradin dran. Wir gingen vor und da nahmen uns zwei Frauen und ein Mann mit. Wir durften sogar

Brief von Christa Depner geb. Sparapani.

mit dem Auto fahren denn sie wohnten sehr weit draußen. Ich kam auf ein großes Hofgut. Als wir ankamen bekam ich gleich einen ganzen Haufen Brötchen und fünf Apfelsinen. Dann ging ich in den Stall und besah mir die Pferde, Kühe, Ziegen, Schafe und Schweine. Zum Mittagessen gab es Schweinefleisch, Bratkartoffeln und Salat, und als Nachtisch ganz viele Kirschen. Ich bekam extra noch Kaffee mit Rahm. Nach Tisch ging ich mit der Ursel, das war meine Schulkameradin, vor das Haus. Dort spielten wir Ball und sahen uns Bücher an. Nach einer Weile kam die Frau bei der ich wohnte und brachte uns ganz viele Bonbons. Auf einmal merkten wir daß es schon dreiviertel drei Uhr war und wir mußten schnell auf den Bahnhof, denn um drei fuhr der Zug schon. Wir kamen aber zu spät und mußten in einen extra Zug, zum Glück aber trafen wir die andern in Romanshorn noch. Dort kontrolierte man einige Pakete, meine aber nicht. Ich hatte zwei, in einem Kleider und in dem anderen Lebensmittel.

Nun bekommen wir bald Ferien und ich werde mit Vati zum Torfstechen gehen. Viele Grüße und Küsse Deine

Christa.

Abschied bekam ich von der lieben Frau einen großen Karton mit allem, was wir notwendig brauchen konnten. Auf mein Paket hatte der Schweizer Zöllner ein Fragezeichen gemacht. Ich dachte, das Paket sei zu schwer. Ich hatte große Angst, dass mir das Paket abgenommen würde. So überlegte ich mir, wenn das Kreidefragezeichen weg wäre, werden es mir die Zöllner in Friedrichshafen nicht wegnehmen. Mit den Schuhen habe ich das Paket so lange bearbeitet, bis das Fragezeichen nicht mehr sichtbar war.

GERLINDE EINBERGER geb. Böhme, Nonnenhorn, damals Lindau-Zech, zu Besuch bei Frl. Schneider in Rorschach:

Es war wie im Märchen bei Fräulein Schneider. Ich weiß noch, dass ich ein paar wunderschöne Lackschuhe bekam, um die mich zu Hause alle beneideten.

HELGA FINDLING, Ravensburg, zu Besuch bei Fam. Bossard-Lorenz in Gossau:

Vor dem Rathaus in Ravensburg wurden wir so gegen 10 Uhr auf Lastwagen mit Holzvergaser verladen. Der Holzvergaser roch wunderbar, wie Rauchfleisch. In Friedrichshafen durften wir auf ein Schiff, das uns nach Romanshorn brachte. Dort wurden wir in einen Zug verladen, der in jedem Ort hielt. Es wurden die Nummern ausgerufen, die aussteigen durften. Ich kann mich erinnern, dass der Zug ein Mal auf freier Strecke hielt, kein Haus und kein Mensch weit und breit zu sehen. Ein Bub musste aussteigen. Vermutlich kam er auf einen Bauernhof und wurde später abgeholt. Uns Zurückgebliebenen fiel das Herz in die Hosen vor Angst, auch wir müssten ganz alleine in dem fremden Land aussteigen. Mein Zielort war Gossau. Eine größere Gruppe Buben und ein bis zwei Mädchen durften aussteigen. Wir wurden von einer Gruppe Frauen erwartet. Diese waren gar nicht begeistert, dass lauter Buben kamen, alle wollten ein Maidli. Plötzlich packte mich ein Fräulein, das eine andere Nummer hatte wie ich, auf den Gepäckträger ihres Fahrrades und brauste mit mir davon. ...Unser Ziel war ein Haus rechts der Straße, über dessen Eingang stand „Im Höfle". Die Familie bestand aus Vater und zwei Töchtern namens Bossard-Lorenz. Offenbar war vor mir schon ein Knabe da, der aus einer Metzgerei stammte, was Herr Bossard-Lorenz nicht so gut fand. Mit mir waren sie zufrieden, war ich doch ziemlich dünn und freute mich riesig über eine große Wurst (vermutlich St. Galler Schübling) und Gurkensalat. ...Herr Bossard-Lorenz schaute auf meine Füße und beschloss, mir ein Paar Winterstiefel zu kaufen. ...Ich musste dann im Kies herumlaufen, damit sie gebraucht aussahen und durfte sie gleich anbehalten. ...Der Mittag ging zu Ende, wir wurden wieder zur Bahn gebracht, und die Reise ging nach Hause. ...Ich kann mich noch an ein Mädchen erinnern, das ein ganzes Einkaufsnetz voller Margarine dabei hatte. Es war immer noch furchtbar heiß, und das Kind hatte die wertvolle Gabe auf dem Schoß, wo sie langsam zerfloss. Manche schleppten Koffer und Schachteln, die sie kaum „verlupften". Für die Kinder, die gar nichts bekommen hatten, war das natürlich traurig.

„Unsere Schweizerfahrt vom 26. Oktober 1947" von FRIEDRICH FLEISCHER, 13 Jahre, Isny, zu Besuch bei Fam. Gauer, Zum „Rössli", Flawil:

Des Morgens schon in aller Früh / noch eh' der Hahn kräht „kickericki", / da sah man auf dem Marktplatz stehn / viel Kinder, die in d'Schweiz wolln gehn. ...Schon lange wartet der Verein, / da endlich fuhr'n die Autos ein. / Herr Pfarrer tat uns noch beraten, / dann wurden alle aufgeladen. ...Dort (in Lindau) sahen wir das Schiff schon stehn, / doch erst mußten wir durch d' Sperre gehen, / und dann gings übern Landesteg, / hernach wir waren ganz „aweg". ...Da stand ein Mann, welcher verteilt / ganz weiße Wecken an kleine Leut. / Ein andrer aber – Donnerwetter – / gab uns Schokolad', das war noch netter! ...Die Taue los, im Schiffsbauch rasselts, / und oben drauf da schwätzts und quasselts. / Jetzt fuhr das Schiff am Löw' vorbei, / da wurd's Gschwätz zu 'nem

Irmgard Bösch (heute Ehrle, links) mit einem Mädchen aus Ungarn, dessen Eltern im Krieg verschollen waren. Es war von der Schweizer Gastfamilie längere Zeit vor dem Besuch von Irmgard Ehrle aufgenommen worden.

Geschrei. ...Doch weiter weg das Gschrei verging / und mancher über d' Reling hing. / Und ach, die gute Schokolade, / die ist nun fort, das ist doch schade! ...Die Wasserfahrt, die war soweit / ganz hübsch, abg'sehn von der Seekrankheit. / Gar viel zu kurz war das Vergnügen. / „Rorschach – alles ausgestiegen!" ...Nach kurzem Aufenthalt alsdann / fuhr der schöne Zug gleich an, und los gings: Rorschach, Goldach, Mörschwil, / St. Fiden, St. Gallen, Gossau, Flawil. ...Wir Kinder waren wie besessen, / denn unser harrt' das Mittagessen. / Dann zum Schluss – oh welches Glück – / kriegt jeder noch ein Päckchen mit. ...Alle Schweizer Abschied winken / alle Kinderaugen blinken, / und dankbar grüßen sie zurück. / Ja, das war doch ein großes Glück! ...Zuhause gings Erzählen an, / was wir auf dieser Reise sah'n. / Zum ersten Mal war es geschehen, / daß wir durften ins Ausland gehen. ...Noch lange denken wir zurück / an diese Stunden voller Glück. / Für uns war dieser Tag gewiß / ein Vorgeschmack vom Paradies.

An seine Gastgeber, Fam. Gauer, Zum „Rössli", Flawil, schreibt FRIEDRICH FLEISCHER:

Liebe Familie Gauer!
Schaut bitte nicht gar zu sauer,
Weil ich erst heute schreiben tu';
Ich kam aber wirklich sonst nie dazu...
Nicht sehr schlimm war der Schweizer Zoll,
Doch als ich vorbei war, war mirs wohl.
In Lindau aber haben'se g'sagt
Zu mir natürlich: „Ausgepackt!"
Als ich anfing die Tüte aufzumachen,
Sagt der Zöllner unter Lachen:
„Nur zu" – und ich hatte meine Ruh.
In Autos 'rein und losgefahren!
Hei, wie wir Kinder voll Päckchen waren!
Manchmal gings schneller, dann wieder lahm;
Zuletzt kamen wir gut in Isny an.
Daheim war Gerdle schon im Bett,
Als ich ankam mit dem Paket.
Der Gerd ist der kleinste von uns allen,
Ueber ein Jahr alt und tut uns gefallen.
Meiner Mutter Freude war groß,
Auch meine Schwester liess die Bratpfanne los;
Doch wie erst glänzte Mutters Gesicht,
Als sie das Päckchen sah im Licht.
„Dir ist es heute sehr gut gegangen"
Meint sie. „Nun mal angefangen"
Sagt meine Schwester und schielt aufs Paket.
Ich fange an: „Da seht, da seht!"
O so viele Sachen
Da muss ein Menschenherz ja lachen!
Doch bei diesem lauten Glück
Bleibt Gerdle nicht im Bett zurück.
Wir holten ihn halt schnell heraus
Und setzten ihn zu uns hinaus.
2 Wecken aus dem Schweizerland
Hielt der Kleine nun in der Hand.
Die grösste Freude machten die Schuh'
Jetzt hat man vor dieser Sorge mal Ruh!
Die Schokolade bleibt aufs Weihnachtsfest,
Das finde ich das allerbest.

DR. WALTER FRÖSCHER, Berg, früher Biberach:

Ich bekam ein stattliches Paket mit nach Hause, und ich war stolz, als dieses Paket vor den staunenden Augen der Familie ausgepackt wurde. Vom Inhalt weiß ich nur noch, dass Orangen dabei waren. Auch deren Anblick war eine Premiere.

MARTA FROMMELD geb. Mitsch, Weingarten:

Wir waren mächtig gespannt, was auf uns zukommen würde – wir Kinder waren ja zum ersten Mal an den Bodensee gekommen. Zum Essen hat es Blaukraut mit Maronen gegeben. Ich habe gefragt, ob ich die Maronen auf die Seite legen dürfte, denn die mochte ich überhaupt nicht. Geschenkt bekommen habe ich einen Wintermantel. Der war grün, und ich habe ihn heute noch vor Augen: Er ging fast auf den Boden – ich sollte ihn möglichst lange anziehen können. Das hat auch funktioniert: Als ich aus der Schule gekommen bin, haben wir aus dem Mantel eine Jacke gemacht. Ja, und Schuhe habe ich damals auch noch bekommen – und ein Riesenpaket mit nach Hause. Da waren Wollkleider drin, aus denen Mama etwas gestrickt hat. Ich weiß noch ganz genau: Als ich am Rathaus in Weingarten ankam, bin ich mit meinem Paket ganz hinten geblieben, bis die anderen weg waren. Ich hatte einfach Angst, es könnte verloren gehen. Meine Mutter hat fast geweint, als sie mich in die Arme geschlossen hat – sie hatte mich nicht mehr erkannt.

ELISABETH FUCHS geb. Herter, Friedrichshafen, zu Besuch bei Fam. Schilling, St. Gallen:

Ich wurde von einer Frau Schilling mitgenommen. Bei ihr Zuhause durfte ich mich erst einmal satt essen. Mittags wurde ich von der Familie neu eingekleidet: Ein paar Schuhe, ein Kleid, ein Hut, Strümpfe und ein brauner Mantel waren auf einmal meins. Zum Abschied bekam ich noch einen Eimer Honig geschenkt. ... Mein Vater, der mich abholen sollte, hat mich wegen der neuen Kleidung nicht mehr erkannt und fuhr allein nach Hause. Gott sei Dank hat mich eine Tante erkannt und mitgenommen.

HEIDI GITTERMANN geb. Siegmann, Friedrichshafen, damals Lindau, zu Besuch bei Fam. Baumgartner in Rorschach:

Familie Baumgartner war nicht gerade „reich". ... Sie wollte einen Buben als Schweizer Kind haben, damit Kurt, ihr einziges Kind, einen Freund zum Spielen hat. Als wir in Rorschach angekommen waren, versteckte ich mich mit zwei anderen Mädchen in der Kirche – ich war als „Kriegskind" aufgrund von Fliegerangriffen sehr ängstlich geworden, meine Familie wurde wiederholt verhört, mein Vater war kein Freund der Nazis. Meine Gastmutter kam etwas zu spät, schaute sich uns drei Mädchen an, fasste mich am Arm und sagte: „Du bist doch ein herziges Maidli, dich nehm' ich. Du bist so nett. Du gefällst Kurt auch." Zuhause bei Baumgartners gab es Blaukraut und Koteletts. Ich bekam ein ganzes Kotelett für mich allein! Ein Kotelett war damals etwas ganz Außergewöhnliches. ... Beim Kaffeetrinken saß ich auf einem Sofa, das mit einem pelzigen Stoff überzogen war. So etwas hatte ich noch nicht gesehen! Ich wurde mit Kuchen und Torten vollgestopft. Dann bekam ich noch ein Päckchen mit Süßigkeiten. Für mich war es ganz ungewöhnlich, dass man so lieb zu einem sein kann!

Heidi Siegmann (heute Gittermann) und ihr Bruder Hans Christoph.

GISELA GRABIS geb. Boguschewsky, Oberteuringen, damals Friedrichshafen:

Ich wurde gefragt, ob ich „Pelz" mag. Pelz, das bedeutete für mich etwas Warmes zum Anziehen, und Mangel daran hatte ich sicher. So sagte ich wohl freudig „ja". Was dann kam, war nicht nur eine große Enttäuschung, sondern vermutlich auch ein großer Schreck: Vorgesetzt wurde mir eine Tasse warmer Milch, und auf dieser schwamm obenauf der „Pelz", also die Haut. Ob ich diese Milch mit der Haut obenauf dann getrunken oder es gewagt habe zu sagen, dass ich dies absolut nicht mag, weiß ich nicht mehr.

EMMA GREIF geb. Wenzel, Lindau, zu Besuch bei Fam. Kündig in Rorschach:

Ausgestattet mit einem Mantel aus dem umgearbeiteten Stoff eines Militärmantels und Holzschuhen sowie mit einem Nummernschild um den Hals wurde ich mit den anderen Kindern in eine Rorschacher Kirche gebracht. Dort nahmen uns die Gasteltern in Empfang. Die Familie Kündig aus Rorschach, die außer mir noch zwei Buben aufnahm, hat uns einen wunderschönen Tag bereitet. Nach dem Mittagessen unternahmen wir mit dem Auto einen Ausflug nach Heiden oder St. Gallen. Dann Besuch eines Schuhgeschäfts, wo ich neue Lederstiefel bekam. Abends Heimfahrt wieder mit dem Schiff, vollbepackt mit einem Karton voller Lebensmittel und Kleider. Nie werde ich die Freude meines inzwischen verstorbenen Vaters vergessen, als er mich am Lindauer Hafen abholte und ich ihm meine „Schätze" zeigte.

GERLINDE GROHMANN geb. Wörnlein, Leutkirch, früher Friedrichshafen (lebte zur Zeit der Fahrten mit der Mutter bei der Großmutter):

In Wilhelmsdorf bei meinen Großeltern ging es mir recht gut. Trotzdem war ich total unterernährt – wie so viele Kinder damals. So kam es, dass ich, ich glaube von der Kirche aus, mit einem Kindertransport für einen Tag in die Schweiz durfte, das so genannte Schlaraffenland. Die Vorfreude war riesig, denn ich durfte ins Ausland fahren. ... Die Ankunft war eine riesige Enttäuschung. Die Bäume, Häuser, Wiesen und Kühe sahen aus wie bei uns. Ich hatte mir eine vollkommen andere Welt vorgestellt. ... Ich kam, nach Ansicht eines Kindes, zu einer alten und armen Frau, die aber sehr lieb und herzlich war. Es gab gutes Essen, sogar mit Fleisch und Kakao mit Kuchen. Zum Abschied gab mir meine Gastgeberin eine Tasche, in der ein rotes Samtwestchen, ein Paar zu kleine, gebrauchte Schuhe und Schokolade waren. Während der Rückfahrt wurden die Geschenke gegenseitig bestaunt.

ANNI HAUK geb. Segelbacher, Friedrichshafen, zu Besuch bei Fam. Bürgli in Arbon :

Als ich eines Tages aus der Schule kam, sagte meine Mutter: Du hast eine Einladung mit dem Schiff in die Schweiz. Ich konnte es erst gar nicht glauben – in die Schweiz darf man doch nicht. Aber es war die volle Wahrheit. ... Ich kam zu einer Familie Bürgli, die Straße ist mir nicht mehr bekannt. Ich weiß noch, wir kamen in ein Haus, unten war ein Café, das ganze Haus roch danach. An diesem Tag ging es mir so gut wie nie in meinen Kinderjahren. ... Ich habe diese Familie, als man dann rüberdurfte, einmal besucht. Es war eine große Freude. Als ich sie das zweite Mal besuchen wollte, habe ich sie nicht angetroffen. Es hieß, sie sei unbekannt nach Zürich verzogen. So hatte es ein Ende. Aber es war ein Erlebnis, das ich in meinem Leben nie vergessen werde.

FRIEDRICH HEIN, Langenargen, zu Besuch bei Fam. Engler in St. Gallen:

Es ist mir ein Herzensbedürfnis, dem Schweizer Volk zu danken, hat es doch sofort nach diesem fürchterlichen Krieg in wahrer christlicher Nächstenliebe gehandelt. Nochmals herzlichen Dank sei auch der Familie Engler in St. Gallen samt Kindern gesagt.

ERICH HELD, Ravensburg, zu Besuch bei Fam. Hungerbühler in St. Gallen:

Dorle Dudenhöfer oder so ähnlich (später nie mehr was von ihr gehört) und ich kamen aus dem Staunen nicht mehr heraus – so reichlich war der Tisch gedeckt. Zum Schluss tranken die Erwachsenen Kaffee, und ich sah zum ersten Mal, wie einige Kirschwasser in den Kaffee taten. Schon mussten wir wieder in die Stadt zur End-

Heinz Hilbert präsentiert sich mit seinem Gastvater und seiner Schwester Lotte stolz dem Fotografen.

ausstattung, wo wir beide jeweils einen Füllfederhalter und den dazu passenden Druckbleistift bekamen. Die Krönung war im Uhrenladen. Zum ersten Mal erhielt ich eine Armbanduhr. ... Meine Mutter habe ich übersehen und sie hat mich nicht erkannt – ein junger „Mann", zum ersten Mal in einem Anzug (es wurde mein Konfirmationsanzug), unterm Arm ein kleines Päckchen mit der alten Kleidung. ... Später besuchte ich Tante Hungerbühler per Velo. Dann starb ihr Mann Ernst. Mein beruflicher Weg führte mich von Ravensburg weg. Aber bei meinen Besuchen in Ravensburg ergaben sich dann auch Abstecher nach St. Gallen, zusammen mit meiner Frau in die Metzgergasse. ... Wir haben lange zusammengesessen und viel geredet. Zum Schluss wünschte Tante uns alles Gute und Gottes Segen. ... Als wir später wieder bei ihr vorbeischauten, öffnete eine fremde Frau und führte uns in das abgedunkelte Wohnzimmer. Dort saß sie völlig erblindet mit ihrer Schwester. Ein Jahr später sind beide kurz hintereinander verstorben. Ich habe viel über diesen Tag nachgedacht. Über Menschen wie Tante Hungerbühler. Und immer wieder kam ich zu dem Schluss: Ich war nicht nur ein Schweizer Kind, ich war ein Glückskind.

HEDI HERSENER geb. Hautmann, Ulm, damals Lindau, zu Besuch bei Fam. Steiger in Goldach:

Zwar hatte die Familie Steiger in Goldach einen Buben erwartet und auch in dieser Richtung vorgesorgt (Kleider und so weiter), aber das konnte auch ich für meine Brüder mitnehmen. Ich selbst fühlte mich sehr wohl und denke noch heute oft in Dankbarkeit an jene Zeit bei Familie

Steiger in Goldach. Ich habe den Gasteltern noch oft geschrieben und sie mit meinen Eltern besucht. Die Zeit hat die Verbindung zwar einschlafen, jedoch nicht vergessen lassen.

BERND HEYLER, Ravensburg:

Nochmals Dank an die Gasteltern in Flawil. Es gab Spinat zum Mittagessen, den ich nicht kannte und somit auch nicht essen mochte!

HEINZ HILBERT, Heilbronn, damals Weingarten, zu Besuch bei Fam. Nolte, Herrenhof:

In Romanshorn wurden wir so gegen 10 Uhr auf die Dörfer verteilt. Immer gruppenweise. Meine Gruppe kam auf ein Pferdefuhrwerk, und wir fuhren fröhlich nach Herrenhof. Eine Familie Nolte holte mich ab und nahm mich mit auf einen Bauernhof. Inzwischen war es Mittag geworden, und es gab Mittagessen. Lauter köstliche Sachen, die uns nach dem vergangenen Krieg mit seinen Entbehrungen paradiesisch vorkamen. Schon das Bauernbrot war eine Offenbarung. Dazu alles schön sauber, unbeschädigt, friedvoll.

ANNELORE HODUM geb. Decker, Lindau, zu Besuch bei Fam. Krieg in Rorschach:

Bei meiner Gastfamilie im Café Krieg wurde ich ganz herzlich aufgenommen. Leider hatten Frau und Herr Krieg wenig Zeit für mich, da sie der sonntägliche Betrieb im Café voll in Anspruch genommen hat. Ich hatte mich aber rasch mit den beiden Kindern, Susi und Walter, angefreundet. Nach dem gemeinsamen Mittagessen ging das Hausmädchen mit uns Kindern spazieren. Der Weg führte uns am Hafen-Kiosk vorbei. Ich traute meinen Augen kaum: Ich entdeckte dort Bananen. Das Mädchen musste wohl meine großen Augen bemerkt haben, es kaufte mir Bananen. Nach dem Spaziergang wurde ich mit köstlichem Kuchen aus der Konditorei verwöhnt. Kurz vor der Abfahrt des Schiffes nahm mich Frau Krieg mit und klingelte an der Tür des benachbarten Schuhgeschäftes. Ein freundlicher Herr öffnete uns und ich durfte mir wunderschöne Schnürstiefel aussuchen. Mit meinem Karton, gefüllt mit Keksen, Schokolade, Ovomaltine, Kaffee und mit nagelneuen Schuhen an den Füßen nahmen mich meine Eltern am Lindauer Hafen in Empfang. Ich hatte einen Tag im Schlaraffenland erlebt.

DR. URSULA HÖRNLE geb. Dzubiel, Neustetten, damals Friedrichshafen:

Ich erlebte eine Welle von Fürsorge. Meine Schweizer Gasteltern haben mir in einem Spankorb Kleidungsstücke mitgegeben. Ich werde diese Reise ein Leben lang nicht vergessen.

ALFRED HORNIKEL, Friedrichshafen, zu Besuch bei Fam. Gemperli-Stöckli in Flawil:

Eigentlich hätte mein Bruder mit in die Schweiz fahren dürfen, doch der war beim Viehhüten in Batzenweiler bei Oberteuringen. Also sprang ich für ihn ein. An dem Tag, an dem wir endlich fahren durften, war im Hafen ungeheuer viel los: Die „St. Gallen", ein Raddampfer, und die beiden Schiffe „Thurgau" und „Zürich" hatten angelegt. Beim Raddampfer weiß ich es nicht, aber die beiden anderen Schiffe waren auf jeden Fall voll mit Kindern, als sie wieder Richtung Schweiz abgelegt haben. Wir waren mächtig gespannt, denn wir wussten ja nicht, wo wir hinkommen würden. Ich durfte bei Familie Gemperli-Stöckli in Flawil einen wunderschönen Tag verbringen. Als ich am Abend wieder zurück zum Hafen musste, hat die Tochter meiner Gasteltern ein Leiterwägele gezogen. Darauf waren zwei große Schachteln, die ich dann an Bord geschleppt habe. Wieder Zuhause, haben sich alle riesig gefreut. Wenn es uns später auch gut gegangen ist, diesen Ausflug ins Paradies vergesse ich ein Lebtag nicht. Man hat gemerkt, dass das, was uns die

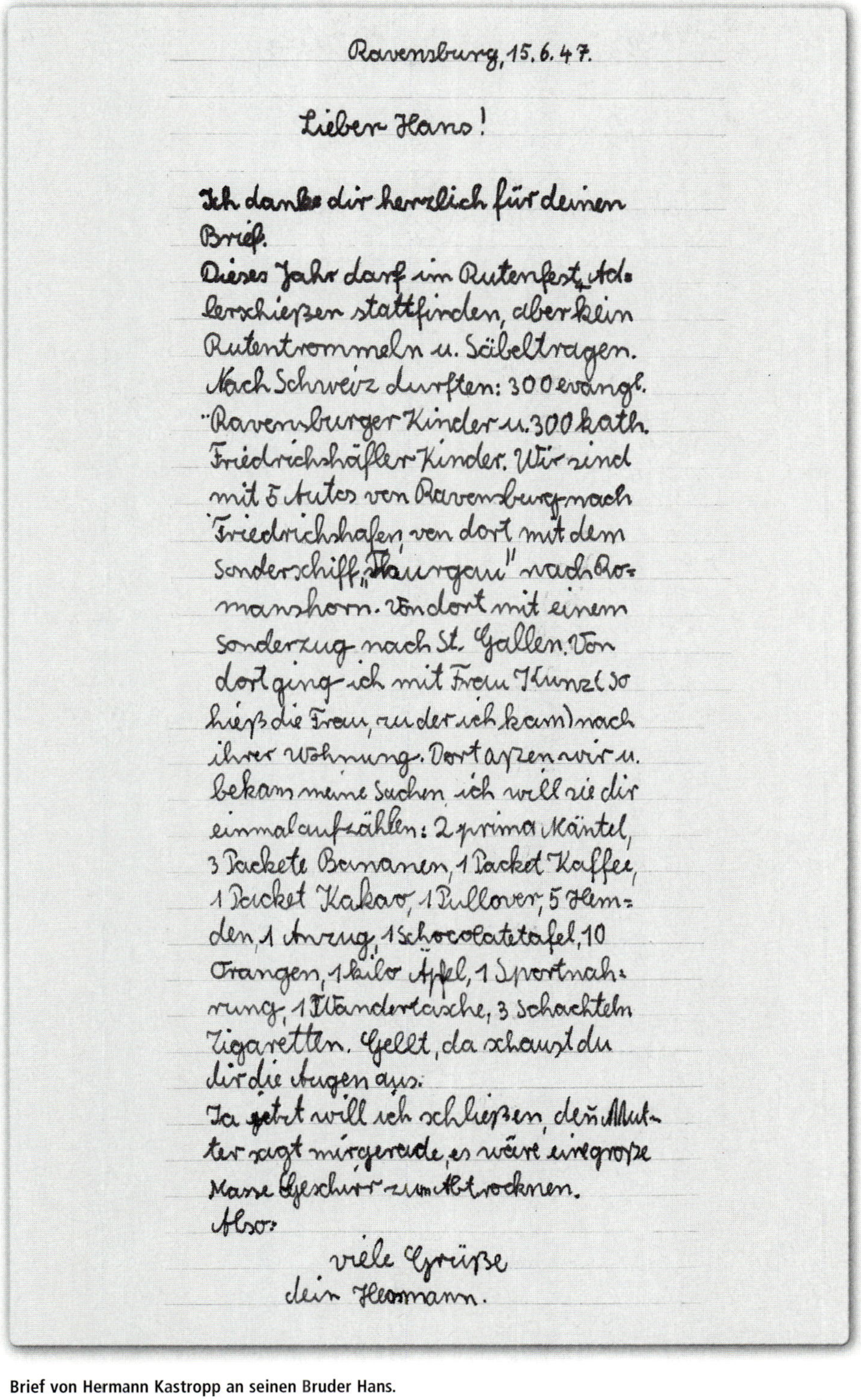

Ravensburg, 15.6.47.

Lieber Hans!

Ich danke dir herzlich für deinen Brief.

Dieses Jahr darf im Rutenfest Adlerschießen stattfinden, aber kein Rutentrommeln u. Säbeltragen. Nach Schweiz durften: 300 evangl. Ravensburger Kinder u. 300 kath. Friedrichshäfler Kinder. Wir sind mit 5 Autos von Ravensburg nach Friedrichshafen, von dort mit dem Sonderschiff „Thurgau" nach Romanshorn. Von dort mit einem Sonderzug nach St. Gallen. Von dort ging ich mit Frau Kunz (so hieß die Frau, zu der ich kam) nach ihrer Wohnung. Dort aßen wir u. bekam meine Sachen, ich will sie dir einmal aufzählen: 2 prima Mäntel, 3 Packete Bananen, 1 Packet Kaffee, 1 Packet Kakao, 1 Pullover, 5 Hemden, 1 Anzug, 1 Schocolatetafel, 10 Orangen, 1 Kilo Äpfel, 1 Sportnahrung, 1 Wandertasche, 3 Schachteln Zigaretten. Gellt, da schaust du dir die Augen aus.

Ja jetzt will ich schließen, den Mutter sagt mir gerade, es wäre eine große Masse Geschirr zum Abtrocknen.

Also:

viele Grüße
dein Hermann.

Brief von Hermann Kastropp an seinen Bruder Hans.

Schweizer geschenkt haben, von Herzen gekommen ist.

HERMANN KASTROPP, Ravensburg:

Als wir dran kamen, stiegen wir stolz wie die Spanier in das Schiff. ... Wie war ich erstaunt, als ich die Räume sah, alles war mit Teppichen und Linoleum belegt. ... Endlich ertönte die Schiffsglocke, das Schiff fuhr langsam rückwärts aus dem Hafen hinaus. Draußen drehte es, und dann ging die Fahrt nach Romanshorn. ... Im Hafen ... wurde die Landungsbrücke hinübergelegt, und wir drängten uns hinaus ans Ufer. Dort wurde gerufen, und Blumen lagen auf dem Boden. Schon waren wir auch im Bahnhof. Ich ging schnell zu dem bereitstehenden Zug und besetzte für meine Kameraden und mich gute Plätze. ... Draußen vor dem Bahnhof in St. Gallen wimmelte es vor Trambahnen. Ich stieg mit meiner Frau ein, und es ging bis in die Vorstadt „Bruggen". ... Wir stiegen in den ersten Stock. Meine Pflegefrau schloss auf und wir gingen ins Zimmer, wo ich gleich einen weißen Wecken mit Wurst und eine Tasse Milch bekam.

HELGA KÖNIG geb. Baumgartner, Friedrichshafen:

Es war schon für uns Kinder ein einmaliges Erlebnis, als wir mit dem Schiff nach Romanshorn fuhren und anschließend mit Traktor und einem Anhänger nach Hagenwil bei Amriswil fuhren. ... Ich selbst bekam ein rotblau-kariertes Kleidchen mit Volant über meine alten Klamotten gezogen und ein Paar schwarze Schnallenschuhe, die mir mindestens eine Nummer zu klein waren; sie machten mich so glücklich, dass ich gerne meine Zehen einzog, nur um diese schönen Schuhe zu tragen. Abends wurden wir dann wieder von unseren Eltern am Schiff abgeholt. Es kann sich wohl heute niemand mehr vorstellen, der diese Zeit nicht miterlebt hat, was es hieß, Fett, Mehl, Zucker und Öl mit nach Hause zu bringen, ganz besonders für unsere Mutter, die sagte: „Endlich kann ich mal wieder etwas kochen, wozu mir bisher alles gefehlt hat", und Freudentränen rollten über ihr Gesicht.

RITA KRAMPER geb. Beller, Friedrichshafen:

An das Menü erinnere ich mich nicht mehr im Einzelnen. Dass ich zum Dessert drei Portionen Schokoladencreme verdrückt habe, weiß ich noch genau. Ich war seit langem wieder richtig satt.

IRMGARD KRETZER geb. Reich, Ravensburg, zu Besuch bei Fam. Hengartner in Egnach:

Meine Gastgeberin war eine sehr gütige Frau, etwas korpulent, und war bei der Schweizer Bahn beschäftigt. Der Gastgeber war schon ein älterer Herr mit einem für mich markanten Schnauzbart. Ich begegnete ihm mit etwas Zurückhaltung. Die beiden Töchter waren Frauen mittleren Alters und meinem Eindruck nach sehr vornehm. Nach meiner Ankunft nahm eine Tochter Stoff und eine Nähmaschine zur Hand, um mir einen Kleiderrock und dazu noch eine Bluse zu nähen. Ich war erstaunt, wie schnell sie damit fertig war. An das Karomuster des Stoffs kann ich mich noch erinnern. Zwischendurch war ein Besuch in einem Schuhgeschäft eingeplant, und ich bekam wunderschöne Ledersandalen, für mich damals etwas Besonderes. Bei der Rückkehr vom Schuhkauf war das Mittagessen fertig: geschnetzeltes Kalbfleisch, Nudeln und Salat und ein leckerer Nachtisch. ... Mit den Gasteltern und zwei erwachsenen Töchtern saß ich am Esstisch und war plötzlich Mittelpunkt. Alle waren außerordentlich freundlich. Wie ich mich fühlte, kann ich kaum beschreiben – einfach großartig. Zum Abschied gab es noch ein gefülltes Geschenk-Paket mit nach Hause. Auch die neuen Kleider wurden eingepackt. ... Meine Geschwister empfingen mich wie eine Tante aus Amerika.

Mit Geschenken bepackt verlassen Mädchen aus Ravensburg das Schiff: Irmgard Rothenhäusler (heute Härdtner, ganz links) und Irmgard Reich (heute Kretzer, Zweite von rechts).

HANS-DIETER KRUSE, Schlier, damals Weingarten:

Ich selbst, Jahrgang 1934, war damals völlig unterernährt, hatte eine doppelseitige Wirbelsäulenverkrümmung, wohl bedingt durch mein starkes Wachstum (noch nicht 13 Jahre alt und schon 1,82 Meter groß). ... Ich kam mit einem anderen Jungen aus Weingarten zu einem älteren Ehepaar in Güttingen, das uns freundlich aufnahm. ... Die Mutter hatte mir eingeschärft, mich ja anständig zu benehmen und auf keinen Fall im Übermaß zu essen. Die Sorge brauchte sie nicht zu haben: Das ungewohnt vielfältige und reichhaltige Mahl machte mich schnell satt. ... Zum Abschied bekam ich ein kleines Paket mit einem Paar Turnschuhen, einer Turnhose, einigen Orangen und Schokoladetafeln und zwei Stück Kernseife. Die Freude war vollkommen. Auf dem Weg zurück sollte sich das aber ändern. ... Eine Gruppe fuhr die Gaben gar auf einem geschenkten Leiterwagen zum Schiff. ... Als ich daheim von dieser Enttäuschung berichtete, versuchte meine Mutter, mich mit dem Hinweis auf die bescheidenen Verhältnisse der Gastgeber, auf den schönen Tag, das gute Essen, die Turnschuhe und vor allem die Kernseife zu trösten. Sie meinte: „Es erweist sich immer alles auf irgend eine Weise richtig. Man muss nur warten können und nicht voreilig urteilen." ... Einige Wochen später brachte der Briefträger uns eine Aufforderung zu einem Besuch des Zollamtes in Ravensburg. ... Ein kleines Päckchen aus der Schweiz war für uns angekommen. In ihm waren 20 Spritzen des damals wohl einzigen Medikamentes zur Behandlung der Perniciösen Anämie, unter der meine Mutter zu leiden hatte. ... In Deutschland konnte man das in den USA gefertigte Medikament noch nicht kaufen. Und im April 1947 hatte sich der Zustand meiner Mutter wieder sehr verschlechtert. Das kleine Päckchen, die Hilfe der Tochter meiner Gastgeber, bewahrte mich davor, Vollwaise zu werden. Es bedurfte keines Hinweises meiner Mutter – ich erkannte, dass ich wohl das größte, wertvollste Geschenk aller Schweizer Kinder erhalten hatte.

WERNER KÜNSTLER, Meckenbeuren:

Ich werde den Tag und die Hilfe der Schweizer – ich selbst kam aus der Kirchengemeinde Tettnang nach Frauenfeld – nie vergessen. Wie arm waren wir damals, aber auch zufriedener!

JÖRG LEHMANN, Bad Saulgau, damals Biberach, zu Besuch bei Tante Elsa und Onkel Jarka in Amriswil:

Auf der Schweizer Seite wurden wir ärztlich untersucht. Man prüfte, ob wir Läuse hätten, was in der damaligen Zeit nichts Ungewöhnliches war. Dann ging es ab ins „Schlaraffenland". ... Der Überfluss war überwältigend. Meine erste Erfahrung mit einer Banane war allerdings weniger glücklich. Ich warf sie heimlich auf den Kompost, denn niemand hatte mir vorher gesagt, dass man eine Banane zuerst schälen muss, bevor man sie isst. ... Ein Glück, dass ich damals ein „dünner Hering" war, dem die Rippen abstachen, so dass ich trotz mehrfach aufgeschichteter Kleidung ungeschoren durch den französischen Zoll kam. Wieder in Biberach war es wie Weihnachten: Es gab für die ganze Familie eine Bescherung.

WERNER LEIBFAHRTH, damals Weingarten, heute Bodnegg:

Als wir in Romanshorn mit Traktor und Viehanhänger abgeholt wurden und Richtung Landschlacht fuhren, habe ich gestaunt, was es in der Schweiz für Straßen gab. Ich glaube, sie waren aus Betonplatten gebaut. In Landschlacht bin ich dann zu einer Bauernfamilie gekommen, die mich toll bewirtet hat. Endlich konnte ich mir den Bauch vollschlagen! Geschenkt hat mir meine Gastfamilie ein Paar Halbschuhe. Die waren für mich fast Sieben-Meilen-Stiefel, weil sie viel zu groß waren. Auf den Rat meiner Gastfamilie hin habe ich sie angezogen – damit ich, sollte ich durch den Zoll müssen, auf jeden Fall die besseren Schuhe behalten konnte. Meine alten habe ich in meinen Rucksack gesteckt. Wieder in Friedrichshafen angekommen, bin ich mit meinen viel zu großen Schuhen in den Hafenbahnhof gestolpert – der Steg war fast wie eine Hühnertreppe.

KURT LINSE, Friedrichshafen, zu Besuch bei Fam. Schneider in Arbon:

Nun ist er also da, der so heiß ersehnte Tag der Fahrt in die Schweiz. ... Wir vergessen fast, unseren Eltern nachzuwinken, denn schon sind unsere Blicke nach vorn, das heißt, in Richtung Schweiz gerichtet. ... Alle haben wir unsere Nummernschilder umgehängt, die wir in der letzten Unterrichtsstunde bekommen hatten. Los geht es mit der Kinderverteilung: „34, 35, 36", zählt unser Lehrer. Schon strecken sich mir zwei Arme entgegen. ... Eine freundliche Frauenstimme sagt: „So so. Du bisch s'Kurtli, s'Brüderli von Hildeli." Und zwei ganz große Mädchen, mit langen Zöpfen, nehmen mich an der Hand, und ab geht es in die Feldstraße 4, ins letzte Haus unten rechts. O Mann, o Mann, was für ein schönes Haus, umgeben von einem großen Garten. Innen sind die Wände mit Holz getäfert und im Wohnzimmer steht ein Schrank, fast ganz aus Glas. Da hängen viele Medaillen und da stehen ja „richtige" Gewehre. „Na so was, das wäre bei uns aber verboten. Da kämen wir ja bei den Franzosen gleich ins Gefängnis", erkläre ich meinen Gastgebern. In der Küche steht ein halbhoher Kasten. Macht man die Türe auf, brennt innen ein Licht, und da stehen eine Menge Lebensmittel. „Das ist ein Frigidaire, in Dütschland wohl ein Kühlschrank, um die Sachen frisch zu halten", wird mir erklärt. ... Ich wundere mich auch sehr über den ganz dicken Kater, der durch das Haus und durch den Garten schleicht. Meine Güte, dem muss es aber gut gehen. Der bekommt wohl viel mehr zu essen als wir auf der anderen Bodenseeseite. ...Am späten Nachmittag, nach feiner Torte und Kakao, wird mein Paket gepackt. Das Wertvollste (bis zum heutigen Tag) ist dabei mein, wenn auch schon damals stark gebrauchtes Globi-Buch. Zum Abschluss bekomme ich noch „Schwyzer Rösti". Und auf die Frage: „Mit Rührei oder mit Spiegelei?" antworte ich spontan mit „beides" und bekomme es auch. ...Und dann geht dieser für mich so einzigartige, bis heute beeindruckendste Tag meines Lebens zu Ende. ...Ich bekomme mein Paket mit Extra-Traggriff endgültig überreicht. Ich bin stolz, dass es so schwer ist. Letzte Umarmungen, dem Kurtli einen Schmatz auf die Backe, und aufs Schiff. Es legt ab. Zurück bleiben unsere winkenden, so liebenswürdigen Gastgeber.

Noch heute ist Kurt Linse stolz auf sein Globi-Buch.

Etliche Schweizer Ruder-, Motor- und Segelboote geleiten uns ein Stück auf den See hinaus. Langsam verschwindet das Schweizer Ufer. ... Dann geht das Stimmengewirr los. Jeder versucht jeden zu überzeugen, dass gerade bei „seinen Schweizern" alles am größten, am schönsten ... ja, einfach am allerbesten gewesen sei.

ELLEN LOCHER geb. Kling, Langenargen:

Eine Frau nahm mich mit nach Hause – es war in Enzenbühl, Flawil, und dort wartete schon ihre betagte Mutter mit einem traumhaften Essen auf mich. Mir wurde sogar Ovomaltine eingeschenkt – ich traute mich vor lauter Staunen kaum zu essen und zu trinken.

URSEL MAROHN geb. Schmid, Überlingen, damals Friedrichshafen:

Zum ersten Mal in meinem Leben sollte ich in die verheißungsvolle Schweiz kommen. Während des Krieges hatte ich nachts die Lichter der Schweizer Uferstädte über den See blinken sehen, während bei uns alle Fenster abgedunkelt waren und nur die Sterne in der totalen Finsternis funkelten. Was wohnten dort wohl für Menschen, die es während der Nacht so hell hatten? So war eine Sehnsucht nach diesem Land entstanden, in dem Frieden herrschte und es dadurch nachts hell erleuchtete Städte gab. Ich kann mich noch daran erinnern, dass mir mein Großvater ein Pappschild bastelte mit großen Ziffern in Sütterlin-Schrift. Es kamen in den Karton noch zwei Löcher für das Band hinein. ... Ich war ganz aufgeregt, jetzt wurde meine Nummer gerufen. Ich stand auf und ging zögernd mit Herzklopfen den langen Kirchgang hinunter. Kommt denn niemand, der mich aufnimmt?, waren meine Gedanken. Als ich fast am Ende des Ganges angekommen war, sagte eine große, beinahe hagere ältere Dame: „Du bist mein Gast." Es stellte sich heraus, dass sie unverheiratet war und eine Gastwirtschaft betrieb. Von ihren Angestellten wurde ich intensiv beäugt und fühlte mich in meiner Haut nicht wohl. Ich traute mich kaum zu essen.

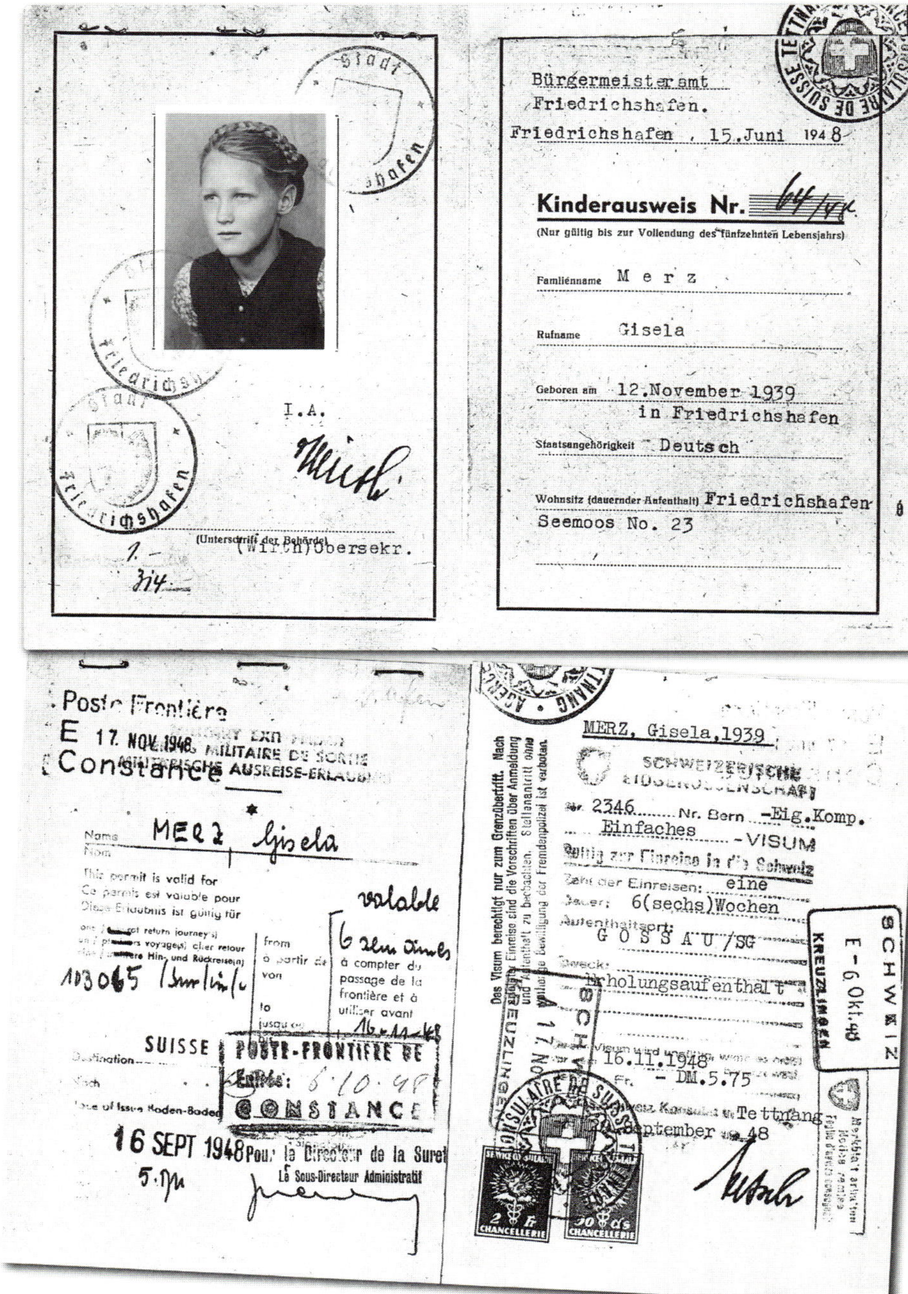
Stadt Friedrichshafen

I.A.

(Unterschrift der Behörde)
(Wirth)Obersekr.

Bürgermeisteramt
Friedrichshafen.
Friedrichshafen, 15. Juni 1948

Kinderausweis Nr. 64/48
(Nur gültig bis zur Vollendung des fünfzehnten Lebensjahrs)

Familienname Merz

Rufname Gisela

Geboren am 12. November 1939
in Friedrichshafen

Staatsangehörigkeit Deutsch

Wohnsitz (dauernder Aufenthalt) Friedrichshafen
Seemoos No. 23

Poste Frontière
E 17 NOV 1948
Constance

MILITAIRE DE SORTIE
AUSREISE-ERLAUBNIS

Nom MERZ, Gisela

This permit is valid for
Ce permis est valable pour
Diese Erlaubnis ist gültig für

valable

6 Wochen

à compter du passage de la frontière et à utiliser avant 16.11.48

Destination SUISSE

POSTE-FRONTIERE DE
Entrée: 6.10.48
CONSTANCE

16 SEPT 1948 Pour le Directeur de la Sureté
Le Sous-Directeur Administratif

Das Visum berechtigt nur zum Grenzübertritt. Nach erfolgter Einreise sind die Vorschriften über Anmeldung und Aufenthalt zu beobachten. Stellenantritt ohne vorherige Bewilligung der Fremdenpolizei ist verboten.

MERZ, Gisela, 1939

SCHWEIZERISCHE EIDGENOSSENSCHAFT

Nr. 2346 Nr. Bern -Eig. Komp.
Einfaches -VISUM
gültig zur Einreise in die Schweiz
Zahl der Einreisen: eine
Dauer: 6(sechs)Wochen
Aufenthaltsort: GOSSAU/SG
Zweck: Erholungsaufenthalt

16.11.1948
Fr. - DM. 5.75

Konsulat Tettnang
September 48

SCHWEIZ
E - 6. Okt. 48
KREUZLINGEN

CONSULAT DE SUISSE TETTNANG

2 Fr. CHANCELLERIE
50 cts CHANCELLERIE

Vollgestempelt: der Kinderausweis von Gisela Merz.

SIGLINDE MAROSI geb. Brugger, Friedrichshafen, damals Bernried bei Tettnang, zu Besuch bei Fam. Wegmann-Kübler, Oberherten bei Frauenfeld:

Es war im April 1947, ich war zehn Jahre alt. Eigentlich sollte ein anderes Mädchen mit der Nummer 318 in die Schweiz dürfen, doch bei ihm klappte es nicht. Also sprang ich ein. Wir wurden mit einem Kleinlaster, so eine Art Viehwagen, ringsum hoch zu, zusammengesammelt von der Gegend um Neukirch bei Tettnang. Es ging nach Friedrichshafen, mit dem Schiff nach Romanshorn und von dort mit dem Zug nach Frauenfeld. ... Die ganze Familie Bauer, zwei Töchter und ein Sohn, nahmen mich mit viel Freude auf und verwöhnten mich an diesem Tag königlich. Zum Mittagessen gab es wunderschöne große und sehr gute weiße Bratwürste mit Kartoffelbrei, Gemüse und Nachtisch. Im Laufe des Aufenthaltes musste ich meiner Gastgeber-Familie von meiner Familie erzählen. Sie wollten auch wissen, warum ich schwarze Strümpfe trage. Mein Vater ist in Gefangenschaft verhungert. Diese Nachricht bekamen wir circa zwei Monate vor unserer Fahrt in die Schweiz. Ich hatte noch fünf Geschwister, und wir waren eben arm wie Kirchenmäuse. Und so wollte meine „Schweizer Tante", dass ich ab sofort Onkel und Tante sage, und ihre drei Kinder waren für mich wie ältere Geschwister. Zum Abschluss gab es noch Ovomaltine-Milch mit Kuchen. Für meine Familie bekam ich Lebensmittel, Schoggi und Kleidung mit. Es war wunderbar und unvergesslich.

GISELA MERZ, Friedrichshafen, zu Besuch bei Fam. Ochsner in Gossau:

Mich hat Familie Ochsner – sie hatte ein Baugeschäft – aufgenommen. In Gossau ging man für mich Kleidungsstücke aussuchen. Die Familie hatte drei Söhne und drei Töchter. Die jüngste Tochter war acht Jahre älter als ich. Frau Ochsner fragte mich immer wieder, ob meine Mama wohl dies und jenes ändern könnte. Sie bekam dann von mir die Antwort: „Meine Mama kann alles." ... Vollgepackt, kaum wiederzuerkennen in den neuen Kleidern, kam ich in Friedrichshafen wieder an. Meine Eltern waren überaus erfreut. Mehrere Male nach meinem ersten Besuch kamen Ochsners zu uns. Ich erinnere mich noch sehr genau: Geld durften sie uns ja auf keinen Fall geben. Eine Orange war für mich schon „die Welt". Eine Tafel Schokolade, die mir Frau Ochsner an der Hafenmole in ein Taschentuch eingewickelt zuwarf, als sie mit dem Schiff in die Schweiz zurückfuhr, verfehlte leider ihr Ziel. Meine Mutter ließ den Kontakt zu Ochsners nie abreißen. Bald wurde ich zu einem sechswöchigen Aufenthalt nach Gossau eingeladen. Quarantäne in Konstanz – ein stundenlanges Warten, bis ich, „von Läusen und Ungeziefer frei", in die Schweiz einreisen durfte. ... Ich verbrachte sehr schöne sechs Wochen, durfte sogar auf den Säntis. In der Schweiz bekam ich auch die ersten richtigen Schuhe mit Kreppsohlen – der Geruch war für mich lange Zeit der Inbegriff für Gutes. Bei uns musste meine Mutter stundenlang anstehen, um nur eventuell ein aus Papierschnur gefertigtes Schuhpaar zu erhalten. Das durfte natürlich nicht nass werden.

MAGDA MEYER geb. Thomann, Leutkirch:

Der große Tag war da. Wir Schulkinder durften nach Flawil! ... Es war für viele die erste Reise über den Bodensee, vielleicht die schönste. ... Der Sonderzug, der uns nach Flawil brachte, war ganz nobel gepolstert, mit Deckchen an den Lehnen. In Flawil wurden wir herzlich aufgenommen und gingen gemeinsam zum Gottesdienst in die Kirche. Nach dem Gottesdienst holten uns die Gasteltern für diesen Tag ab. Unsere Augen konnten sich kaum satt sehen an dem, was es in der Stadt alles zu kaufen gab. Bei den Gasteltern bekamen wir ein Festmenü zu Mittag und einen feinen Nachtisch. ... Daheim hatte man uns vor der Abfahrt ermahnt, es war sogar ein Hinweis im Gemeindebrief gestanden, ja nicht unbescheiden zu sein. Ich habe deshalb nichts von der Schokoladentorte genommen – nie zuvor hatte ich je so ein Wunder-

Neutrauchburg, d. 12.12. 1947.

Es dauerte lange, bis die angekündigte Reise nach der Schweiz Wirklichkeit wurde. Aber endlich kam das Ziel immer näher. Durch die Freundlichkeit und Hilfsbereitschaft Schweizer Familien wurde es uns vergönnt, einen Ausflug nach Gossau anzutreten. Voller Erwartung und Freude gingen wir dem Tage der Abreise entgegen. Wir konnten unsere Freude nicht verbergen, überall mußten wir erzählen, daß wir nach der Schweiz fahren dürfen. Die Tage bis zur Abreise vergingen uns viel zu langsam. In diesen Tagen ging alles viel leich-ter, denn wir hatten nur noch den freudigen Gedan-ken, nämlich die Reise in die Schweiz. Am Sonntag den 26. Oktober versammelten wir uns in Isny. Morgens um sechs Uhr wurden wir von Lastkraftwagen ab-geholt. Das Wetter war nicht schön. Dieses merkten wir in unserer Freude garnicht. Als wir in Lindau angekommen waren, sahen wir schon das schöne, weiße Schiff der Schweiz. Die meisten unter uns hat-ten solch ein schönes Schiff noch nie gesehen. Wir konnten es kaum glauben, daß wir mit diesem Schiff fahren durften. Schon auf dem Schiff wurden wir sehr freundlich empfangen. Den ~~weißen~~ Wecken und die Stange Schokolade, welche jedes Kind bekam, war schon eine große Überraschung, denn so etwas hatten wir schon seit Jahren nicht mehr gegessen. Manche Kinder wollten es mit nach Hause nehmen, aber

Bericht von Ingeborg Orlowskj.

sie brachten es doch nicht übers Herz, sie aßen es gleich auf. In Rorschach verliessen wir das schöne Schiff wieder. Ein Zug stand schon für uns bereit. Mit diesem fuhren wir bis Gossau. Dort wurden wir von Familien, die unsere Namen schon wußten, abgeholt. Liebevoll bewirteten sie uns. Wir bekamen solch gute Sachen zu essen, die wir schon jahrelang nicht mehr genossen haben. Liebe Worte sprachen sie mit uns. Geschenke aller Art lagen bereit, um von uns in Empfang genommen zu werden. Alles was wir sehr nötig für den bevorstehenden Winter brauchten, wurde uns überreicht. Welch ein Glücksgefühl mich durchströmte. Ich kann es nicht beschreiben. Auch an Eßwaren war gedacht, die unsere kargen Rationen in nächster Zeit bessern sollten. Es war an alles gedacht. Nur wenige Stunden konnten wir uns dort aufhalten. Viel zu schnell vergingen die Stunden des Aufenthalts. Trotzdem durchbrach die Güte und Herzlichkeit der Gastgeber die Schranken des Unbekanntseins und es war uns, als wenn wir uns schon lange kannten.

Hier kam das Gebot zu voller Geltung:

Du sollst Deinen Nächsten lieben wie Dich selbst."

"Dieser Tag wird mir unvergesslich bleiben.

Ingeborg Orlowsky.

ding gesehen – sondern „nur" Zopfbrot gegessen. Der Nachmittag verging schnell, und nach dem Vesper ging's wieder zum Bahnhof. Dort trafen wir unsere Schulkameraden wieder, und sie sahen jetzt alle ganz anders aus, denn Kleidung verändert. In Lindau mussten wir mit unseren großen Kartons durchs Zollamt. Wir Kinder sind alle durchgerannt, aus lauter Angst vor der Kontrolle, ich glaube, uns hätte keiner aufhalten können. Pfarrer Schieber ... hatte auf der Heimfahrt einen dicken Bauch, denn er hatte eine Fahrradbereifung umgebunden. Auch das war Schmuggelgut. Die Lastwagen brachten uns wieder ins Allgäu zurück, und wir sind heute noch den Flawilern dankbar.

ALOYSIA MORENT geb. Widmann, Ravensburg:

Es waren herzensgute Menschen, die hatten sogar noch für meine Schwester ein Paar Schuhe und eine Jacke mitgegeben. Ich erinnere mich noch genau, es war ein grau-blauer Karton. Meine Mutter bewahrte ihn lange auf. Es stand meine Nummer drauf – ich kann es nicht mehr genau sagen, doch ich meine, es war die Zahl 467. Was ich bis zum heutigen Tag aufbewahre und in Ehren halte, ist ein buntes Säckchen, in dem damals Murmeln waren (heute benutze ich es als Knopfsäckchen). Es erinnert mich immer wieder an einen schönen Tag in einer damals armen Zeit, an herzensgute Menschen, die es damals gab und die es verstanden haben, einem kleinen Mädchen große Freude zu bereiten. Ich bin heute noch dankbar dafür.

GÜNTER MÜLLER, Villach (Österreich), damals Lindau:

Es war der 24. November 1946. Allein der Anblick des Dampfers gab uns schon das Gefühl, „der kommt aus einer anderen Welt". Denn im Gegensatz zu den Bodenseeschiffen, die wir bis dahin zu sehen bekamen, war die „Thurgau" schneeweiß. ... Ich weiß noch, dass es zur Hauptmahlzeit Spaghetti gab. ... Danach gingen wir in ein nahe gelegenes Schuhgeschäft, und da durfte ich mir ein Paar feste Winterstiefel aussuchen. Es hätte sicher nichts gegeben, das ich notwendiger gebraucht hätte, und damit ich ja lange genug Nutzen und Freude daran haben sollte, wurden die Schuhe mindestens drei Nummern zu groß gekauft. Natürlich gab es auch noch schöne warme Socken dazu. Meine Freude darüber war riesig. ... Ohne Übertreibung kann ich heute sagen: Dieser Tag war einer der eindruckvollsten und einprägsamsten Tage in meinem Leben.

HANNELORE MÜLLER geb. Dannenmann, Weingarten, damals Friedrichshafen, zu Besuch bei Ehepaar Arbogast:

Ich war in Arbon bei einem – für mich – damals älteren Ehepaar namens Arbogast eingeladen. Sie wohnten in der Berglistr. 58. Mittags gab es Kuchen mit grünen Nüssen! Es waren natürlich Pistazien, aber die kannte ich nicht. Das war etwas ganz Besonderes. Zum Abschied bekam ich ein Püppchen. Es hat mir so sehr gefallen, dass ich ganz vergessen habe, noch meinen Gasteltern vom Schiff aus zuzuwinken. Die anderen Kinder haben mich gestupst und gesagt: „Du, da winken dir Leute; bei denen warst du doch..."

HERBERT MÜLLER, Weingarten, damals Friedrichshafen:

Die größte Enttäuschung für mich war, dass die Schweizer gleich aussahen wie wir. Ich hatte erwartet, sie wären dunkelhäutig. Das war vielleicht der Grund, weshalb der Tag nicht so richtig lief. Essen mochte ich nicht, weil ich das, was vor mich hingestellt wurde, nicht kannte. Dabei hieß es ständig: „Bub, iss doch, du bist so mager." Der Kaffee schmeckte mir auch nicht. Zum Schluss wurden noch aus einer Truhe Kleidungsstücke ausgesucht, die mir jedoch viel zu groß waren. Die durfte ich in zwei Kartons mit nach Hause nehmen. In den Taschen der Kleidungsstücke hatte ich zwei Tafeln Schokolade versteckt, damit sie mir nur ja niemand wegnahm. Zuhause klappte es damit nicht mehr: Ich musste sie mit meinen drei Geschwistern teilen.

HELGA NEST geb. Grimm, Ravensburg:

Ich weiß noch, dass ich an diesem Tag von der Schweizer Gastfamilie (die wohl in Rorschach gewohnt hat) die erste Orange meines Lebens geschenkt bekommen habe sowie ein Samtkleid und Lackschuhe. An die Lackschuhe erinnere ich mich deshalb, weil ich sie daheim nur bei ganz besonderen Anlässen tragen durfte.

RITA NOACK geb. Brosny, Friedrichshafen:

Weihnachten 1941 haben wir nicht gefeiert – mein Vater war in Russland Soldat. Dass er bereits am 16. Dezember 1941 gefallen war, haben wir erst im Januar erfahren. Damals haben sie meiner Mutter den Ehering meines Vaters und einen durchschossenen Brief geschickt. Den hatte mein Vater von seinem Bruder in Nürnberg geschickt bekommen und in seiner Brusttasche getragen. Kugeln ins Herz und in den Kopf hatten ihn getötet. „Papi ist nicht tot", habe ich meiner Mutter immer wieder gesagt. „An dem Brief ist kein Blut dran." Ich habe ihn furchtbar vermisst, immer auf ihn gewartet. Und dann kam die Einladung nach St. Gallen. Ich weiß noch, wie ich aufs Schiff gegangen bin. Dort haben wir einen Wecken bekommen. Ich habe ihn halbiert und meiner Mutter, die am Ufer gewartet hat, zugeworfen. Doch ich hatte Pech: Das Weißbrot fiel ins Wasser. In St. Gallen waren wir dann zu zweit in einer Gastfamilie. Nach dem guten Mittagessen durften wir ihr Konfektionsgeschäft, das in der Nähe war, besichtigen. Ich bekam ein Riesenpaket mit rund 14 Paar Schuhen. Das werde ich nie vergessen.

MARGOT OSTERER geb. Dienhart, Friedrichshafen, damals Langenargen:

In der Kirche wurden wir von den Gastfamilien abgeholt. Ich dachte schon, mich will gar niemand, aber ich war Gastkind beim Messmer und musste warten, bis alle weg waren. Dann hatte ich einen ganz schönen Tag. Meine Gastfamilie hatte ein eigenes Haus mit einem Garten voll von wunderschönen Blumen. Das hat mich sehr beeindruckt. Als Geschenk bekam ich zwei gleiche Kleider, fast gleich groß, weil meine Leute zwei Töchter hatten. Mit diesem Kleid und meine Freundin mit dem anderen sind wir dann in der Schule erschienen – es war eine große Sache.

GERHARD OTTO, Riedlingen, zu Besuch bei Fam. Straub in Amriswil:

Ich hatte das große Glück, in Folge des ersten Besuchs noch viele Kinder-Traumferien bei meinen damaligen Gastgebern, Familie Straub, erleben zu dürfen. Übrigens: Meine Frau ist Schweizerin.

LOTHAR OTTO, Vogt:

Dieses Ereignis ist einfach unvergesslich.

HANNELORE PENZEL-DAHL geb. Stopfel, Ravensburg, zu Besuch bei Fam. Rohrer-Bolliger in Romanshorn:

Im Frühjahr 1947 hieß es dann, Kinder dürfen für einen Tag in die Schweiz fahren. ... Ich durfte meine besten Sachen anziehen, auch meine einzigen richtigen Schuhe, nicht diese „Holzklepper". Meine Mutter wollte, dass ich ordentlich aussehe, nicht so ärmlich. Die Schweiz, die Schweiz...? Eine Verheißung! ... Ein Land, in dem es keinen Krieg gegeben hatte. Warum keinen Krieg? Warum nur bei uns? Wie kam das überhaupt? ... Die Ankunft in Romanshorn, eine unversehrte Stadt. Beim Essen musste man mir wohl gut zureden – die Gerichte waren mir fremd und ungewohnt. Man versprach mir, nach dem Essen dürfe ich auf dem „Velo" reiten. Ich dachte, „Velo" sei ein Hund. Die Familie Rohrer-Bolliger hatte eine Textilfabrik. In dem Lager wurde ich dann voll-

Die sechsjährige Hannelore Stopfel (heute Penzel-Dahl), gezeichnet vom französischen Soldaten M. Palmer.

kommen neu eingekleidet. Unterwäsche, Rock, Pulli, Kniestrümpfe, alles. In der Stadt bekam ich, und das war das Schönste, neue wundervolle hellbraune Halbschuhe aus weichem Leder. Es war das höchste Glücksgefühl. ...Wenn ich an diesen Tag zurückdenke, so ist und bleibt es der schönste in meiner ganzen Kinderzeit, vielleicht im ganzen Leben.

WILHELM PFEFFER, Friedrichshafen, zu Besuch bei Fam. Scheiwillier in Hagenwil:

Die Familie Scheiwillier, Schulhausmeister-Ehepaar mit zwei Söhnen, waren meine Gasteltern für diesen Tag. Sie verwöhnten mich mit gutem, üppigem Essen und Schweizer Schokolade. Sie zeigten mir ihr hübsches Dorf mit dem Wasserschloss und packten mir einen großen Karton mit Kleidern, Schuhen und Süßigkeiten. ... Nach dem Abendessen ging es mit dem Schiff wieder nach Friedrichshafen, wo wir von unseren Eltern erwartet wurden. Ein unglaublich wunderschöner Tag ging zu Ende, der bis heute tief in meinem Herzen verankert ist.

KURT PFUND, Biberach, zu Besuch bei Fam. Bissegger in Mühlebach:

Ich war noch nie am Bodensee und hatte in meinem Leben auch noch kein so großes Schiff gesehen. ... In Romanshorn am Bahnhof stand ein Kiosk mit allem, was das Herz begehrt: Schokolade, Südfrüchte, Eis, Spielsachen, Zeitungen und vieles mehr. Wir fuhren dann mit einem noblen Zug (Glasfenster und saubere Sitzbezüge) Richtung Amriswil. ... Am Bahnhof in Amriswil trat ein junger, groß gewachsener Mann auf mich zu und sagte: Du bist der Kurt und darfst mit mir kommen. Es war Herr Bissegger, Lehrer in Mühlebach. ... Im Familienkreis fühlte ich mich gleich wohl. Was hier aufgetischt wurde, war für mich überwältigend: Vorspeise, Salat, Suppe, Hauptgericht, Dessert, Saft und Patisserie, und von allem war reichlich da. ... Frau Bissegger hatte für mich einen wunderschönen Pullover gestrickt, der ganz toll passte. Ein Paar Skischuhe bekam ich auch, ebenso zwei Regenpelerinen und noch viele nützliche Sachen, die Schokolade nicht zu vergessen. ... Meine beiden Geschwister waren wie ich neu eingekleidet und mit Paketen beladen. Spät nachts kamen wir zurück. Wir wurden nicht abgeholt, da meine Eltern nicht mit Geschenken rechneten. So war die Überraschung riesengroß, als wir vollbepackt vor der Tür standen. ... 1948 durfte ich drei Monate in Erholung nach Mühlebach zu Familie Bissegger. Danach entstand eine noch engere Verbindung und Freundschaft, die bis heute

Kurt Pfund ist mächtig stolz auf seinen neuen, von der Gastmutter selbst gestrickten Pullover.

anhält. Das regelmäßige Zusammentreffen in Amriswil oder Biberach ist jedes Mal ein wunderschönes Erlebnis.

ANNELIESE PINZGER geb. Schupp, Ravensburg:

Die Oma hat uns – mir und einem Buben – Schuhe gekauft. Auf dem Weg in dieses Schuhgeschäft in St. Gallen habe ich zum

Biberach, den 14. 12. 1947.

Liebe Familie Bissegger – Steinmann!

Schon lange warte ich auf ein Brieflein von Ihnen, hoffentlich haben Sie meinen Brief erhalten, den ich gleich nach meiner Ankunft von der Schweiz geschrieben habe.

Oft und viel bin ich in Gedanken bei Ihnen, vor allem, wenn ich meinen herrlichen, warmen Pullover trage, der mir ganz unsagbar viel Freude macht. Auch meine prächtigen Stiefel beglücken mich sehr. Meine lb. Eltern sind auch ganz reich über diese beiden prächtigen Stücke. Wir haben zur Zeit Regenwetter und waren schon sehr froh an unsern schönen Pellerinen. Mein Ball macht mir besonders viel Freude, aber auch der schöne Atlas sowie das Lesebuch und die Rechenbücher, die ich schon sehr fleißig benützte. Die Heften, Bleistifte und Radiergummis tat meine Mutter gleich für Weihnachten auf die Seite und werden sie den Gabentisch zieren. Die eßbaren Sachen konnte meine Mutter schon recht gut verwerten. Sie haben mich ja mit allem so reich beschenkt, daß ich täglich voll Dankbarkeit an Sie denke.

Weihnachten steht nun vor der Tür und wir Kinder freuen uns ganz riesig auf das Fest. Auch Ihnen allen wünschen ich recht frohe, gesegnete Weihnachten und zugleich alles Gute zum Neuen Jahr und grüße Sie herzlichst

Ihr dankbarer Kurt Pfund.

Meine lieben Eltern und Geschwister schließen sich mir an.

Einen extra Gruß an Rosi, Hansi u. Ernstli.

Brief von Kurt Pfund an seine Schweizer Gasteltern Alice und Ernst Bissegger.

Die Schweizer Gasteltern Bommeli und Siegfried Rehm mit der Tochter seiner Gasteltern, Edith Veil-Lehmann.

ersten Mal Orangen und Bananen gesehen. Mir fielen fast die Augen aus dem Kopf. So lange wir leben, werden wir das nicht vergessen.

SIEGFRIED REHM, Friedrichshafen, zu Gast bei Fam. Lehmann in St. Gallen-Bruggen:

So kam am 21. Mai 1947 der große Tag für mich, der mein Leben mit prägte. Treffpunkt war frühmorgens die Nikolauskirche. Dort wurde mir meine Erkennungs-Nummer 501 umgehängt. In Sechserreihen ging es am Gondelhafen vorbei, die Uferstraße entlang, vorbei am noch stehenden Haus des Café Rommelsbacher am Hafen in Friedrichshafen. Im Hafen lag schon das weiße Schweizer Schiff „Thurgau", das uns über den See bringen sollte. Wir, 650 Kinder aus Friedrichshafen und Ravensburg, bestiegen voller Erwartung das Schiff und fuhren über den See ins „Schlaraffenland". ... Dann sind wir in St. Gallen angekommen. ... Wir verließen wiederum sehr geordnet den Bahnhof. ... Eine Frau nahm mich an der Hand. Sie wusste, die Nummer 501 ist mein Gastkind. Alsbald fuhren wir mit der Straßenbahn in den Stadtteil Bruggen. Es gab Gutes zum Essen, Kaffee und Kuchen. ... Mittags gingen wir zu einer großen Brücke, von der aus man ein großes Tal sah mit grünen Hügeln, schönen Bauernhöfen und weidenden Kühen. Zurückgekommen zum Haus der Familie Lehmann, ... gab es wieder zu essen und zu trinken. Dann wurde ich reich beschenkt. Ich sehe heute noch die hellbraun glänzenden gebrauchten Schuhe und auch Kleider, die ich mitbekam, vor mir. Auch Schokolade, Orangen, Zucker und Kakao waren dabei. ... Einen Tag im Paradies nach all den Jahren des Krieges, der Not und des Elends – das kann man nicht vergessen.

HEIDE REINHOLD geb. Hudlett, Lindau:

Ich kann mich noch heute erinnern, dass das Ehepaar einen sehr strengen Eindruck gemacht hat. Es gab eine gute Suppe, und danach ist die Erinnerung leider zu Ende. Nur an viel Schokolade denke ich noch zurück, und seither ist für mich die Schweizer Schokolade die beste der Welt.

CHARLOTTE REISER geb. Gröber, Friedrichshafen:

„Mädle, bring' uns auch einen Hosengummi mit", hat mir meine Mutter eingeschärft, als sie mich am Morgen in Fischbach in den Zug nach Friedrichshafen gesetzt hat. Ich war natürlich viel zu schüchtern und traute mich nicht, meine Schweizer Gastmutter nach Hosengummi zu fragen. Zum Mittagessen, das weiß ich noch genau, gab es Haschee und grünen Salat. Und es standen Bananen auf dem Tisch. „Ja Kind, du musst doch die Schale wegnehmen, bevor du eine Banane isst", hat meine Gastmutter gesagt, als ich in die ungeschälte Banane beißen wollte. Geschält hat sie dann prächtig geschmeckt. Nach Hause gekommen bin ich

Ingeborg Schleichers Schal, den sie von einem Fräulein, das in diesem Schloss lebte, bekommen hat.

mit einem Kissenbezug. Da war alles mögliche drin, was wir brauchen konnten. Vielleicht hat ja meine Gastmutter gedacht, wir hätten keine Kissenbezüge. Der Hosengummi, den sich meine Mutter so sehnlichst gewünscht hatte, war nicht dabei. „Ach, du bist doch ein dummes Mädchen", hat sie gesagt. „Das wäre doch eine Lappalie für die Schweizer gewesen." Fortan mussten wir halt wieder anstelle des Gummis einen Bändel durch den Hosenbund ziehen.

HELMUT ROHRER, Friedrichshafen:

Bei der Rückfahrt ging das Gerücht um, wir müssten unsere geschenkten Sachen verzollen. Ich steckte meine Schokolade in die Brusttasche meiner Jacke und musste zu Hause feststellen, dass sie geschmolzen war.

HANS UND URSULA ROMMEL, Ravensburg, damals Weingarten:

Mit großer Dankbarkeit denken wir auch heute noch an diesen Akt der Nächstenliebe zurück.

DR. EBERHARD ROSTAN, Friedrichshafen:

Das Einfamilienhaus meiner Gastgeber in der Salmsacherstraße in Frauenfeld lag in einem Vorgarten an einer – nach meiner Erinnerung – relativ breiten, geraden Straße. Für einige Zeit nach meiner Fahrt in die Schweiz hatte ich als Neunjähriger einen Briefwechsel mit der dortigen Familie. Die Adresse, die sie mir gegeben hatte, führte den Zusatz „Eigenheim" nach Straßennamen und Hausnummer. Was ich alles von der Familie bekommen habe, weiß ich nicht mehr. Es gab ein festliches Mittagessen, und ich bekam ein Paar neue Halbschuhe aus Leder.

ELFRIEDE RUTTA geb. Grabherr, Isny-Neutrauchburg, damals Bregenz, zu Besuch bei Fam. Künzler in Walzenhausen:

Ich war damals an der Volksschule Bregenz. Hunderte von Kindern durften in die Schweiz fahren. Ich sehe heute noch die großen Wiener Schnitzel, die so herrlich schmeckten, vor mir – Familie Künzler hatte eine Metzgerei. ... Es gab auch noch ein Esspaket für die Lieben Zuhause als Geschenk. Mama freute sich besonders über das Schweineschmalz zum Kochen.

INGEBORG SCHLEICHER geb. Bartsch, Wangen:

Im Religionsunterricht in der Schule in Maria-Thann hat uns der Religionslehrer gesagt, dass wir in die Schweiz dürfen. Ich wurde mit einem Mädchen aus Lindau ins Schloss Wartegg eingeladen. Das Schlossfräulein, das offenbar schon öfters Kinder aufgenommen hatte, saß in einem Lehnstuhl und hat uns freundlich empfangen, der Schlossverwalter ist mit uns einkaufen gegangen. Das Mädchen aus Lindau bekam Halbschuhe, für mich gab es hohe Schuhe und Hausschuhe. Auf die Schuhe war ich mächtig stolz – nach unserer Flucht aus Schlesien hatte ich kein eigenes Paar mehr besessen, und wenn ich die drei Kilometer in die Schule laufen wollte, lieh mir die Bäuerin, auf deren Hof wir lebten, Schuhe. Handschuhe und einen Schal habe ich in der Schweiz auch geschenkt bekommen, den Schal habe ich noch. Zu Weihnachten habe ich im selben Jahr, in dem ich in der Eidgenossenschaft war, an das Fräulein geschrieben. Die Antwort des Schlossverwalters war traurig: Das Fräulein lebe leider nicht mehr.

Ingeborg Schleicher

ECKART SCHLOTKE, Stuttgart, früher Ravensburg:

Obwohl „ungetauftes Heidenkind", wurde ich wegen meiner Bedürftigkeit ausgewählt. Offensichtlich war die Aktion in der Schweiz wohl organisiert, denn kaum in Romanshorn angekommen, kamen Hunderte von Kindern in die vorgesehene Obhut. Dank der großen Nummer wurde auch ich rasch von meiner „Gastfamilie", zwei älteren Schwestern, ausgemacht. Zusammen mit einem weiteren Mädchen aus Ravensburg ging es mit dem Auto nach Kesswil. Dort haben wir einen kurzen Hafenspaziergang unternommen und ansonsten mit unseren zwei reizenden Tanten gegessen. Zusätzlich füllten sie uns Rucksack und Tüten, die wir kaum tragen konnten. Der Tag „Im unteren Wiesenwinkel" verging sehr schnell. Erfüllt von Dankbarkeit über die herrlichen Gaben ging es zurück nach Romanshorn. Wir wurden beide im nächsten Sommer wieder eingeladen. Die Fragen kamen danach. Warum gibt's bei uns keine Ovomaltine und, wenn es sie gäbe, warum können wir sie uns nicht leisten? Warum, und gar nicht so weit entfernt, geht es einem Land und den Leuten so viel besser? Warum war bei uns Krieg? Fragen über Fragen, die leider nur zögernd beantwortet wurden. Die Aktion, von der ich

Eckart Schlotke und Irmgard Boss mit ihrer Gastmutter.

vielen Schweizern immer wieder mit großer Dankbarkeit erzähle, habe ich in meiner kindlichen Einfalt immer „als in den Himmel kommen" empfunden.

HELMUT SCHLOTKE, Düsseldorf, früher Ravensburg:

Der 21. Mai 1947 war ein schöner Tag. Was erwartete uns, als unser Schiff das vom Krieg grau-zernarbte Friedrichshafen hinter sich ließ? ...Die Reise schien weit. Schöner, als wir es uns vorstellen konnten, war der Zug von Romanshorn nach St. Gallen. Das Land leuchtete im Frühling, es war sauber, die Häuser waren heil. ...Der Bahnhof in St. Gallen, wo wir erwartet wurden, ...schien irgendwie Tor zu sein aus unserer verengten in die weite Welt. In dem Besuch lag viel Anfang für mich. Er bedeutete schon damals und bedeutet mir bis heute mehr als die vielen Geschenke, mit denen ich wie viele andere beglückt heimkehren durfte. Was meine Gastgeber, die Witwe eines evangelischen Pfarrers und ihre Schwester, damals materiell für mich taten, war gewiss wichtig und half uns sehr. Über Jahre beschenkten sie mich nicht nur zum Geburtstag und zu Weihnachten: Schuhe, Kleidung, Ovomaltine, Kaffee, Schokolade, getrocknete Bananen, Mittel gegen Erkältung, Bücher, eine Taschenlampe mit Batterie (sie ermöglichte es mir, gegen das Verbot meiner Mutter unter der Bettdecke Karl May zu lesen). Viel bedeutender war indessen, wie herzlich, ich scheue mich fast zu sagen, wie sie mich mit Liebe aufnahmen, die sie mir bis zu ihrem Tode bewahrten, wie sehr sie Anteil an meinem weiteren Leben nahmen.

...Heute frage ich mich, was ich tun kann, um ein wenig von dem zurück- oder weiterzugeben, was ich damals von Menschen empfangen habe, die ganz einfach da waren, als wir Hilfe und Wärme brauchten.

PAUL SCHMOLZE, Wilhelmsdorf, als 14-Jähriger in einem Brief vom 30. April 1947 an seine Schwester:

An Vaters Geburtstag (19.4.1947) durfte ich in die Schweiz. Ich bin mit anderen nach Friedrichshafen gefahren worden. (Von Wilhelmsdorf aus, wo ich im Heim war.) Wir haben dann Nummern erhalten und gingen auf den Dampfer. Ich hatte die Nummer 500! Dieses war ein toller Dampfer, schneeweiß, mit dem Namen „Thurgau". Bei dieser Gelegenheit fuhr ich auch zum ersten Mal mit einem Dampfer. Das war toll! Der Dampfer ist nach Güttingen gefahren. Da hat er angelegt. Schweizer Kinder aus Güttingen haben uns mit einem Lied empfangen. Dann wurden alle Kinder mit dem Pferdefuhrwerk oder mit Autos abgeholt. Wir sind mit einem Traktor gefahren, der hatte Stromlinienform. Wir wurden nach Altnau gefahren. Ich kam dort zu einer Gärtnersfamilie. Da war es schön. Ein Mädchen holte mich an der Kirche ab und gab mir gleich eine Orange. Wir gingen in die Gärtnerei, wo sie mir die Hasen zeigte. Dann führte sie mich zu ihren Eltern. Dann mußte ich Kuchen und Brot essen und Süßmost trinken. Ich bekam auch eine Schokoladentafel. ...Dann durfte ich Postkarten, Schokolade, Orangen und, was ich wollte, kaufen. Für vier Franken kaufte ich dann noch ein Heft, Bleistifte, Spitzer, Radierer, Bananen, Feigen und Käse.

HELGA SCHRÖDER geb. Pütz, Eckernförde, damals Lindau:

Ich wurde von einer Familie mit sieben Kindern aufgenommen. Die älteste Tochter fuhr mit mir auf dem Fahrrad zum Einkaufen. Sie schenkte mir einen Negerkuss. Nach dem ersten Bissen warf ich ihn heimlich weg – er schmeckte mir damals nicht, und ich schämte mich; aber ich saß ja hinten, und sie sah es nicht. Ich habe einen wunderschönen Tag in Erinnerung.

URSULA SCHUBERT geb. Hägele, Isny im Allgäu, damals Friedrichshafen-Manzell:

Es war ein Sonntag, früh mussten wir aufstehen, es ging in die Schweiz. ... Nach einem Marsch von sechs Kilometern waren wir, nachdem meine Schwester vor lauter Aufregung gegen einen Baum gelaufen war, am Hafen, dann auf dem Schiff und ab ging es. In Romanshorn wurden wir dann aufgeteilt, und jeder kam zu einer Familie, meine Schwester zu Stamplis, die hatten den Bahnhofskiosk. Wie die zwei Damen hießen, zu denen ich gekommen bin, weiß ich nicht mehr, aber sie waren wie alle zu lieb zu mir. Einkaufen sind wir gegangen, neue Schuhe, Kleider für eine Puppe, Mitbringsel für die Eltern und natürlich essen, bis einem schlecht wurde. Ein Paradies, und noch das Versprechen, wiederzukommen – unglaublich. Nur mit dem Wort „Tea Room", das an manchen Häusern stand, konnte ich nichts anfangen, hab mich auch nicht getraut zu fragen. Erst sehr viel später in meinem Leben wusste ich dann, dass es sich um eine Tee-Stube handelt.

IRENE SCHWEIZER geb. Kleebauer, Baienfurt, damals Ravensburg, zu Besuch bei Fam. Spirig in Gossau:

Als ich 1947 als Schweizer Kind in die Schweiz durfte, war das für mich eine Reise ins Märchenland. Ich habe damals zum ersten Mal in meinem Leben Schokolade gegessen. Mit einem gefüllten Rucksack und einem Schweizerfähnchen aufgesteckt kehrte ich nach Hause zurück, voller Glück. Die Schweizerfamilie J. Spirig in Gossau bei St. Gallen, die mich so freundlich aufgenommen hatte, lud mich danach zu einem vierteljährigen Aufenthalt bei sich ein. ...Ihre Apotheke als solche hat mich so fasziniert, dass ich später beruflich unbedingt in einer Apotheke tätig sein wollte, und es dann auch war.

Irene Kleebauer (heute Schweizer) mit ihrer Schweizer Gastfamilie.

IRMGARD SCHWEIZER geb. Thanner, Tettnang:

Auch ich war damals mit in der Schweiz und werde dies nie vergessen.

REINHARD SCHWENK, St. Ursula, Teneriffa, damals Langenargen:

Die Angst vor der Fremde, das Heimweh waren schnell verflogen, als ich am Tisch saß bei den

Leuten (ich weiß leider keine Namen mehr, wie sollte meine Mutter in den Kriegswirren dies auch alles behalten). Der erste Kakao in meinem jungen Leben, das allererste Stück Schokolade, der Bauch mal wieder voll ...unauslöschlich bleibt so etwas. Und dann bei der Heimfahrt: ein Ball!!!!!!!! Für mich war er ein Reichtum. Meine Mutter erzählte oft, dass ich diesen Ball monatelang mit ins Bett nahm und nur mit meinem Bruder und nur in Socken mit ihm kickte, aus Angst, er könnte kaputt gehen.

MERCEDES SEITZER-LIPP geb. Lipp, Friedrichshafen, zu Besuch bei Fam. Hungerbühler, Romanshorn:

Einer Zweikindfamilie entstammend, Vater schon aus der Gefangenschaft zurückgekehrt, waren meine Chancen, an einer der begehrten Fahrten in die Schweiz teilzunehmen, gleich null, obwohl die Not bei uns sehr groß war – hauptsächlich, was die Bekleidung und Schuhe für die immer größer werdenden Füße betraf. Wohnend in einem der wenigen stehen gebliebenen Häuser der zerstörten Altstadt von Friedrichshafen, beobachteten mich liebenswürdige Nachbarinnen, Frau Kitt vom gleichnamigen Kurzwarengeschäft und Fräulein Waibel, Postsekretärin. Ihnen war aufgefallen, dass ich bei Regen und Kälte entweder barfuß oder mit vorne aufgeschnittenen Schuhen herum lief. Zu kaufen gab es nichts, und so legten die beiden Frauen ein gutes Wort bei Pfarrer Robert Mayer ein, und so durfte ich ausnahmsweise auch in die Schweiz mitfahren. In Romanshorn wählte mich Frau Hungerbühler (meines Wissens betrieb ihr Mann eine Mosterei) aus, und dort wurde ich einen Tag verköstigt. Selbstverständlich bekam ich auch zum Abschied Lebensmittel und die begehrte Schokolade. Aber, zu meiner großen Enttäuschung, keine Schuhe für mich. Dafür ein Paar Hausschuhe für meine Mutter. Zu sagen, dass ich eigentlich wegen der Schuhe mitgedurft hatte, getraute ich mich nicht.

BERNHARD SPÄTH, Friedrichshafen:

Ich erinnere mich sehr gerne an den schönen Tag in Romanshorn.

HERMANN STAHL, Friedrichshafen, zu Besuch bei Fam. Güntert, St. Gallen:

Die Reise über den Bodensee in die Schweiz war für mich eine Reise ins Wunderland. ... Meine Gastgeberin Frau Güntert gestaltete für mich einen herrlichen, erlebnisreichen Tag. Einkaufen von Südfrüchten – ich hatte solche vorher noch nicht gesehen. Erwerben eines neuen Schuhpaars, dabei gab es eine unvorstellbar große Auswahl. Stadtbummel vorbei an tollen Schaufenstern. Für mich besonders beeindruckend die vielen bunten Kinderspielbälle, sie waren bei uns eine Rarität. Ein Besuch im Café, den meine Gastgeberin offensichtlich regelmäßig pflegte, brachte mir die erste Begegnung mit der berühmten Schweizer Patisserie (kleine, kuchenartige Stückchen) und mit Schokoladenmilch. Natürlich gab's für den Heimweg auch noch Schokolade. Und das, das war das Größte, eine Einladung zu einem mehrwöchigen Aufenthalt in St. Gallen während der Ferien.

Die Gastgeber von Hermann Stahl, das Ehepaar Güntert (links) mit seinen Kindern.

ERIKA STRITTMATTER geb. Sigloch, Baindt, damals Ravensburg:

Meine Mutter hatte mir ein Paar Schuhe angezogen, das meiner Schwester gehörte. In der Schweiz habe ich neue Schuhe bekommen. Meine Gasteltern wollten die alten dann wegwerfen. Aber irgendwie spürte ich schon damals, dass ich die alten Schuhe wieder heimbringen sollte. Meine Gasteltern konnten überhaupt nicht verstehen, dass ich die alten Dinger nicht hergeben wollte. Ich habe mich aber durchgesetzt. Reich beschenkt und mit neuen Schuhen kamen wir, meine Schwester und ich, zurück. Noch heute denken wir an den schönen Tag und sind der Schweiz dankbar.

ULRICH STOLL, Weingarten, zu Besuch bei Fam. Philippe in Zuben:

Im April 1946 trat auch ich, mit einer Nummer um den Hals und klopfenden Herzens, die Reise über den Bodensee an. Meine Mutter hatte mir noch in der Frühe einen schönen Strauß eben erblühter Forsythien geschnitten und oben in den Rucksack gesteckt. Er grüßte schon von weitem über meinen Kopf. Was wir nicht wussten: Meine Gasteltern, Familie Philippe in Zuben, hatten eine Gärtnerei mit Hortensienzucht. ...Zum Mittagessen gab es Kartoffelsalat und süße Saitenwürstle. Ich lernte auch noch, mir damals völlig unbekannt, salzige Butter kennen.

CHRISTINE STUCKENBROCK geb. Schöllkopf, Friedrichshafen, zu Besuch bei Fam. Brändle Romanshorn:

Meine Gastfamilie, Familie Brändle, kümmerte sich rührend um mich, und mit der Tochter verstand ich mich sofort sehr gut. Luisle war 15 Jahre alt, blond und hatte blaue Augen. Zu Fuß gingen wir vom Hafen zum Haus der Familie Brändle, und dort packte Luisle erst Mal einen ganzen Koffer voll mit Kleidern, die sie mir schenken wollte. Doch es sollte noch besser

Christine Schöllkopf (heute Stuckenbrock, li.) mit Schwester Elisabeth (re.) und der Gasttochter Luisle.

kommen: Ihre Mutter nahm mich mit in ein Konfektionsgeschäft – ich durfte mir etwas zum Anziehen aussuchen! Ich entschied mich für einen dunkelblauen Faltenrock mit weißen Pünktchen und eine weiße Spitzenbluse. Anschließend gingen wir in ein „Useco"-Geschäft, einen Schweizer Lebensmittelladen, und kauften Süßigkeiten für mich ein: Kekse, Schokolade, Bonbons, außerdem Zucker, Kakao und natürlich Ovomaltine. ...Nach unseren Einkäufen gingen wir wieder in das kleine, holzgetäferte Haus meiner Gastfamilie. Vor allem an den Garten, in dem mittags Kaffee getrunken wurde, kann ich mich noch gut erinnern: Überall waren bunte Blumen, und es gab eine riesengroße Pergola. Ich kam mir vor wie im Märchenland: Bei uns daheim war alles zerbombt und kaputt, hier war in meinen Augen alles wunderschön. ...Von nun an träumte ich immer wieder von der Schweiz. Sie war für mich so etwas wie das „Gelobte Land".

IRMGARD THOMA geb. Maurer, Friedrichshafen:

Ich durfte nach Amriswil. Leider kam mein „Päckli" abhanden.

GISELA TRAUTWEIN geb. Leschhorn, Leutkirch, früher Friedrichshafen, zu Besuch bei Fam. Früh in Arbon:

Wir hatten Hunger, keine Verwandten in Amerika, so gingen wir Kinder hamstern und zum Ährenlesen und aßen Kartoffelschalen, Rüben und Kleie. Wir verloren das fünfte Geschwisterchen und meine Mutter das rechte Bein bei einem Luftangriff. So war die Fahrt in die Schweiz ein ungeheures Erlebnis für mich. Ich war bei der lieben Familie Früh in Arbon zu Gast. Die Familie lebte damals selbst am Existenzminimum, weil der Vater die Familie verlassen hatte. So ernährte die fleißige Frau sich und die beiden Töchter mit Hilfe einer elektrischen Strickmaschine. So etwas hatte ich noch nie zuvor gesehen und fand das „Ungetüm" ungeheuer interessant. Zum Mittagessen gab es damals Butterhörnli mit viel Fett und St. Galler Bratwürste. Zum Nachtisch gab's Eis. Alles schmeckte mir vorzüglich, aber leider wurde mir danach schlecht, weil wir ja alle das Fett nicht mehr gewöhnt waren. ...Zum Kaffee gab's „Stückli", und es kamen einige Leute aus der Nachbarschaft, um das abgemagerte Mädchen mit den Zöpfen zu sehen. Alle brachten sie Geschenke mit. Reich beladen mit Kleidern, Esswaren und vor allem den heiß begehrten Zigaretten für den Vater kehrte ich am Abend mit dem Schiff nach Hause zurück.

ELISABETH UNTERWEGER geb. Burger, Sigmarszell, früher Lindau, zu Besuch bei Fam. Huber-Brändli in St. Gallen:

In St. Gallen war das Gedränge groß, bis jedes Kind mit seinen „Gasteltern" gehen konnte. Mich nahmen eine ältere und eine jüngere Frau – Mutter und Tochter – in Empfang. Es war die Familie Huber-Brändli in der Ruhbergstrasse 5. Mir wurde vieles gezeigt und viel zum Essen aufgenötigt. Die Guten wollten, dass das lange, dünne Kind satt wird. Herrlich schmeckte natürlich die Schokolade. Als ich den Sohn sah, war meine Verwunderung fast grenzenlos: Er sah meinem Vater sehr ähnlich, nur mein Vater war größer und etwas breiter. Meine Mutter bestätigte meinen Eindruck, als sie ihm das erste Mal begegnete. Mein Vater starb im April 1945 in Italien. Deswegen war für mich diese Begegnung auch schmerzlich. Ich weiß nicht mehr, ob wir Kinder einen oder zwei Tage zu Gast waren. Ich weiß nur, dass die Fenster geöffnet waren und das Glockengeläute der nahen „Stiftskirche" hereindröhnte und wir alle zu einem Gottesdienst in der Kirche waren. ...Die Stunden vergingen, und der Abschied nahte. Es machte auch traurig, das Paradies wieder zu verlassen. Jedes Kind bekam einen kleinen Stoffbeutel. Meiner hatte zum Inhalt: Nähzeug, Stick-Häkelgarn, Süßes. Seit dieser Zeit „begleitet mich" ein grünes Filzmäppchen für Nähnadeln, Fingerhut, Faden und so weiter.

Heidi Fehr aus Arbon widmet 1947 ihrer deutschen Spielkameradin Gisela Leschhorn (heute Trautwein) diesen Spruch und ein Bild der Schweiz.

Elisabeth Burger (heute Unterweger) 1949 mit ihrer Mutter zu Besuch bei ihrer Schweizer Gastfamilie.

Es ist mein Nadelkissen seit 1947! ...Wenn ich in den letzten Jahren nach St. Gallen kam, suchte ich im Klosterviertel nach der Ruhbergstrasse, ein ansteigender Weg. Ich war bisher nicht allein in St. Gallen und fand auch die Straße nicht. Ich denke, einmal werde ich in dieser Straße sein, in der ich so ein prägendes Erlebnis hatte.

UTE VOGEL, Berlin, früher Leutkirch:

Niemals werde ich diesen Geschmack auf der Zunge verlieren, wie ein schneeweißer Wecken mit einem Riegel (Schweizer!) Schokolade mundet. Solche Dinge hatte es bis dahin in meinem Leben – ich war gerade acht Jahre alt – noch nie gegeben. Das Tor zum Schlaraffenland, das ich aus den Märchen so gut kannte, war für mich fortan Lindau, jenseits davon über dem See am anderen Ufer lag das Land, wo es weißes (!) Brot und Schokolade gab und das man nur mit einem großen weißen Schiff erreichte. ...Diese Gefühle werden auch heute sofort wieder wach, wenn ich nach Lindau oder auf die andere Seite in die Schweiz komme.

DOROTHEE WALDBAUR, Wangen, damals Langenargen:

Wie wird es in der Schweiz wohl sein? Als wir ankamen, musste ich feststellen, dass sie dort auch in Häusern wohnten wie wir in Deutschland. Trotzdem war es für mich immer noch das Wunderland. ...In Erinnerung ist mir nur noch, dass ich gar nicht viel essen konnte, und in den Schüsseln war noch so viel vorhanden. ...Nach dem Essen nahmen mich die Kinder mit nach unten zum Spielen. Nicht in den Garten, wie ich vermutet habe, sondern in einen großen, weiß gekachelten Raum, in welchem große, gelbe Räder aufgestellt waren. Die Kinder mussten mir erst erklären, dass diese Räder Käse sind. Beim Verstecken konnte ich nicht mitmachen. Hinter etwas Essbarem sich verstecken, das darf man doch nicht, dachte ich. Die drei sprangen lustig zwischen den Käserädern hindurch, ich stand da und war sprachlos. ...Man wollte mir noch etwas kaufen: einen schönen Pullover, den ich mir gleich über mein Kleid gezogen habe, und ein Paar neue Halbschuhe. Es waren die schönsten, die es nur gab. Diesen Eindruck hatte ich. ...(Der Tag in der Schweiz) bleibt für mich immer „ein Tag im Wunderland".

HILDEGARD WEBER geb. Pfeiffer, Ravensburg, zu Besuch bei Fam. Keller, Hub:

Wir alle waren sehr nervös und harrten der Dinge, die da auf uns zukommen. In Romanshorn angekommen, ging es mit dem Zug nach St. Gallen, Gossau Endstation. ...Ich kam zu einer Familie Keller aus Hub. ...Es war ein unvergesslich schöner Tag, so viel Schönes und Neues, hauptsächlich das gute Essen, Schokolade und Obst – all das, was es bei uns zu Hause nicht gab. ...Diese paar Stunden gingen schnell vorüber, es war wie ein Traum. Ich wurde eingekleidet von Kopf bis Fuß, lauter warme Sachen, der Winter stand ja vor der Tür. Schuhe gab es auch noch für den Winter. Mein kleiner Bruder von drei Jahren wurde ebenfalls ausgestattet mit Kleidung. ...Schwer bepackt wie ein Nikolaus kam ich im Ravensburger Bahnhof an. Meine Eltern holten mich ab. Es war Weihnachten im September.

Dorothee Waldbauer (Mitte, mit Zöpfen), wie die anderen Kinder mit einem Nummernschild um den Hals, am Landesteg in Langenargen kurz vor Betreten des Schiffes.

DR. FRITZ WEIß, Bad Saulgau, damals Weingarten:

Am Schweizer Ufer wurden wir an einem Sammelplatz „sortiert" und nach mir unbekannten Kriterien auf verschiedene Leiterwagen verteilt, vor die ein Traktor gespannt war. ...Das Gefährt hielt immer wieder an, wo eine Gruppe Schweizer stand, die sich dann die Kinder vom Wagen aussuchen konnten, die ihnen für den Tagesaufenthalt am besten gefielen. ...Ich wartete lange, der Wagen wurde immer leerer. ...Als er zuletzt anhielt, hatte ich den Eindruck, dass man uns halt aufnimmt, weil nichts Besseres mehr übrig war. Darüber machte ich mir in den Tagen danach noch öfters Gedanken, ich bot halt eine dunkle, hagere und wohl finster-nachdenkliche Erscheinung. In dem Bauernhof, in dem ich landete, schaute ich mich erst mal um. Vor allem die Landmaschinen, Traktoren und Gerätschaften waren für uns interessant. ...Auf dem Schiff ...entstand ein Tauschhandel. Solch einer wurde mir zum Verhängnis. Der Junge hieß Kardosch, wohnte in einem Holzbarackenlager außerhalb der Stadt. ...Er bot mir einen Tausch an: ein Päckchen Zigaretten, das er als einen großen Schatz anpries, gegen ein 200 Gramm schweres Päckchen reinen Kakao. Mir schienen die Zigaretten viel attraktiver als der Kakao, ich wusste gar nicht, was Kakao ist. Aber Zigaretten, wie sie die „reichen" Franzosen rauchten, mussten schon etwas hergeben. Also tauschte ich und erzählte zu Hause meiner Mutter voll Stolz von meinem gelungenen Tauschhandel. Sie war außer sich vor Zorn. ...Ich fühlte mich wie ein Verbrecher an der Familie und war ganz froh, als mich meine

Nach ihrer Rückkehr werden die Mädchen und Buben in Friedrichshafen von ihren Eltern auf der Schweizer Brücke abgeholt. Im Hintergrund der zerstörte Hafenbahnhof.

Mutter energisch an der Hand packte und mit mir zum Barackenlager ging. ...Dann ging sie hinein und ich musste draußen bleiben. Es dauerte zehn Minuten, dann kam sie wieder heraus, nahm mich nun sanfter an der Hand, und auch an ihrer nun milderen Gemütslage wurde mir gleich klar, dass der Rücktausch gelungen war. Mir fiel ein Stein vom Herzen.

ANNELIESE ZAPF geb. Mutzel, Wasserburg/Hege, damals Lindau-Schachen, zu Besuch bei Fam. Frischknecht in Appenzell-Wald:

Ich weiß noch, dass es zum Nachtisch Meringen gab. Es war ein herrlicher Tag für uns Kinder. Später haben wir dann ab und zu Pakete bekommen. Es war jammerschade um die Orangen drin – sie waren faul geworden, weil die Pakete zu lange im Zoll lagen.

Auswahl der Zitate aus Briefen und Zusammenstellung: Hildegard Nagler

Gasteltern-Interview
mit Alice und Ernst Bissegger

„Uns ist das Ganze wirklich durch Mark und Bein gegangen“

Die meisten Schweizer Kinder haben keinen Kontakt mehr zu ihren Gasteltern. Einige haben sich auf die Suche nach ihnen gemacht. Sie mussten erfahren, dass ihre Gasteltern längst tot sind. Alice und Ernst Bissegger aus Amriswil haben über all die Jahre den Kontakt zu ihrem Schweizer Kind Kurt Pfund gehalten. Hildegard Nagler hat mit dem Schweizer Ehepaar gesprochen:

Sie haben Ihr Schweizer Kind Kurt Pfund nie aus den Augen verloren…

Alice Bissegger: Das stimmt, und das ist wunderbar. Ich hätte mir auch gar nie vorstellen können, ihn nicht mehr zu haben.

Schon damals nicht, als Sie ihn das erste Mal gesehen haben?

Alice Bissegger: Nein. Wir haben den Buben von der ersten Minute an ins Herz geschlossen.

Ernst Bissegger: Kurt war so brav. Man hat gleich gemerkt, dass er gut erzogen ist. Als Lehrer habe ich ja mit Kindern viel Erfahrung.

Sie hatten damals selbst drei Kinder, ein viertes ist später hinzugekommen. Auch in der Schweiz waren damals Lebensmittel rationiert, die Löhne waren sehr niedrig. Trotzdem haben Sie ein zusätzliches Kind aufgenommen.

Alice Bissegger: Das stand für uns nie in Frage, ich wurde so erzogen. Meine Mutter – sie hatte nur ein Bein – war eine religiöse Frau. Mit acht Kindern musste sie sehr sparen. Oft war fast kein Geld da, um ein rechtes Essen auf den Tisch zu bringen. Vagabunden, die es damals gab, wussten genau: Bei meiner Mutter gibt es immer etwas Warmes. Bei meinem Mann Zuhause war das ähnlich.

Manchen muss es aber trotzdem Überwindung gekostet haben, einen „Sauschwob“ einzuladen. Mir wurde von einem Schweizer Familienvater berichtet, der kein deutsches Kind ins Haus lassen wollte. Seine Frau und seine beiden Töchter haben ihn dann so lange bearbeitet, bis er sagte: ‚Dann macht doch, was ihr wollt.‘ Als der deutsche Bub da war, hat ihn der Schweizer wie seinen eigenen Sohn angenommen.

Alice Bissegger: Die Deutschen waren bei uns Schweizern in der Tat nicht sehr beliebt. Aber das war während des Krieges. Damals hatten wir große Angst – nicht vor den Deutschen insgesamt, sondern vor der Regierung, vor den Soldaten. Es hat ja immer geheißen: „Und die Schweiz, das Stachelschwein, nehmen wir beim Rückzug ein." Das war für uns alles andere als lustig. Nein, während des Krieges waren wir nicht gut auf die Deutschen zu sprechen. Die ganze SS, was die mit den Juden gemacht haben… Aber wie gesagt, das war während des Krieges. Danach war der Hass verflogen. Als die Kirche dazu aufgerufen hat, ein deutsches Kind für einen Tag aufzunehmen, haben wir ja gesagt. Wir hatten ja auch schon vorher ein Kind aufgenommen.

Aber nicht aus Deutschland?

Ernst Bissegger: Nein. Übers Rote Kreuz kam 1945 ein Belgierbub für ein Vierteljahr zu uns. Die Hilfsorganisation hat damals kleine Franzosen, Holländer und eben Belgier in die Schweiz zur Erholung gebracht. Der Bub war schon recht. Philippe war katholisch erzogen, ist in eine katholische Schule gegangen.

In Ihrer Stimme schwingt Enttäuschung mit…

Alice Bissegger: „Vous n'êtes pas de crétiens, seulement des protestants", hat er immer gesagt: Ihr seid keine Christen, nur Protestanten. Für ihn waren die Reformierten nichts. Solche Sätze hat er immer wieder gesagt, und das war schon hart für uns. Wobei: Am Schluss hat Philippe immerhin gesagt, dass wir eigentlich auch gute Leute sind.

Die Schweizer Gasteltern Alice und Ernst Bissegger mit ihrem Gastkind Kurt Pfund.

Ernst Bissegger: Wir haben nie wieder von ihm gehört. Wahrscheinlich war seine Mutter schockiert, dass er zu Protestanten gekommen war.

Obwohl Sie keine so guten Erfahrungen gemacht haben, ist der Aufruf, ein deutsches Kind aufzunehmen, bei Ihnen nicht auf taube Ohren gestoßen.

Alice Bissegger: Nein. Denn wir wussten ja, dass es den Deutschen wirklich sehr schlecht ging.

Sie wussten um die große Not, obwohl die Schweiz während des Krieges gewissermaßen eine Insel, zu den Nachbarländern abgeschottet war?

Alice Bissegger: Wir haben mit den Deutschen gefühlt. Krieg ist etwas Furchtbares. Ich weiß noch, ich glaube, es war 1943. Wir haben damals im Schulhaus in Mühlebach gewohnt. Es muss an einem Samstag gewesen sein – ich habe gerade auf meinen Mann gewartet, er sollte vom Militär heimkommen. Plötzlich höre ich ein Geräusch, das immer lauter wird. Ich bin rausgegangen und habe gesehen, wie ein alliierter Bomber in einer spiralförmigen Flugbahn immer mehr an Höhe verliert. Einer nach dem anderen ist mit seinem Fallschirm abgesprungen. Ich wusste damals: Ein solcher Bomber hat zehn Mann Besatzung. Als der Zehnte gesprungen war, dachte ich nur: O Gott. Der Bomber ist in einen Baum eingeschlagen, circa vier Kilometer vom Schulhaus entfernt. Unter dem Baum stand ein Kinderwagen mit einem Baby drin. Der Säugling wurde durch die Wucht des Aufpralls aus seinem Wagen geschleudert. Der Mann lebt heute noch. Was, fragte ich mich, wäre passiert, wenn der Bomber ins Schulhaus eingeschlagen hätte?

Ernst Bissegger: Wir haben ja auch die furchtbare Nacht zum 28. April 1944 miterlebt, in der Friedrichshafen bombardiert wurde. Damals haben wir plötzlich Bomber gehört. Es war ein furchtbarer Lärm. Der Schlafzimmerschrank im ersten Stock des Schulhauses hat zu wackeln angefangen. Wir haben gezittert, uns unsere kleine Tochter geschnappt und sind in den provisorischen Luftschutzkeller gerannt.

Alice Bissegger: Gesehen haben wir von dort nichts. Aber was wir gehört haben, ist uns durch Mark und Bein gegangen. Es hat in einem fort geknallt. Wir haben gewusst: Jetzt trifft es eine Menge unschuldiger Leute. Erst nach rund einer Stunde hat es Entwarnung gegeben. Da hat Friedrichshafen bereits lichterloh gebrannt. Der Himmel war blutrot.

Mir wurde von Eidgenossen berichtet, die sich das Bombardement von Dächern aus angesehen und gerufen haben: „Gebt's dene Sauschwoba."

Ernst Bissegger: Wir haben keine Schadenfreude empfunden, nur gedacht: Um Himmels willen, wenn es uns jetzt so gehen würde. Uns ist das Ganze wirklich durch Mark und Bein gegangen – obwohl wir nicht getroffen wurden. Halt, ich weiß von einer Ausnahme: Ein Mann, der in Kümmeratshausen, rund vier Kilometer von Amriswil entfernt, aufs Hausdach gestiegen war, um sich das Schauspiel anzuschauen. Der wurde vom Splitter einer Granate, welche die Deutschen abgefeuert hatten, getroffen und musste lange im Spital liegen.

Alice Bissegger: Am Morgen nach dem Bombardement haben wir bei uns im Schulhof Zeitungsfetzen aus Friedrichshafen gefunden. Das ist ja Wahnsinn, haben wir gesagt. Wie muss es da abgegangen sein!

Hat diese Nacht den Ausschlag gegeben, dass Sie ein deutsches Kind aufgenommen haben?

Alice Bissegger: Sie war sicherlich mit ein Grund dafür, aber nicht ausschlaggebend. Wir haben für Kinder immer ein Herz gehabt. Es war einfach klar: Wir wollen helfen. Ich glaube, die Kirchgemeinde hatte uns damals angeschrieben. Man durfte aussuchen, ob man ein Mädchen oder einen Buben haben will. Uns ist das gleich, haben wir gesagt. Bald hieß es: Ihr bekommt einen zwölfjährigen Buben.

Was haben Ihre Freunde und Bekannten dazu gesagt, dass Sie Kurt Pfund bei sich aufgenommen haben? Wurden Sie angefeindet?

Ernst Bissegger: Nein, überhaupt nicht.

Alice Bissegger: Unser Freundeskreis setzte sich damals aus Militärs und Menschen, die in Vereinen waren, zusammen. Verstehen Sie es bitte nicht falsch, aber das waren gediegene Leute mit ein bisschen Niveau. Außerdem war ja die Kriegsgefahr und mit ihr der Hass vorbei, als die Kinder eingeladen wurden. Wir haben ja nicht die aufgenommen, die den Krieg verursacht hatten.

Ein Schweizer Kind hat berichtet, dass es von seinen Gasteltern ausführlich nach der Rolle gefragt wurde, die seine Eltern während des Krieges spielten. Haben Sie sich über die politische Gesinnung der Eltern des Kindes Gedanken gemacht, das bei Ihnen zu Gast sein würde?

Alice Bissegger: Wir haben keinen Gedanken daran verschwendet, ob wir zum Beispiel das Kind eines SS-Mannes zugeteilt bekommen könnten. Es war auch klar, dass wir nicht danach fragen würden. Die Kinder konnten doch nichts dafür.

Wie wurden Sie auf die Ankunft der Kinder vorbereitet?

Alice Bissegger: Es hieß, wir sollten die Kinder nicht überfüttern, sie seien nicht an fettes Essen, an Desserts gewöhnt. Als Kurt zu uns kam, war er sehr dünn. Ich habe an jenem Sonntag wie immer gekocht, eben das, was wir uns leisten konnten. Der Junge hätte mehr verdient, habe ich mir damals gedacht. Zum Nachtisch zum Beispiel hatten wir nur Früchte aus unserem Garten. Wir hätten ja auch in eine Konditorei gehen und eine Torte kaufen können. Aber das war finanziell einfach nicht drin.

Kurt Pfund erzählt noch heute mit Begeisterung, dass Sie ihm einen grünen, selbst gestrickten Pulli geschenkt haben.

Alice Bissegger: Kurt war so überrascht. Ein paar Mal hat er nachgefragt, wie es sein kann, dass ihm der Pullover so gut passt. Dass er ihn behalten darf, konnte er fast nicht glauben. Dabei habe ich alle Pullover für meine Kinder gestrickt. Das war doch nichts Besonderes.

Schuhe haben Sie ihm auch geschenkt.

Ernst Bissegger: Das ist doch nicht der Rede wert.

Kurt Pfund wird es nie vergessen. Er durfte ja auch später ein Vierteljahr bei Ihnen bleiben.

Ernst Bissegger: Das war auch der Grund, warum uns schon damals der Abschied von ihm nicht so schwer gefallen ist. Wir hatten ihm schon an jenem Sonntag, als er das erste Mal bei uns war, gesagt, dass er uns längere Zeit besuchen soll. Wir wollten das über das Rote Kreuz organisieren, aber das war nicht möglich. Ein längerer Aufenthalt müsse in Deutschland veranlasst werden, hieß es. Ein gutes halbes Jahr hat es gedauert, bis die ganze Prozedur durch war. Wir haben uns dann riesig gefreut, als Kurt wiedergekommen ist.

Alice Bissegger: Die Kontakte zu Pfunds waren und sind eine Bereicherung unseres Lebens. Erst nach und nach ist uns durch die Briefe klar geworden, wie schlecht es ihnen ging. Dabei hat die Familie nie gebettelt. Einmal haben wir zu Weihnachten ein Paket nach Biberach geschickt. Drin waren Kerzen für Weihnachten und Schokolade. Es gab damals in ganz Biberach keine einzige Kerze.

Ernst Bissegger: Obwohl das Päckchen nicht mehr zu Weihnachten angekommen ist, hat uns die Mutter von Kurt einen rührenden Dankesbrief geschrieben. Das war so beschämend. Wir hatten doch nur Kleinigkeiten geschenkt.

Alice Bissegger: Immer, wenn wir mit einem Päckchen zur Post sind, mussten wir jedes Detail angeben. Für uns war das ziemlich peinlich. Aber für Familie Pfund haben wir es gern getan. Es ist schön, dass Verbindungen über den Bodensee durch die Kinder zustande gekommen sind.

Viele Verbindungen sind abgebrochen…

Alice Bissegger: Das ist schade. Aber Sie können sich sicher sein: So großen Eindruck wie diese Begegnung bei vielen Deutschen gemacht hat, so großen hat sie bei den Schweizern gemacht. Die Amriswiler zum Beispiel haben den Tag noch alle in Erinnerung – wahrscheinlich auch wegen der Not, die uns zuvor nicht bewusst war und die vielen schlagartig klar geworden ist. Was uns persönlich betrifft: Kurt hat vom ersten Tag an zu uns gehört, er hätte auch bei uns bleiben dürfen. Wir hatten immer Kontakt, haben miterlebt, wie seine Großmutter, seine Mutter und sein Vater gestorben sind. Mittlerweile kommen wir mit Familie Pfund nicht mehr ganz so häufig zusammen, weil wir nicht mehr so viel fahren. Aber eines ist sicher: Kurt und seine Frau Christel sind unsere Kinder. Sie werden immer zu unserer Familie gehören.

Ferienglück im Märchenland

„Und ich bin ihnen tief dankbar dafür, immer"

TAUBER-BISCHOFSHEIM

Nur lachende Gesichter gab es gestern

beim Abschied der 52 Ferienkinder (34 Mädchen und 18 Buben) auf dem Bahnhof in Tauberbischofsheim. Sie alle strahlten, denn das Christkind hat es mit ihnen besonders gut gemeint. Sie werden zwar zu Weihnachten nicht bei Vati und Mutti sein, dafür aber im Winterparadies der Schweiz, wohin sie für drei Monate zu Familien eingeladen wurden. Frau Becker vom Roten Kreuz begleitete den Kindertransport aus unserem ndkreis bis nach Heilbronn. Verlorengehen wird sicher keines, denn alle trugen um den Hals ihre „Kennkarte" mit einem großen Roten Kreuz, ihrem Namen und Heimatadresse. Foto: Hartmann

Maria Haber (zweites Zugfenster von rechts, vorne links), Sigmaringendorf, verabschiedet sich von ihrer Mutter.

Nicht alle Kinder hatten das Glück, von den Kirchengemeinden für die Fahrten ausgewählt zu werden. Froh war deshalb, wer selbst Schweizer kannte und von diesen privat eingeladen wurde. Die Hilfsbereitschaft der Eidgenossen war aber nicht auf einen Tag beschränkt: Viele Kinder wurden für die Ferien eingeladen. Hilfswerke übernahmen die komplette Organisation, brachten die Kinder in die Schweiz. Dort, im Schlaraffenland, wurden sie liebevoll wieder aufgepäppelt.

MARIA HABER geb. Wimmi, Sigmaringendorf:

Nach dem Krieg lebten wir in Wertheim a.M., und ich nahm von dort aus an der Kinderverschickung in die Schweiz teil. Ich kam zu einem Schweizer Architektenehepaar namens Mathieu, das in Fribourg lebte. Die beiden hatten eine Tochter, die Christine hieß, und einen Hund namens Pepita. Die Schule habe ich damals noch nicht besucht. Gut erholt kehrte ich nach drei Monaten zurück mit drei Puppen im Gepäck, die mir die Eheleute Mathieu geschenkt hatten. Leider brach der Kontakt danach ab. Ich selbst war zu jung zum Schreiben, und meine Eltern, beide Heimatvertriebene aus Ungarn, beherrschten die deutsche Sprache nicht.

MARIANNE KIRSTEIN geb. Czemper, Ellwangen, damals Eckernförde:

Die Schweiz – das war für mich einfach das Paradies.

ELKE E. KOKE geb. Meyer, Aalen, damals Konstanz-Wollmatingen:

Ich lebte in Konstanz-Wollmatingen und hatte das große Glück, mehrere Sonntage in einer Schweizer Familie in Stein am Rhein verbringen zu dürfen. Überglücklich und reich beschenkt kam ich abends nach Hause, neu eingekleidet, im Gepäck Südfrüchte, Schokolade und Spielzeug und in meine Schürzentaschen Zigaretten für meinen Vater eingenäht.

ERIKA LOH, Gengenbach:

Jeden Tag gab es Kakao zu trinken und immer helles, fast weißes Brot. Aufgrund meiner Unterernährung hatte ich kurz nach meiner Ankunft furchtbaren Durchfall. Die Familie dachte, ich muss sterben, so schlimm war es. Grund war natürlich die fette Kuhmilch, die ich anfangs nicht vertrug. Erst später hat sich mein Körper daran gewöhnt.

HELGA PFLEGHAAR geb. Caselofski, Aulendorf, damals Schleswig:

Ich lebe erst seit 1965 in der Ravensburger Gegend, aber auch in Schleswig-Holstein gab

Erika Loh mit ihrer Gastmutter.

es Kinder, die in die Schweiz fahren durften. ... Ich ging dort in die Schule und erlebte Weihnachten in einer richtigen Familie. ... Als ich im Februar wieder nach Hause musste, war das für mich das Schlimmste. Wenn ich die Wahl gehabt hätte, wäre ich ohne Zögern dageblieben. Meine Mutter merkte natürlich, dass ich großes Heimweh hatte.

MANFRED SAUTER, Friedrichshafen:

Am 24. Oktober 1948 war es dann soweit: Unter vielen anderen durfte ich, zusammen mit meiner Mutter, in die Schweiz. Bald, nachdem wir in Romanshorn dem Schiff entstiegen waren, hat meine Mutter Herrn Felix erblickt. Das Besondere für mich: Er hatte einen amerikanischen Pkw, Ford V 8. Mit dem fuhren wir nach Frauenfeld und am Abend wieder zurück. Es war ein herrlicher Tag, an dem es vieles gab, was ich gar nicht kannte.

DOROTHEA SCHUBERT geb. Imhoff, Eriskirch, damals Lindau:

Im Alter von fünf bis sechs Jahren durfte ich in die Schweiz. Zuerst fuhren wir nach Konstanz-

Manfred Sauter schreibt aus der Schweiz eine Postkarte an die Daheimgebliebenen.

Kreuzlingen. Dort wurden wir untersucht und „entlaust". Später ging es mit einer Kennnummer umgehängt mit dem Bus in die Schweiz. Ich kam nach Appenzell ...zu zwei älteren Damen. Sie hatten ein kleines, schönes Haus, waren lieb und gut zu mir. Täglich bekam ich etwas Gutes zu essen und meine erste Orange. Auch schöne Anziehsachen, zum Beispiel eine Kittelschürze. Eigentlich sollte ich glücklich sein. Aber ich war sehr einsam, ein kleines, schüchternes, zartes Mädchen in der Fremde. Es waren keine Spielgefährten für mich da.

...Nach einiger Zeit sagte man zu mir, ich dürfte jetzt woanders hin, zu Tieren. Und so war es. Ein altes Geschwisterpaar, eine Frau und ein Mann mit Runzeln im Gesicht und abgearbeiteten Händen, nahmen mich mit auf ihre Alm hoch oben im Appenzellerland. ...Die alten Leute bemühten sich um mich, aber das Heimweh und die Einsamkeit taten weh. Immer, wenn es ganz schlimm wurde, durfte ich mit zum Einkaufen und Brot holen. Es war weit zu laufen, aber von dort aus konnte ich meinen geliebten Bodensee sehen. Da liefen die Tränen über die heißen Backen und die Nase auch. Mit Genehmigung der Schweizer und deutschen Behörden durfte ich etliche Wochen bleiben. Denn ich war stark unterernährt.

HERTHA SCHWEIZER geb. Herr, Laucherthal, damals Sigmaringendorf:

Ich kam durch das Deutsche Rote Kreuz zu meiner Großmutter und zu Patenonkel und Patentante nach Zürich. Wir fuhren mit dem Zug über Tuttlingen nach Kreuzlingen. ...Dort angekommen, wurden wir in verschiedene Baracken eingeteilt. Alle Kinder mussten sich baden, die Haare waschen und nach Läusen absuchen lassen. Das gefiel mir dann weniger. ...Ulla musste Richtung St. Gallen und ich nach Zürich. Meine Schwester hat sich gewehrt und geschrien, sie wolle bei mir bleiben. Ich nahm ihr die Karte ab, die sie um den Hals hängen hatte, mit einer Nummer drauf, und steckte sie in meine Tasche. Wir taten so, als hätte sie ihre Karte verloren. Die Pflegerin schaute ein bisschen komisch, als sie sah, dass meine Schwester ihre Karte nicht mehr hatte. „Was soll ich jetzt mit dir machen?", fragte sie. Ich antwortete ihr, ich würde Ulla mit zur Großmutter nach Zürich nehmen.

Krista Trüb geb. Künstner, Abtwil (Schweiz), früher Stuttgart:

Damals war ich acht Jahre alt. Von uns vier Geschwistern war ich das magerste und darum wurde ich vom Gesundheitsamt Stuttgart „auserwählt". Unsere Mutter hat uns alleine und tapfer durch den Krieg begleitet. ...Mein Vater kam schwer verwundet aus Krieg und Gefangenschaft zurück. Die Vorbereitungen und die Reise waren lang, und ich habe sie nicht in guter Erinnerung, zum Beispiel eine peinliche Gesundheitsuntersuchung an der Grenze, fremde Menschen, fremde Kinder im Zug und die Ungewissheit, was mich erwarten würde. ...Mein Aufenthalt war in Rorschach: direkt am Bodensee, in einem riesigen Park mit alten Bäumen und großem Gemüsegarten, einer wunderschönen Villa und einem Bootshaus. Der Name faszinierte mich: „Mariatal". Meine Pflegefamilie wohnte in einem bescheidenen Nebengebäude. ...Der Vater hatte eine Werkstatt, wo er für mich extra schöne lange Holzspäne hobelte und ich begeistert zuschaute, wie Puppenköpfe, Schmuck und Gebrauchsgegenstände entstanden. Es wurde viel gesungen und musiziert und es gab immer viel Gutes zu essen. ...Ich glaube, ich war mit einer Kartonschachtel mit etwas ärmlicher und oft geflickter Wäsche angereist. Nach Hause fuhr ich mit vielen wunderbaren Kleidern und Schuhen, auch für meine Geschwister. ...Mehr als meine eigenen Eltern waren meine Pflegeeltern Vorbild für mich. ...Und ich bin ihnen tief dankbar dafür, immer.

Auswahl der Zitate aus Briefen und Zusammenstellung: Hildegard Nagler

Wie der eigene Sohn

„Der Bub isch üs"

Maria (Melia) und Willy Bommeli.

Maria Bommeli ist am Telefon. „Sie möchten etwas über unseren Kleinen wissen? Kommen Sie nur." Die alte Dame in St. Gallen-Teufen hat auf den Gast gewartet, begleitet ihn vier Stockwerke hoch. Ihr Mann ist vor zwei Tagen gestürzt, der linke Arm und die Schulter sind gequetscht. „Wäre das nicht passiert, hätte ich ja nichts zu jammern", meint er trocken. Der Schalk blitzt dem alten Mann aus den Augen. Die beiden freuen sich riesig über den Besuch. Als der Name „Heinz" fällt, strahlen Maria und Willy Bommeli übers ganze Gesicht. „Der Bub", sagen sie, „isch üs."

„Mein Mann Willy hat Lotti gleich ins Herz geschlossen. Lotti ist die Schwester von Heinz. Nein, das Mädchen war nicht in unserem Hause Gast – sie war beim Bruder meines Mannes, bei Fritz Bommeli –, die Familie hatte sich auf den Aufruf hin gemeldet, man möge ein deutsches Kind für einen Tag bei sich aufnehmen. Wir wussten, dass Lotti in Langreckenbach bei Fritz war. Also haben wir für sie ein Päckchen gepackt und es ihr mitgebracht. Ich erinnere mich noch, dass wir Bananen reingepackt hatten. In eine hat Lotti reingebissen, ohne sie vorher zu schälen. Orangen und Schokolade haben wir ihr auch geschenkt. Lotti hat sich damals sehr gefreut. Sie hat uns erzählt, dass sie fünf Geschwister hat. Das Mädchen – es war ganz schmal und blass – hat uns die Adresse der Familie Hilbert in Weingarten aufgeschrieben. Spontan hat mein Mann gesagt: Da fahre ich hin.

Zuerst ging er auf die Bodensee-Messe in Friedrichshafen, dann ist er mit dem Zug nach Weingarten gefahren – obwohl wir damals überhaupt nicht wussten, kann man weggehen, darf man weggehen. Wie würde es mit den Franzosen gehen? Irgendwie wusste ich, Willy würde durchkommen.

Das ist er dann ja auch. Jedenfalls hat er zuerst in Ravensburg Blutersatzwurst gegessen und ist dann zu Familie Hilbert nach Weingarten gegangen. Die Hilberts haben sich sehr über seinen Besuch gefreut, hat mein Mann nachher erzählt. Vor allem ein Junge ist ihm kaum von der Seite gewichen. Der war ganz mager, blass, fast schon gräulich. Als mein Mann zurückkam, hat er gesagt: „Zu uns kommt der Bruder von Lotti in Ferien."

Wir haben damals in St. Gallen-Lachen gewohnt. Ich bin aufs Rathaus und habe gefragt, ob ein 13- oder 14-jähriger Junge – ich wusste damals gar nicht genau sein Alter – zu uns kommen darf. Die Behörde hat gleich zugestimmt. Hätte ich vorher von dem Aufruf gehört, dass man Kinder aufnehmen soll, hätten wir uns selbstverständlich gemeldet. Aber wir waren ja beide berufstätig. Heinz war zwar als Schweizer Kind einen Tag lang in der Schweiz, in Güttingen, aber das war nur ein einziges Mal.

Als wir ihn dann eingeladen hatten, ist der Bub mutterseelenallein von Weingarten mit dem Zug nach Friedrichshafen gefahren und von dort mit der Fähre nach Romanshorn. Dort haben wir ihn mit unserem kleinen Auto, einem Opel, abgeholt. Wir wissen es noch heute zu schätzen, dass die Mutti von Heinz uns ihren Goldschatz gegeben hat. Und dass auch sein Vater zugestimmt hat – wir haben keine eigenen Kinder.

Melia hat mich der Bub gerufen, wie es auch mein Mann tut. Er ist für Heinz noch heute der Willy. Der Junge hat sich bei uns in dem Zweifamilienhaus, in dem wir gelebt haben, gleich wohlgefühlt. Er hatte ein eigenes Zimmer mit fließend Wasser. Wir haben ihm Bratwurst und Bürli gegeben. Am Anfang hat er das Essen nicht gut vertragen – der Bub war ja an Fett gar nicht gewöhnt. Mit der Zeit ist es glücklicherweise besser geworden – wir haben ihm auch extra gute Sachen hingestellt.

Fast jedes Wochenende ist er Samstagfrüh zu uns gekommen und Sonntagabend wieder gefahren, die Fahrten haben wir natürlich für ihn bezahlt, die Familie hatte schließlich für so etwas kein Geld. Zur Schule ging Heinz nicht bei uns. Wenn er aber in den Ferien bei uns war, ist er jeden Tag um zehn Minuten vor zwölf losgezogen und hat meinen Mann abgeholt – der hat damals als Garagenchef bei der PTT Telefongarage in St. Gallen gearbeitet. Ich habe als Maß-Konfektions-Zuschneiderin gearbeitet und war schon um 11 Uhr zu Hause. Wenn die beiden kamen, stand das Essen schon auf dem Tisch. Heinz durfte auch mit mir ins Geschäft in die Maßkonfektion. Wir saßen am selben Tisch, ich habe gearbeitet, er hat mit Stofffetzen und Schnittmustern gebastelt. Der Junge war in unserem Betrieb sehr beliebt – wir hatten immerhin 16 Fräulein und einen Herrn. Zwei Mal hat ihn der Chef sogar mit nach Zürich zur Modenschau genommen. Dort durfte der Kleine im Auto bleiben, wenn der Chef die Kollektion vorgeführt hat. Der Chef hat ihm auch mal ein bisschen Trinkgeld zugesteckt, weil der Bub ihm so fleißig und bereitwillig geholfen hat.

Mit meinem Mann hat Heinz viel gebastelt. Die beiden haben sich schon fast Konkurrenz gemacht – wir hatten eine Werkstatt unter dem Dach. Wir haben heute noch Sachen, die Heinz auseinander genommen, aber nicht mehr zusammengesetzt hat. Die alte Uhr zum Beispiel, aber die kriegt er später sowieso. Vor allem Holz hat der Kleine geliebt, da war er schon immer sehr geschickt. Er hat wunderbar geschnitzt. Das Präzise lag ihm schon damals. Heute arbeitet er ja als Architektur-Modellbauer.

Wir hatten eine wunderschöne Zeit zusammen, sind zum Beispiel zusammen in Ferien nach Italien gefahren. Als ich mal wegen meiner Schilddrüse ein paar Wochen lang erkrankt

Der Reisepass von Heinz Hilbert.

war, hat der Kleine im Gang für mich mit der Okarina gespielt. Später haben wir ihm eine eigene gekauft – die alte war von der Großmutter meines Mannes, und die wollte er gerne behalten.

Während der Woche haben wir ihn vermisst – das Bettle war so leer. Wir haben uns dann immer riesig auf seinen nächsten Besuch gefreut. Mit meinem Mann hat er ja so viele Dummheiten gemacht. Das fällt mir jetzt wieder ein, wenn ich so erzähle.

Natürlich habe ich auch für ihn genäht – schöne Jacken. Schöne Manchester-Hosen hatte er schon an, als er zu uns kam. Wenn etwas nicht korrekt war, haben wir es ihm halt gekauft.

Heinz hat sich im Gegenzug auch sehr Mühe gegeben. Er hat schöne Sachen für uns geschnitzt und auch Schals für uns gewoben. Wir sind später oft nach Weingarten gefahren. Die österreichischen Zöllner haben uns mit unserem Opel mal angehalten. Als sie gesehen haben, was im Auto war – alles Sachen, die wir entbehren konnten –, haben sie gesagt: Das könnten die Menschen hier auch sehr gut brauchen. Nein, haben wir gesagt, das geht nach Dütschland.

Wir haben den Kontakt zu Heinz nie verloren. Heute lebt er in Heilbronn, schaut immer wieder vorbei, ruft uns an und wir ihn. Ab und an treffen wir ihn in Friedrichshafen – da fahren wir sowieso gerne hin. Heinz hat eine sehr liebe Frau gefunden. Auch wenn er jetzt weit weg wohnt, ist er immer in unserem Herzen. Er isch üs."

Maria (Melia) Bommeli
St. Gallen-Teufen

Protokoll: Hildegard Nagler

„Meine Geschwister waren nicht neidisch"

„Mein Vater wurde 1939 beruflich nach Ravensburg versetzt – wir haben vorher in Breslau gewohnt. Meine fünf Geschwister und ich sind in Weingarten aufgewachsen. Wir haben uns sehr gefreut, als uns Willy Bommeli das erste Mal besucht hat. Als er mich eingeladen hat, in Ferien zu kommen, habe ich gleich ja gesagt. Melia und Willy haben mich mit ihrem Opel abgeholt – der war genauso alt wie ich, und ich bin 1937 geboren. Meine Geschwister waren nicht neidisch, dass ich so oft in die Schweiz durfte. So etwas gab es damals nicht. Wir hatten eine richtig familiäre Atmosphäre. Wenn einer profitieren konnte, dann haben alle profitiert."

Heinz Hilbert,
früher Weingarten, heute Heilbronn

Protokoll: Hildegard Nagler

Briefe aus der Schweiz

Schwierige Suche

Viele Schweizer Kinder suchen heute noch ihre Gasteltern oder deren Kinder und Kindeskinder – aus verschiedenen Gründen ist der Kontakt sehr oft abgebrochen. Manche wissen noch die Namen, wenige können sich an Adressen erinnern. Ein Aufruf, der im „St. Galler Tagblatt" veröffentlicht wurde, brachte das folgende Ergebnis.

TRUDI BUFF-SCHWARZER, Uzwil:

Ich wohnte damals mit meinen drei Geschwistern, unserer Mutter und dem Stiefvater in Rorschach und kann mich noch gut erinnern, wie damals das Schiff im Rorschacher Hafen ankam. ...Wir waren alle sehr gespannt, welches Kind zu uns kommen würde. Es kam ein kleines Mädchen (das heute etwa gegen 60 Jahre sein müsste), sie nannte sich Waltraud Wegele und war sehr schüchtern. Wir gingen mit ihr nach Hause, wo sie alles bestaunte und froh war, dass wir ihr alles zeigten und ein gutes Essen auf dem Tisch war. Am Nachmittag gingen wir mit Waltraud in die Stadt und meine Mutter kaufte ihr noch ein Paar neue Schuhe, obwohl wir auch sehr arm waren und selten neue Schuhe bekamen. Aber wir freuten uns mit Waltraud und hatten viel Spaß damit, weil sie die Schuhe bestaunte, als ob es das Christkind persönlich wäre.

ROSA KOSTER-SCHULER, Arnegg:

Ich stamme aus einer Großfamilie aus Schwyz. Wir hatten in der Zeit zwischen ca. 1950 und 1958 dreimal Ferienkinder aus Deutschland. Heinz Becks, der erste Knabe, meinte mal beim Vesperessen, als es gedörrte Birnenschnitze gab: Ah, kann man diese essen, mit diesen haben wir Ball gespielt in Deutschland.

Auch vom zweiten Knaben, Christian Fuchs, blieb mir eine Episode in Erinnerung: Beim Morgenessen gab es frische Butter. Da weigerte sich Christian mit den Worten: Bauernbutter esse ich nicht, das will ich nicht, und das mag ich nicht! Da fragte ihn mein Vater: Warum bist du dann in die Schweiz hineingekommen, um die armen Bergbauern abzufressen? Da antwortete ihm Christian: Aber Herr Schuler, ich esse doch keine Berge! Darauf erfuhren wir von seiner Schwester, welche im Dorf Schwyz bei einer Bankfamilie Ferien machte, sie hätten mal so schlechte Butter von einem Bauern in Deutschland gegessen. Darum diese Reaktion von Christian. Er hat die Butter später auch gegessen.

Der dritte Ferienknabe hinterließ mir ebenfalls einen Ausspruch, den ich bis heute nicht vergessen habe. Dieter Busch durfte bei uns die zweite Klasse besuchen und somit die Erstkommunion empfangen. Zu diesem Festtag backte meine Mutter einen Kuchen für den Zvieri. Zu Mittag gab es ein feines Essen, und unserem Feriengast schmeckte es ausgezeichnet. Er meinte: Ah, mein Bauch verplatzt. Wann gibt es die Torte?

MARGIT KOLLER, St. Gallen:

Wir erhielten etwa 1946 am Bahnhof in St. Gallen einen Knaben im Alter von zehn oder elf Jahren. Er hieß Franz Brugger oder Bruggmann und war ein Jahr jünger oder älter als ich, also Jahrgang 1935 oder 1937. Auch er hatte so ein Nummernschild um den Hals. Seine Kleider und Schuhe sahen so armselig aus. Alles war zerrissen und defekt. Wie rannte ich nach der Schule nach Hause und freute mich auf den Besuch, auf den Jungen aus Friedrichshafen! Meine beiden Brüder und meine Schwester waren um viele Jahre älter als ich. In Franz sah ich einen Bruder, mit dem ich hätte etwas anfangen können. Franz blieb allerdings nur sehr kurz bei uns. Ich kann mich noch gut erinnern, wie sich meine Eltern um

Franz kümmerten. Da er unterernährt war, durfte man nicht allzu viel Essen auf einmal geben. Meine Mama badete Franz, dann gingen wir mit ihm zum Coiffeur. Dann war er so sauber und geschniegelt, dass man ihn am Schluss kaum mehr kannte. An jenem Tag, als Franz bei uns war, gab es mein Lieblingsessen: Kartoffelstock, einen Schweinsbraten mit feiner Sauce, Gemüse und Nachtisch. Was es als Dessert gab, weiß ich heute nicht mehr. Ich vermute aber, es war eine feine Schokoladencrème. Mit Franz mussten wir dann leider schon wieder auf den Bahnhof St. Finden. Er war schwer beladen mit Geschenken, Schuhen, Kleidern, Esswaren, Seifen, Schuhbändeln, Zündhölzern. Er hatte einfach alles bei sich, was damals schwer käuflich war. Ich war traurig, dass Franz schon so schnell wieder nach Hause musste. Wie oft dachte ich an ihn. Er gab uns leider nie ein Lebenszeichen. Meine Mama war sehr glücklich, dass sie einem deutschen Kinde Gutes tun konnte. Mama verstarb dann leider bald im September 1948.

Horst Teistler in der Schweiz.

KLARA STREIFF-TOBLER, Rehetobel:

Ich erinnere mich, dass Horst Teistler, geboren am 17. Juli 1938, für ein Wochenende zu uns kam. Später verbrachte er auch die Sommerferien bei uns. Besonders dieses „Trete-Auto" meines jüngeren Bruders hatte es ihm angetan. ...Der Krieg hat uns doch sehr bedrückt, obwohl es uns ja noch gut ging. Wir hörten nachts die Bomber und überall war es stockdunkel.

MARGRIT ZINGG-ERNI, Amriswil:

Wir, Familie Melchior Erni, hatten auch zwei Kinder für einen Tag. Das Mädchen hieß Aloisia und war zehn- bis elfjährig, hatte einen etwas jüngeren Knaben dabei, wahrscheinlich seinen Bruder, und kam aus Ravensburg. ...Unsere damalige Anschrift war Alkoholdepot, Egnacherweg, Romanshorn. Was wir noch genau wissen: Unser Vater hat den Kindern ihre Schuhe beschlagen, für längere Haltbarkeit.

Auswahl und Zusammenstellung der Briefe: Hildegard Nagler

Briefe aus Deutschland

Entwurf gef./Wa.

Bürgermeisteramt
der Stadt Ravensburg

15. September 1947

1.) **An die**
Gemeindeverwaltung
G o s s a u b. St.Gallen

Sehr geehrter Herr Gemeindeammann !

Wohl behalten und reich beschert sind die 250 Kinder aus dem Kreise Ravensburg, darunter 15o Kinder aus hiesiger Stadt, am Samstagabend zu ihren Eltern zurückgekehrt.

Es ist mir ein Bedürfnis, mich zum Sprecher der Eltern dieser Kinder zu machen und Ihnen und allen gastfreundlichen Familien und Einwohnern Ihrer so schönen Gemeinde herzlichst für die gezeigte Liebe und Hilfe zu danken. Es wird den Kindern ein unvergessliches Erlebnis bleiben, auf so schönem Schiff über den Bodensee und mit so sauber ausgestatteten Sonderzugswagen gefahren zu sein. Aber all diese Eindrücke werden zurückgedrängt durch die Gastfreundschaft und die bezeugte Sorge um die notwendigsten Bekleidungsgegenstände und Schuhe, welche in ihrer natürlichen Herzlichkeit uns allen tief ans Herz ging.

Die Gemeinde hat die Begleitpersonen in liebenswürdiger Weise als ihre Gäste bewirtet und ihnen alle Aufmerksamkeiten erwiesen. Auch dafür spreche ich Ihnen den herzlichsten Dank aus.

Ich bitte, diesen Dank insbesondere auch auf Herrn Hans Knellwolf, Ihren Stellvertreter, den Herrn Gemeindesekretär Braun, den Herrn Leiter des Hilfswerkes und all' die Damen und Herren, die sich persönlich in die Organisation und die Arbeit der Durchführung des Tagesbesuches geteilt haben, auszudehnen.

\- Die Stadtverwaltung Ravensburg würde sich freuen, wenn sie Sie und die Herren und Damen des Hilfsausschusses gelegentlich hier begrüssen könnte.

Mit freundnachbarlicher Begrüssung und mit dem Ausdruck vorzüglicher Hochachtung verbleibe ich

Ihr sehr ergebener

Oberbürgermeister

Dankesbrief des Ravensburger Oberbürgermeisters Dr. Albert Sauer an den Gemeindeammann von Gossau.

„Das Glück und die Dankbarkeit überall sind so groß“

Die Freundschaften, die an jenen Sonntagen zwischen Deutschen und Schweizern geschlossen wurden, hielten oft lange Zeit. In überschwänglichen Briefen dankten die Deutschen nach den Fahrten den Eidgenossen.

Isny, den 27. Oktober 1947

Sehr geehrte, liebe Familie Guyer!

Ganz glücklich, gesund und vollzählig kletterten und purzelten gestern abend um 1/2 10 Uhr Kinder und Pakete aus den Kraftwagen in die Arme der Mütter, Tanten und Großmütter. Das Glück und die Dankbarkeit überall sind so groß, daß es mit Worten nicht auszudrücken ist und oft nur feuchte Augen eine allzu deutliche Sprache reden. Immer wieder taucht im Pfarrhaus jemand auf, der sich noch extra bedanken will, und unterwegs wird man auf Schritt und Tritt angehalten, weil jedes seiner Freude Ausdruck geben will. Eine meldete sich Zuhause an mit dem Ruf durchs ganze Haus: „Jetzt kommt der Schweizer Weihnachtsmann!“

Am Zoll wurden etliche Pakete aufgemacht und durchgesehen und wieder zugeschnürt, darunter auch das kleinere meiner Pakete. Aber, wie gesagt, es ging alles gut. Ich selber habe mir nach Ankunft in meinem Zimmer einen Gabentisch aufgebaut und jedes einzelne Stück nochmal in die Hand genommen und mich über all die viele unverdiente Mühe und Liebe innig gefreut und viele liebe Grüße und Segenswünsche nach Gossau wandern lassen. ...Fürs ganze Leben wird uns dieser Tag eine schöne Erinnerung bleiben, weshalb ich Ihnen nochmals viel herzliche Dankesgrüße sende.

gez. Olga Reiser
Betreuerin einer Mädchengruppe
bei der evangelischen Kirchengemeinde Isny im Allgäu

LINDAU, den I. Nov. 1947

Sehr geehrte Familie TOBLER !

Sie werden uns gewiß zürnen, daß wir Sie so lange ohne Nachricht lassen, und bitten wir Sie, uns diese Unkorrektheit zu entschuldigen. Viel Arbeit war zu tätigen; das Holz für den Winter mußte geschlagen werden, die Kartoffeln waren einzukellern, einen kleinen Obstvorrat mußten wir uns anlegen und zu allem kam noch große Wäsche. Tüchtig rühren mußten wir uns; denn die ganze Versorgung sind ja bei uns Probleme! Lauferei, Scheererei, Ärger und was der netten Dinge alles sind, hat man im Übermaße durchzukostenbis man sein bißchen Zuteilung unter Dach hat.

Doch mit diesen unseren Sorgen will ich Sie nicht weiter aufhalten, sondern Ihnen etwas von unserm Horst erzählen. Wir hatten viel Mühe, den Jungen zu beruhigen, nachdem er sich von Ihnen verabschiedet hatte. Er konnte es nicht fassen, nun wieder zu seinen Eltern zurückzumüssen. Zu gut hatte es ihm bei Ihnen gefallen und unter Schluchzen erzählte er uns von der Familie Tobler, die so gut zu ihm war und ihn wie ein eigenes Kind behandelt hatte. Das Alles sollte nun vorbei sein. Es bedurfte meiner ganzen Überredungskunst, dem Kleinen begreiflich zu machen, das auf der Welt nichts von Dauer ist und gerade die schönen Stunden und Zeiten immer am schnellsten vorübergehen. Auf der ganzen Schiffsüberfahrt war er noch traurig und erst zu Hause beruhigte er sich etwas, als er die mitgebrachten Sachen auspacken und verteilen durfte. Wir waren ja wirklich ganz erstaunt, liebe Familie Tobler, was Sie Horsti alles mitgegeben haben! Dafür kann man ja gar nicht genug Worte des Dankes finden! Welcher Sorge sind wir nun enthoben durch die gute Kleidung und das Schuhwerk für den Kleinen. Und all die anderen Nützlichkeiten kommen uns so gut zu statten.

Horst geht nun wieder zur Schule und muß fleißig lernen; denn es gibt für ihn viel nachzuholen. Als erstes mußte er einen Aufsatz über seinen Schweizer Aufenthalt machen. Da gab es ja nun viel zu schreiben. Jetzt nimmt ihn die Schule wieder ganz in Anspruch. in seiner freien Zeit erzählt er aber immer von den schönen Tagen, die er bei Ihnen verleben durfte. Die schöne frische Farbe und die runden Bäckchen die er von der Schweiz mitbrachte, verlieren sich so langsam.

Dankesbrief der Eltern von Horst Teistler an die Schweizer Gastfamilie Tobler.

Ich möchte nun Ihnen, sehr geehrte Familie Tobler, für all das, was Sie unserm Jungen und uns gutes getan haben, meinen herzlichsten Dank aussprechen. Es wäre mein innigster Wunsch, daß wir einmal wieder in die Lage kämen, uns für die erwiesenen Wohltaten erkenntlich zeigen zu können.

Ihnen allen alles Gute wünschend, verbleibe ich mit den wärmsten Grüßen

Ihr dankbarer

Walter Tüttler

Meine liebe Familie Tobler!

Auch ich möchte nicht vergessen Ihnen meinen innigsten Dank auszusprechen für die gute Pflege die sie unseren Horst haben zuteil werden lassen. Wie sehr ich mich über den herrlichen Anzug und über die schönen Schuhe gefreut habe, können Sie sich garnicht vorstellen. Horst ist auch ganz stolz darauf und erzählt immer noch von der Schweiz, wie schön es dort war. Am meisten hat es ihm die Kläri angetan, da erzählt er immerzu von. Riesig habe ich mich über den Kaffee gefreut, denn so eine Tasse guten Kaffee hab ich schon lange nicht mehr getrunken. Dafür also, meine liebe Frau Tobler, einen ganz besonderen Dank. Auch Dochtor Huber läßt für die gute Zahnpasta und die Maschinen-Nadel herzlich danken. Auch freue ich mich, daß ich Sie, liebe Frau Tobler, habe kennen gelernt, so weiß man doch wenigstens an wen man schreibt. Horst erzählte, daß Sie einige Bilder von den Kindern gemacht haben. Da würden wir uns ja sehr freuen, wenn Sie uns davon einige schicken würd.

Einen recht schönen Gruß auch an die Schwester von Ihnen, liebe Frau Tobler.

Denn die Kläri, Hedi, Elsbeth und Willy, wovon Horst ja immerzu erzählt, möchten wir ja gern kennen lernen. Nun meine liebe, liebe Frau Tobler will ich mich nochmals für alles von ganzem Herzen bedanken und lasse Sie und Ihre werte Familie auf das herzlichste grüßen.
Ihre Frau Tüttler.

I.Evang. Stadtpfarramt I s n y (Allgäu) , den 31. Oktober 1947.
Württemberg - Franz.Zone.

An das
Evang. Pfarramt

F l a w i l
Kt. St. Gallen - Schweiz.

Sehr geehrter, lieber Herr Pfarrer!

Obwohl ich am letzten Sonntag nicht selbst in Flawil war, sondern mit dem Rest der Isnyer Kinder in Gossau, drängt es mich, auch Ihnen von hier aus aufs herzlichste für die so überaus freundliche Aufnahme zu danken, die unsere Isnyer Kinder in Ihrer Gemeinde erfahren durften.

Die Reise war für die Kinder ein großes, unvergeßliches Erlebnis - wie eine Fahrt in ein Märchenland. Schon das blitzblanke Schiff mit seiner tadellosen Ausstattung, der wohlschmeckende Empfangsgruß an Bord in Form eines süßen Weckens und einer Schokoladenstange, die sauberen Eisenbahnwagen mit ihren intakten Fensterscheiben und ihrem elektrischen Licht, die Schaufenster mit ihren Auslagen, die schönen Autos, das volle Geläute der Kirchenglocken, die Lichtreklame am Abend, die Selbstverständlichkeit, mit der man ohne Bezugscheine und Gänge auf das Wirtschaftsamt etwa ein Paar Schuhe kaufen kann, das alles schon rief bei den Kindern Staunen und Entzücken hervor. Den Höhepunkt bildeten begreiflicherweise die Geschenke, an denen sie sich gerne abschleppten und von denen sie mir mit großer Freude und Begeisterung gleich in der Eisenbahn erzählten. Erwartungsvoll wurden die Kinder am Abend in Isny von ihren Angehörigen auf dem Marktplatz, wo wir pünktlich und wohlbehalten eintrafen, empfangen und daheim ging es dann trotz der vorgerückten Stunde noch an ein ungemein fröhliches und von vielem Erzählen begleitetes Auspacken. Eine Reihe von Kindern unserer Diasporaorte verzichtete auf das für sie bereitgestellte Nachtquartier in Isny, weil sie es nicht erwarten konnten, bis sie daheim ihre Kostbarkeiten zeigen konnten. In den Häusern der Kinder sah es an diesem Abend aus wie an Weihnachten nach der Bescherung. Verschiedene Eltern haben es ausgesprochen, wie Ihnen angesichts der reichen Gaben, die ihre Kinder empfangen haben, die Tränen gekommen seien.

Dankesbrief des Isnyer Stadtpfarrers Gerhard Schlack an die Evangelische Kirchenvorsteherschaft in Flawil.

II

Wenn auch die Kinder, wie ich hoffe, sich inzwischen zum größten Teil wohl selbst schon bei ihren Gastgebern bedankt haben werden, so möchte ich doch auch meinerseits Ihnen namens der Kinder und ihrer Eltern, sowie namens ~~ihrer Eltern~~ unserer Kirchengemeinde sehr herzlich danken für das hohe Maß von Gastfreundschaft, das Sie den Kindern und ihren Begleitern erwiesen haben. Sie haben durch Ihre Gaben vielen Kindern, besonders f r den kommenden Winter eine sehr spürbare Hilfe zuteil werden lassen und manchem Elternherzen seine Sorgen erleichtert. Mehr als eine Mutter hat mir bezeugt, daß ihre Kinder gerade das bekommen haben, was sie besonders dringend gebraucht haben, und daß sie das nicht nur als eine Hilfe von guten Menschen, sondern als eine Hilfe von Gott selbst empfan n. Nicht wenige Kinder hätten ohne die geschenkten Schuhe im Winter, besonders bei Tauwetter von der Schule und vom kirchlichen Unterricht fernbleiben müssen, was nach dem in den letzten Jahren ohnehin sehr lückenhaften Unterricht sehr bedauerlich gewesen wäre. Dadurch daß die beschenkten Kinder freiwillig etwas abtraten, konnten auch die Schulkinder, die zu Hause bleiben mußten, wenigstens einen kleinen Gruß von unserer Schweizerreise erhalten.

Wir wissen und haben dies auch den älteren Kindern klarzumachen gesucht, daß die Gebefreudigkeit und Hilfsbereitschaft Ihrer Gemeinde im Blick auf das ,was sich in den vergangenen Jahren zugetragen hat, und im Blick auf die auch bei Ihnen bestehenden hohen Preise keine Selbstverständlichkeit war, sondern daß hier wirkliche Opfer gebracht wurden, deren tiefste Quelle nur die Liebe Christi und die aus einer christlichen Glaubenshaltung fließende Verantwortung für den notleidenden Bruder sein kann.

Darf ich Sie bitten, auch den Herren Ihres Kirchenvorstandes und der beteiligten Jugend Ihrer Gemeinde und all Ihren anderen Hilfskräften zu sagen, wie sehr wir durch Ihre so trefflich vorbereitete und durchgeführte Hilfeleistung beeindruckt, erfreut und zugleich beschämt worden sind. Möge Gott nicht nur uns, die so reich Beschenkten, sondern auch Sie, die Geber segnen! Das ist unser inniger Wunsch!

In herzlicher Verbundenheit des Glaubens und in großer Dankbarkeit grüßt Sie Ihr G. Uhl. Stpfr.

Für die lieben Schweizer

Strahlend und mit Päckchen kehren die Kinder aus dem Schlaraffenland zurück.

s' Schweizer Christkindli

Erwartungsvoll die Mutter blickt
zum Briefkasta-Schlitzle rein,
sie sieht, dass ebbes drinne liegt
von wem mag s'Grüßle sein?

Schnell holt sie d'Schlüssel und schließt auf,
nimmt raus die weiß-grün Karte,
do goht ihr gleich a Lichtle auf,
zur Abholung tut warte:
A Schweizer Päckli – „Kinder hört!" –
liegt für euch am Zollamt drunten,
das liebe Christkind es hätt'
vom Schweizer Ufer hergfunden.

Und d'Hilde zieht ihr Jacke an
und eilt zum Zollamt fort.
Wie schnell sie da doch laufen kann,
da braucht's kein mahnend Wort.
Und strahlend isch bald wieder hier.
Wie sie s'Päckle g'öffnet hatt'!
Da freuen wir uns alle vier
übers Grüßle aus Schokolad!

Ja, unsere Schweizer, sie tun halt
doch auch an uns noch denken,
weil s'Christkindle wird kommen bald,
wollen sie noch Freude schenken.
Den lieben Schweizern danken wir heut,
weil sie an uns gedacht.
Ihr habt den Kindern große Freud'
mit eurem Weihnachtspäckli g'macht.

Doch vor dies Versle geht zu End',
möcht' ich einen Wunsch noch sagen,
den wir alle miteinander hend,
es möchte' ein Dampfer tragen
euch nächsten Sommer zu uns her,
Ihr mögt es gern uns glauben,
es wär' uns eine Freud und Ehr
Euch zu empfangen mit strahlenden Augen.

Luise Linse
Friedrichshafen, Weihnachten 1950

Eine kleine Presseschau

„I glaub's erscht, wenn i in der Schweiz zu Mittag gesse ho!"

Blick auf Friedrichshafen mit dem Zeppelinbrunnen.

Friedrichshafen, Tettnang und der Bodensee

Eine Tagesfahrt in die Schweiz am Sonntag war 606 Kindern von Friedrichshafen eine große und unvergeßliche Freude. Pfarrer Rohrer, Arbon, und Pfarrer Pfenninger, Romanshorn, hatten ihre Gemeinden ermuntert zu einer Einladung der Kinder unserer ausgebombten und verwüsteten Stadt und daraufhin eine Fülle von freudigen Zusagen bekommen. Der Militärgouverneur von Tettnang förderte den Plan in sehr dankenswertem Entgegenkommen. Pünktlich traf das schmucke Schweizer Schiff „Thurgau" ein und fuhr nach Romanshorn, wo dann die eine Hälfte der erwartungsvollen Jugend ausstieg. Die andere Hälfte fuhr dem Schweizer Ufer entlang nach Arbon und begab sich vom Schiffshafen an die Kirche. Wie wir den Kirchberg hinaufstiegen in einer langen Kolonne, tönte uns ein wirklich ergreifendes wundervolles Glockengeläut entgegen.

In der Kirche wurden wir von Pfarrer Rohrer herzlich begrüßt. Stadtpfarrer Schmid, Friedrichshafen, brachte den innigen Dank an die Gastgeber zum Ausdruck. Darauf wurden die Kinder an die einzelnen Familien verteilt. In wirklich mütterlicher Herzlichkeit wurden die bewillkommneten Gäste in die Häuser genommen und dort mit großer Liebe bewirtet und noch reichlich beschenkt. Die paar zur Verfügung stehenden Stunden verstrichen nur allzu bald. Um 16.30 Uhr fuhr der Dampfer wieder Romanshorn zu. Der Abschied war überaus herzlich, des Winkens bei der Ausfahrt kein Ende. Dasselbe wiederholte sich in Romanshorn. Beglückt kehrten die Kinder wieder heim. Ein tausendfaches Vergelt's Gott sei den lieben hilfsbereiten Gastgebern über den See zugerufen.

Sch.

„Schwäbische Zeitung" vom 12.11.1946.

Über alle Fahrten in die Schweiz wurde in den Nachkriegsjahren ausführlich berichtet. Nachfolgend Auszüge.

„Rorschacher Zeitung" vom 16.12.1946:

Rorschach. Eine Kinderaktion.

Die „Thurgau" brachte gestern vormittag ca. 400 Kinder aus Lindau und Umgebung, welche von Familien in Heiden, Wald, Reute und Oberegg für den Sonntag eingeladen waren. Viel Zeit stand ihnen allerdings für den Besuch nicht zur Verfügung, da das Schiff schon mit Verspätung ankam. Zwei Extrazüge der Rorschach-Heiden-Bahn brachten die Kinder, denen man die Not vorab an der Kleidung ansah, an die Bestimmungsorte. Schwer bepackt ist die kleine Welt abends wiederum vom Berg gekommen und beglückt über den See heimzu gefahren.

„Ostschweizer Tagblatt" vom 25.11.1946:

600 Mittagsgäste im Appenzeller Vorderland.

Gestern Sonntag vormittags um 10 Uhr landete das Motorschiff „Thurgau" mit 600 Kindern aus Lindau und Umgebung, die zum sonntäglichen Mittagstisch in Heiden und Umgebung eingeladen waren, in unserem Hafen. Die Verteilung war gut organisiert, gruppenweise wurden die Kinder von zwei Zügen der Rorschach-Heiden-Bahn aufgenommen und in Heiden teils von den Gastgebern empfangen, teils mit Autos an die entfernteren Gastorte Grub, Rehetobel, Wald, Oberegg und Schachen-Reute befördert. Nach den freudestrahlenden Gesichtern, mit welchen sie am Spätnachmittag wieder zurückkamen, haben sie einen glücklichen Tag erlebt. Um 5 Uhr führte das Schiff die frohe Schar wieder ihrer Heimat zu.

„Lindauer Zeitung" vom 20.12.1946:

Zweite Kinderfahrt in die Schweiz

Am vergangenen Sonntag fuhren deutsche Kinder aus dem Kreis Lindau zum zweiten Male in die Schweiz. ...Der Gouverneur hat sich persönlich für diese Sache eingesetzt und ist noch am Morgen des Abfahrtstages selbst am Hafen erschienen, um sich zu vergewissern, daß alles in Ordnung vor sich ging. Insgesamt konnten 630 Kinder an der Fahrt teilnehmen. ...Von Rorschach aus, wo die Kinder nach der Fahrt über den Bodensee an Land gingen, fuhren sie mit der Zahnradbahn nach Heiden hinauf. Zwei Sonderfahrten mußte die Bahn einlegen, um die vielen Kinder zu befördern. Nach der Ankunft in Heiden wohnten die hier einquartierten Kinder gemeinsam mit ihren Pflegeeltern einem Gottesdienst bei. Die übrigen wurden in die entfernter liegenden Orte Wald, Reute, Schachen, Oberegg, Rehetobel, Grub-Riemen und Wolfhalden gebracht. Ein 70-sitziger Omnibus wurde bei dieser Gelegenheit zum erstenmal in Dienst gestellt und mit einer Fahrt für deutsche Kinder eingeweiht. Bei der Heimfahrt am Abend läuteten die Heidener Kirchenglocken den Kindern feierlich zum Abschied.

Die Schweizer haben es an nichts fehlen lassen, um den deutschen Kindern den Tag bei ihnen so schön wie möglich zu gestalten. Nicht nur, daß sie die Kinder aufs beste bewirteten und sie nach Jahren der Entbehrung und des Darbens einen Tag lang satt essen ließen, sie beschenkten sie zum Abschied noch reich mit vielen nützlichen Dingen, die in Deutschland schon lange nicht mehr zu haben sind. Mit großen Paketen beladen kamen die kleinen Reisenden zurück. Schuhe, warme Kleider aller Art, wollene Strümpfe, Schokolade, Kakao, Zucker, Süßstoff, Konserven, Fett haben die Schweizer in liebevoller Fürsorge mitgegeben und damit den Gabentisch zum Weihnachtsfest für viele Kinder gedeckt. Und gar manches Kind ist aufgefordert worden, ganz bestimmt im kommenden Jahr auf ein paar Wochen zu Besuch zu kommen. Wir wollen es den Schweizern nicht vergessen, was sie in dieser schweren Zeit an unseren Kindern Gutes getan haben.

Obwohl er neue Schuhe bekommen hat, bringt dieser Junge die getragenen zurück.

Rorschach. Lindauer Kinder auf Besuch. Gestern vormittag um 10 Uhr brachte die „Thurgau" ca. 600 Kinder von Lindau nach Rorschach, wo es ihnen einmal vergönnt war, einen schönen Tag zu verleben, an den „Fleischtöpfen Aegyptens" sich zu sättigen und zudem noch ein nettes Päcklein mit nach Hause zu nehmen. Man sah den Buben und Mädchen die Freude aus den Augen leuchten und war zudem angenehm berührt von der Wohlanständigkeit und Dankbarkeit dieser Jugend. Die Organisation am Hafen beim Empfang und Abschied der Kinder hat sehr gut funktioniert. Es ist alles reibungslos vor sich gegangen.

Von den 190 katholischen Kindern wurden nur die Aermsten ausgewählt und sind fast alle Kriegswaisen. Das katholische Pfarramt Lindau läßt durch uns an alle Pflegeeltern den herzlichsten Dank aussprechen.

„Rorschacher Zeitung" vom 25.11.1946.

Ein Festtag der Lindauer Kinder. Den auf den gestrigen Sonntag nach Rorschach, Goldach und vereinzelt auch nach Heiden eingeladenen kleinen Gästen aus Lindau und Umgebung war eine herrliche Seefahrt im Morgensonnenschein vergönnt. Um 10 Uhr fuhr das Schiff mit der jubelnden Schar, ihrer etwa 600, mit Begleitpersonen in unsern Hafen ein. Die Verteilung der katholischen und protestantischen Kinder war am Hafen geleitet durch Organe der Feuerwehr und vollzog sich rasch und in vollkommener Ordnung, auch in der Kirche konnte der Verteilungsplan ohne jede Störung eingehalten werden. Die Persönlichkeiten, die sich um die Organisation dieses Besuches bemüht haben, verdienen Dank für ihre umsichtigen Maßnahmen.

Die Kinder haben sich mit Freude an den sonntäglichen Tisch in unsern Häusern gesetzt und waren beglückt über die freundliche Aufnahme, die sie allenthalben gefunden. Am schönen Nachmittag konnten ihrer viele auf kurzen Spaziergängen Stadt und Umgebung besichtigen. Auf spätestens 5 Uhr abends hatten sie sich wieder beim Motorschiff „Thurgau" einzufinden; sie strömten denn auch von allen Seiten, mit Geschenkpäckchen versehen herbei und hier war es auch, wo die Disziplin des Publikums zu wünschen übrig ließ, weshalb die letzten Ankömmlinge durch ein arges Menschengewühl hindurch sich den Weg zum Schiffe suchen mußten. Doch kamen alle noch — samt einem erst bei der Abfahrt noch daherrennenden Spätling — aufs Schiff und unter Tücherschwenken und begeistertem Dank-Sprechchor kehrten sie ans andere Ufer zurück.

„Ostschweizer Tagblatt" vom 25.11.1946.

RAVENSBURG

Kindertagesfahrt in die Schweiz. 650 Kinder von Ravensburg durften am Samstag, 3. Mai, auf Einladung der evangelischen und katholischen Gemeinden in Romanshorn und Umgebung für einen Tag in die Schweiz fahren. Die Fahrt auf dem eleganten Schweizer Dampfer, wo schon die erste Bewirtung stattfand, der Empfang in Romanshorn, der lange geschlossene Zug zur Kirche unter vollem Glockengeläute, die Begrüßung dort durch die gastgebenden Familien und dann die große Liebe, mit der die Kinder bewirtet und beschenkt wurden — das alles wird für die jungen Herzen ein unvergeßliches Erlebnis bleiben. Ueber allen materiellen Werten, die für die meisten eine Hilfe in großer Not bedeuteten, steht die beglückende Erfahrung wahrer christlicher Liebe und Verbundenheit, die auch über die Grenzen hinausreicht. Wir dürfen hoffen, daß die Kinder, die einen so eindrucksvollen Beweis davon empfangen haben, nie mehr vergiftenden Parolen des Hasses und der Ueberheblichkeit zum Opfer fallen werden, und wir dürfen weiter hoffen, daß aus solchem christlichen Geist heraus unser Volk und die Welt noch einmal genesen kann. Unseren Schweizer Nachbarn aber sind wir von Herzen dankbar, daß sie durch ihre unermüdliche Hilfsbereitschaft unseren Kindern, die so viel entbehren müssen, dieses Glück bereitet haben, das zu beschreiben unsere Worte zu arm sind.

„Schwäbische Zeitung" vom 4. Mai 1947.

Anstellen und warten heißt es in Langenargen, bis die Kinder aufs Schiff dürfen.

„Schwäbische Zeitung" vom 16. September 1947:

Schweizerfahrt. Der vergangene Samstag war für 150 Kinder unserer Stadt ein rechter Glücks- und Freudentag. Sie durften mit Kindern aus Friedrichshafen, Tettnang, Weingarten und Waldsee in die nahe Schweiz eine Tagesfahrt machen. ...Mit Auto ging es nach Friedrichshafen, wo bald das ersehnte Sonderschiff der Schweiz eintraf. Bei herrlichstem Wetter eine Fahrt quer über den See war ein besonderer Genuß. Die Ravensburger kamen nach Goßau. Es war ergreifend, mit welch mütterlicher Liebe die Schweizerfrauen ihre Pfleglinge in Empfang nahmen. Der Geistliche eines Ortes erbat sich gleich zwei große Jungen. Als sie am Abend wiederkamen, erkannte man viele kaum mehr. Vom Kopf bis zum Fuß waren sie neu eingekleidet. Alle kamen am Abend hochbeglückt zurück ob all der schönen und guten Dinge, die sie nicht nur sehen und erleben, sondern auch genießen durften. Was hier das Schweizervolk an unsern deutschen Kindern tut, verdient höchste Anerkennung: es ist wahrstes Christentum. Deutsches Volk vergiß das nie mehr, und deutsche Jugend sei künftig stets bestrebt, mit diesem braven Schweizervolk im freundnachbarlichen Frieden zu leben. Wir grüßen es in Dankbarkeit mit dem Wunsche, der Herrgott möge es gerade für dieses Gutestun besonders segnen.

„Schwäbische Zeitung" vom 26. September 1947:

Fünfzig Kinder der hiesigen Schule durften die Gemeinde Goßau in der Schweiz besuchen. Die liebevolle Aufnahme der Kinder und deren

Kirchenblatt

für die katholische Stadtpfarrgemeinde
Leutkirch im Allgäu

Nr. 45 Sonntag, 9. November 1947 (24. Sonntag nach Pfingsten)

So wurden auch unsere Kinder
in den katholischen Familien mit einer wahrhaft herzlichen, stillen Liebenswürdig-
keit aufgenommen. Was an den Kindern getan wurde, geschah so still und so gütig
und so reichlich und bei den hohen Preisen in der Schweiz unter so großen
Opfern, daß man sagen muß, daß dort die Liebe wirklich lebendig ist. Auch die
Art, wie die Kinder betreut wurden, zeugte von großer Gütigkeit. Ein Bub be-
kam zum Abschied von den Pflegeeltern das Weihwasser und ein Segenskreuzlein
auf die Stirne. Nach dem Empfang auf dem Bahnhof durch die Gastgeber mit
dem H. Herrn Kaplan Zeller gingen wir gemeinsam zur prachtvollen neuen Pfarr-
kirche. Von der Bergeshöhe, auf der die Kirche steht, klang in vollen schweren Tö-
nen die große Glocke, die wohl zur Wandlung des Christkönigsgottesdienstes
läutete. Da die Pfarrkirche noch nicht frei war, zelebrierte ich die hl. Messe in
einer geräumigen angebauten Kapelle der schmerzhaften Mutter Gottes. Die In-
schrift auf dem Meßgewand, deus caritas est (Gott ist die Liebe) hat vom Opfer-
altar aus den Kindern und den Gastgebern gekündigt, daß die Wohltätigkeit um
der Liebe Christi willen geschieht. Die Domspatzen, soweit sie das Glück hatten,
mitgehen zu dürfen, sangen die Proprien der Christkönigsmesse, die Kinder eine
Singmesse. Die Erwachsenen freuten sich der Andacht und des eifrigen Singens
unserer doch immerhin schon recht ermüdeten Kinder. Nach der hl. Messe waren
nach wenigen Minuten alle Kinder mit ihren Pflegeeltern verschwunden. Bis dann
auf den Abendsonderzug die Straßen mit den Familien und den Kindern und
den großen Paketen belebt wurden und ein rührendes Bild mit vielen guten und
freundlichen Menschen und glücklichen Kindern boten, durfte ich Gast im Hause
des überaus liebenswürdigen, freundlichen Pfarrherrns Dr. Good sein, der trotz
der vielen Arbeit seine ganze Zeit mir widmete und auch seine Herren Kapläne
zu einer Stunde angeregter Unterhaltung eingeladen hatte. Auch unserer Pfarr-
gemeinde gab er ein kostbares Geschenk mit, ein Paket Kerzen, die bei uns doch
so rar werden.

Kirchenblatt für die katholische Stadtpfarrgemeinde vom Sonntag, 9. November 1947.

Schwere Pakete schleppen die Kinder in Friedrichshafen nach ihrer Rückkehr aus der Schweiz vom Schiff. Im Hintergrund der zerstörte Salzstadel.

Betreuung und die reichliche Mitgabe von Kleidungsstücken und Lebensmitteln hat alle Erwartungen übertroffen. Es herrscht nur eine Stimme der Dankbarkeit unter den Kindern und den Eltern. Auch der Gemeinderat (Weingarten, d. Red.) schließt sich diesem Dank an und wird in einer besonderen Dankadresse dies der Gemeinde Goßau gegenüber zum Ausdruck bringen.

„Schwäbische Zeitung" vom 11. November 1947:

Die Schweizerfahrt der Biberacher Kinder wurde für alle Teilnehmer zu einem großen und unvergeßlichen Erleben. Im Schweizer Gastland war die Aufnahme der 650 Besucher überaus herzlich. Für die Unterbringung und Bewirtung der vielen Kinder hatten Schweizer Familien und Einzelpersonen vorzüglich gesorgt: So gut

Beladen mit Päckchen und Paketen passieren die kleinen Gäste das Zollamt Rorschach.

Die „Thurgau" mit den Kindern auf großer Fahrt.

wie am vergangenen Sonntag in der Schweiz ist es einer großen Zahl der Biberacher Kinder noch nie ergangen. Was die Gastgeber hier an sozialer Hilfe gegenüber den Angehörigen eines arm gewordenen Volkes tragen, ist weit mehr als nur ein konventionelles Verständnis für unsere Notlage, es ist vielmehr die Brücke zu einer Verständigung von Volk zu Volk, die nicht hoch genug angerechnet werden kann. Für die herzliche Aufnahme wurde den Schweizern der wärmste Dank ausgesprochen.

Ergänzend heißt es am 14. November unter dem Titel „Unvergeßliche Schweizerfahrt der Biberacher Kinder":

Amriswil mit seinen schönen, breiten, blitzsauberen Straßen, seiner aufgelockerten Bauweise, seinen gut gepflegten Häusern, seinen grünen Rasenflächen mitten im Ort, und seinen vielen Gärten macht auf den Besucher den denkbar besten Eindruck. ...Die wir die jammervollen Trümmer unserer ehemals so schönen Stadt am See eben erst verlassen hatten, standen bewegten Herzens auf dem Boden des Landes, von dem Conrad Ferdinand Meyer sagt: „Der Schweizer Boden tritt sich frei und leicht." Wir, auf deren Seele die große sittliche Not unseres deutschen Volkes lastet, wurden uns auf dem Boden unseres gastlichen Ortes bewußt, daß nur in der Freiheit die guten Geister eines Volkes aufleben können. Wir dachten in tiefer Dankbarkeit daran, daß abermals, wie schon nach dem ersten Weltkrieg, das freie edle Volk der Schweiz das erste unter den Völkern ist, das uns die helfende Hand reicht, das im Geiste Pestalozzis, des großen Sohnes der Schweiz, vor allem an die Not des deutschen Kindes denkt.

Kinderfahrt in die Schweiz

Zum erregendsten Ereignis unserer Gemeinden in den letzten Wochen ist die Kinderfahrt in die Schweiz am 26. Oktober geworden. Die Kinder zitterten buchstäblich vor Erwartung. Seit März dieses Jahres träumten sie davon. Ist es nicht verständlich, wenn ihre Ungeduld langsam wuchs und einige ihren Zweifel in der Form ausdrückten: „I glaub's erscht, wenn i in der Schweiz zu Mittag gesse ho!" Aber das Betreten des schmucken Schweizer Schiffes belehrte sie schon eines Besseren. **Als Fahrschein erhielt nämlich jeder Passagier einen Riegel Schokolade und einen schneeweißen Wecken.** Wer will es den Kindern übelnehmen, daß sie sich den Genuß nicht aufsparen konnten. War es ein angeborenes Gefühl für Ordnung oder Gefallen am Silberpapier? Der Kapitän stellte lobend fest, daß kein Kind das Papier auf den Boden warf. Der Bodensee, am Sonnabend noch recht stürmisch, zeigte sich rücksichtsvoll. Trotzdem hat Neptun seine kleinen Scherze getrieben. Aber da war ja Fr. St.pf. Schieber mit Hoffmanns Tropfen zur Stelle.

Vom Schiff ging es in den Sonderzug. Pünktlich verließ er Rorschach. Dann wickelte sich das Programm des Tages mit einer bewundernswerten Genauigkeit ab. In Gossau, eine Station hinter St. Gallen, trennten sich einige Gruppen. Wir stiegen erst in Flawil aus. Auf dem Bahnsteig standen Pfadfinder. Wir suchten unseren Führer und folgten ihm, umsäumt von den dichten Reihen unserer Gastgeber. Ein vielstimmiges Glockenläuten rief uns in die Kirche. Wie eine Welle herzlicher Zuneigung begleiteten uns die Blicke der Schweizer Freunde, dazu die vollen Akkorde vom Turm, ich war bewegt. —

Der Schweizer Pfarrer hieß uns willkommen. Er deutete das Gleichnis des Brunnens vor der Kirche auf uns: „Der Starke dient dem Schwachen!" Stadtpfarrer Schieber erwiderte so natürlich und anschaulich, daß das Echo der Gemeinde nicht nur zu spüren, sondern auch zu hören war. Das: Ein' feste Burg ist unser Gott . . . füllte wie ein Orkan das Gotteshaus.

An die offizielle Begrüßung schloß sich vor der Kirche die persönliche an. Die lieben Schweizer Mütter, ihr Kinder, haltet die dankbare Erinnerung an sie lebendig; sie umarmten euch als wäret ihr ihre eigenen Kinder. Sie plauderten munter mit euch, und wenn das Schwyzer Dütsch euch auch fremd war, ihre innere Wärme schenkten sie euch ganz und behielten nichts für sich. In ihren sauberen Wohnungen fühltet ihr euch bald zu Haus, geborgen und umsorgt. Ich sah am Nachmittag in euch ein Strahlen, das vorher nicht da war. Es war der Widerschein der Liebe, die ihr erfahren durftet. Bewahrt ihn euch! — —

Wo wollen denn die Pakete mit den Kindern hin, dachte ich, als wir uns zur Abfahrt trafen. Mir war es ein Rätsel, wie es gelingen sollte, diese Liebesbeute heimzubringen. Es gelang, fragt nicht, wie. Eine ganze Anzahl Kinder erkannte ich nicht wieder. Ihre Bekleidung hatte sich vom Kopf bis zum Fuß erneuert. Und dann daheim, beim ‚Auspacken. Der größte Tisch reichte bei den meisten nicht, um alle Schätze auszubreiten. Gummiband, Schnürsenkel, Nähgarn, Streichhölzer, Zucker, Süßstoff, Kakao, Schokolade, Fett, Nährmittel, gute Wurmmedizin, was kam da nicht alles hervor? Die guten Schweizer Freunde hatten einfach an alles gedacht, was eine deutsche Hausfrau heute entzückt. Dabei befinden sich die verschwenderischen Gastgeber fast ausnahmslos im Arbeiterstande. Sie verdienen in der Woche etwa Franken 35.— und hatten zum Teil Franken 150.— ausgegeben, nicht zum erstenmal, nein, zum sechstenmal.

Begreift ihr das Ungewöhnliche solchen Handelns? Es stieg nicht aus Sentimentalität oder Mitleid. Es war praktisches Christentum, das unsere reformierten Glaubensgeschwister beweisen wollten. Es war ein williges Ernstnehmen der Kundgebung, die auf der Kirchenversammlung zu Treysa im Juni d. J. zustande kam: „Laßt uns auf allen Gebieten des Lebens Liebe und Güte zur Geltung bringen und unserer Selbstsucht Schranken setzen! So allein können auch die äußeren Nöte der Gegenwart gebannt werden. Denn es bleibt bei dem Wort Jesu Christi: Trachtet am ersten nach dem Reiche Gottes und seiner Gerechtigkeit, so wird euch solches alles zufallen."

Darum danken wir unseren Gastgebern in Flawil, aufrichtig und von Herzen, aber mit ihnen dem Herrn, „der da reich ist über alle, die ihn anrufen."

Evangelisches Gemeindeblatt für Leutkirch und seine Diaspora vom November 1947.

Ausfuhr von Liebesgaben

ohne spezielle Bewilligung

Als solche sind **schweizerischerseits** zulässig:

Warenbezeichnung	Höchstgewicht pro Warengattung innerhalb einer Sendung
Bohnen- und Erbsensamen	0,5 kg
Obst und geniessbare Beeren, in frischem Zustande	10 kg
Obst und geniessbare Beeren, gedörrt und getrocknet	10 kg
Fruchtkonzentrat aus Südfrüchten, nicht gezuckert	10 kg
Weintrauben, frisch zum Tafelgenuss	10 kg
Weintrauben, getrocknet aller Art	5 kg
Südfrüchte, frisch	10 kg
Feigen, Datteln usw., getrocknet	5 kg
Mandeln, mit oder ohne Schale	5 kg
Baum- und Haselnüsse, mit oder ohne Schale	5 kg
Bananen, auch getrocknet	5 kg
Gemüse, frisch	10 kg
Gemüse, konserviert, d. h. getrocknet, gedörrt, eingesalzen, eingemacht je (Hülsenfrüchte wie Bohnen, Erbsen und Linsen fallen nicht unter den Begriff von konserviertem Gemüse und sind daher nicht ausfuhrfrei.)	10 kg
Tafelsalz	1 kg
Kaffee, Kaffeesurrogate	1 kg
Kunsthonig, sofern ohne rationierten Raffinadezucker hergestellt	5 kg
Fleischkonserven (ausgenommen Schinken- und Speckkonserven)	1 kg
Kräuterkäse (Schabzieger)	5 kg
Juliennes	10 kg
Bier	5 kg
Obstwein (Most)	5 kg
Wein und Weinmost	5 kg
Schaumweine, auch aus Obst	5 kg
Alkoholfreie Weine	5 kg
Fruchtkonzentrat aus einheimischen Früchten und Beeren ohne Zuckerzusatz	10 kg
Branntwein	5 kg
Liqueurs	5 kg
Wermut	5 kg
Essig und Essigsäure	5 kg
Gemüsesamen, einschliesslich Rübensamen	0,5 kg
Blumenzwiebeln und Pflanzenknollen	5 kg
Schnittblumen usw.	5 kg
Bäume, Sträucher und andere lebende Pflanzen	5 kg
Setzzwiebeln	0,5 kg
Kork- und Holzwaren aller Art	5 kg
Bürstenbinderwaren	5 kg
Pappen, Papiere, graphische Erzeugnisse und Papierwaren	5 kg
Bücher, gedruckte	10 kg
Putztücher	2 kg
Stickereien, Spitzen	2 kg

Genau festgelegt ist die Menge der Liebesgaben, die ausgeführt werden durften.

Warenbezeichnung	Höchstgewicht pro Warengattung innerhalb einer Sendung
Schnüre und Bindfaden aus Papier	2 kg
Fussmatten, Türvorlagen	5 kg
Besen	5 kg
Korbflechterwaren ohne Gestell	5 kg
Waren aus künstlichen, plastischen Massen	2 kg
Regen- und Sonnenschirme	2 kg
Waren aus Ton, Steinzeug und Porzellan	5 kg
Waren aus Glas	5 kg
Unbelichtete Pack- und Rollfilme (ausgenommen unbelichtete Kinofilme)	5 kg
Waren aus Eisen, Kupfer, Kupferlegierungen und Aluminium	2 kg
Hauswirtschaftliche Maschinen	2 kg
Belichtete photographische Filme (ausgenommen belichtete kinematographische Filme)	5 kg
Taschen- und Armbanduhren	5 Stück
Elektrische Batterien	2 kg
Schallplatten	5 kg
Medikamente	0,5 kg
(Nicht zugelassen sind, da nicht als Medikamente geltend: Kraftnährmittel, wie Ovomaltine, Biomalz, sowie kosmetische Präparate aller Art [Hautcremen usw.])	
Brennspiritus	1 kg
Zündhölzer (im Postverkehr nur solche ohne Phosphor und Schwefel und nur nach gewissen Ländern zulässig)	5 kg
Meta, Brennstoff in fester Form	5 kg
Bodenwichse	1 kg
Kurzwaren aller Art (ausgenommen Näh- und Strickgarne)	0,5 kg
Falsche Bijouterie	0,5 kg
Glühbirnen	0,5 kg
Bureauartikel, Schreib- und Zeichenmaterialien usw.	2 kg
Spielzeug aller Art	5 kg
Verbandmittel	2 kg
Naturalien (Petrefakten, Herbarien) und dergleichen	5 kg
Tabakfabrikate	1 kg
Getragene Kleider, Leibwäsche und Schuhe (ausgenommen Ordonnanzschuhe)	5 kg
Gebrauchte Bett-, Tisch- und Küchenwäsche	2 kg

Ueber die Gewichtsgrenzen und übrigen Beförderungsbedingungen nach den einzelnen Bestimmungsländern geben die zuständigen Transportanstalten (Post, Bahn) Auskunft.

Die bisherigen Bestimmungen für die Ausfuhr anderer Liebesgaben bleiben fernerhin in Kraft. Diese können bei uns und bei jeder schweizerischen Handelskammer bezogen werden.

Bern, den 1. Juli 1947.

EIDG. VOLKSWIRTSCHAFTSDEPARTEMENT,
Sektion für Ein- und Ausfuhr:
Keppler.

50492

Auswahl und Zusammenstellung der Zeitungsausschnitte: Hildegard Nagler

Freundschaften fürs Leben

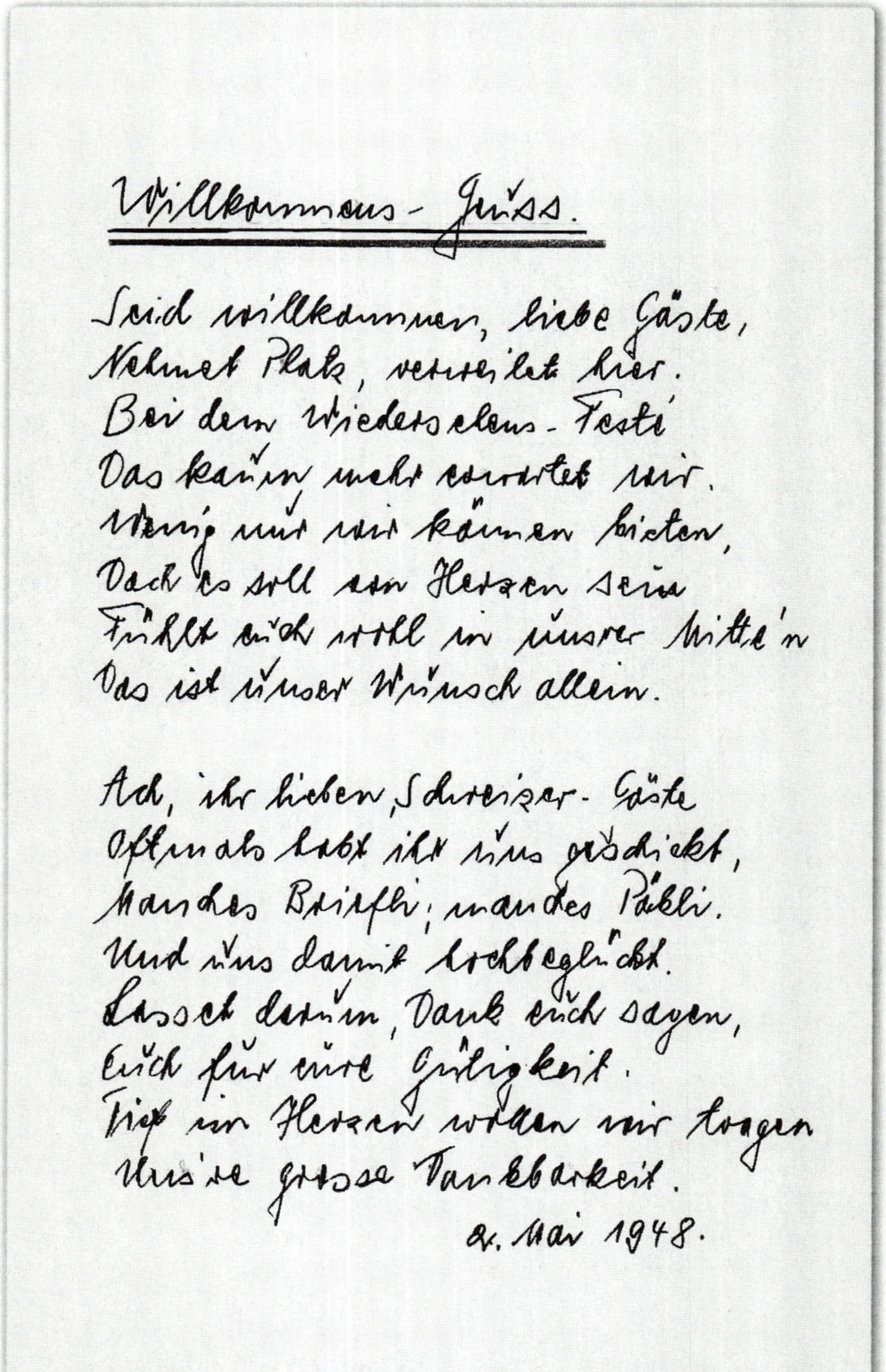

Willkommens-Gruss.

Seid willkommen, liebe Gäste,
Nehmet Platz, verweilet hier.
Bei dem Wiedersehens-Feste
Das kaum mehr erwartet wir.
Wenig nur wir können bieten,
Doch es soll von Herzen sein
Fühlt euch wohl in unsrer Mitte'n
Das ist unser Wunsch allein.

Ach, ihr lieben, Schweizer-Gäste
Oftmals habt ihr uns geschickt,
Manches Briefli; manches Päkli.
Und uns damit hochbeglückt.
Lasset darum, Dank euch sagen,
Euch für eure Gütigkeit.
Tief im Herzen wollen wir tragen
Unsre grosse Dankbarkeit.

2r. Mai 1948.

Gedicht von Luise Linse, den Besuchern aus der Schweiz gewidmet.

„Wir haben das nicht vergessen und werden es nie vergessen"

Im April 1987 besuchen Kinder aus der Schweiz Langenargen.

Nach der Kinderverschickung im Jahr 1947 entwickelte sich in der Folgezeit ein reger Briefwechsel zwischen den Schweizer Gasteltern und den Familien der Gastkinder. Ungezählte Pakete halfen in Oberschwaben die größte Not zu lindern. Es entstanden viele Freundschaften, die bis heute Bestand haben.

Gegenseitige Besuche waren in der Zeit nach 1947 nicht möglich, so dass der Kontakt nur über Briefe aufrecht erhalten werden konnte. So durfte ich erst im Herbst 1948 nach großen Schwierigkeiten mit der französischen Militärregierung in Biberach für drei Monate zur Erholung zu meinen Gasteltern in die Schweiz fahren. Diese Zeit war ein großes Erlebnis für mich!

In dieser glücklichen Lage waren auch andere Kinder. Ein Mädchen aus Biberach durfte in den nächsten Jahren die Ferien bei seinen Gasteltern in der Schweiz verbringen. Nach deren Tod wurde es sogar im Erbe berücksichtigt.

Presseberichten zu Folge waren es zunächst Kinder aus Friedrichshafen, welche die Reise in die Schweiz antreten durften. Später folgten Mädchen und Buben aus dem gesamten oberschwäbischen Raum, unter anderem aus Isny, Leutkirch, Ravensburg, Weingarten und Biberach.

Erst zu Beginn der 70er-Jahre gab es die ersten Treffen zwischen der evangelischen Kirche, Kommunen und Vereinen mit den Gasteltern. Im Jahr 1972, 25 Jahre nach den Kindersonntagen in der Schweiz, waren 48 Flawiler zu Gast in Isny. Organisator und treibende Kraft war der Isnyer Stadtrat Peter Kissling, ein ehemaliges Schweizer Kind von 1947. Aufgrund dieser Kontakte fuhr im Jahr 1977 ein Bus voll mit Isnyern zur Aufführung der Operette „Schwarzwaldmädel" nach Flawil. 1984 besuchte der Wirteverein Isny die Operette „Der Bettelstudent" in Flawil.

Mitte der 70er-Jahre beschloss der Biberacher Gemeinderat, eine neue Straße „Amriswilstraße" zu benennen. Die Namensgebung sollte ein Zeichen des Dankes und der Anerkennung an die Stadt Amriswil für die großzügige Hilfe in schwerer Zeit sein. 1987 wurde die Verbindung Isny/Leutkirch und Flawil enger geknüpft. Eine größere Abordnung aus Flawil traf sich mit Vertretern der Städte Isny und Leutkirch. Bürgermeister Dr. Eichert wünschte, dass sich die Freundschaft der Deutschen und Schweizer vertiefen möge. Dieser Wunsch erfüllte sich bereits beim Besuch des evangelischen Kirchenchors Flawil in Isny.

Im Mai 1987 brachte der „Toggenburger Kirchenbote" der Evangelischen Kirchgemeinde Flawil zum 40. Jahrestag der Schweizer Kindersonntage einen sehr lebendigen Bericht über dieses Ereignis. Darin finden sich einige rührende Anekdoten, welche die damalige Situation schlaglichtartig beleuchten.

So wird berichtet, dass eine Abordnung aus Flawil die Kinder aus Isny und Leutkirch in Lindau mit dem Schiff abgeholt hat. Für jedes Kind hatten die Flawiler ein „Znüni" (Vesper) dabei. Dies war ein „Bürli" (Wecken) und ein „Schoggistengeli" (Schokoriegel). An Appetit fehlte es den Kindern nicht.

„Ein kleiner Junge auf der Bank sitzend hielt seinen Wecken fest in der Hand. Magst net essen? Oh doch, aber der Vater hat's auf'm Magen, darum schenk ich ihm den Wecken!"

„Ein Mädchen steckte seinen Schokoriegel rasch in die Tasche. Willst du net essen? Nein, Schokolade esse ich keine, denn für eine Schokolade kriegt meine Mutter vom reichen Bauern 5 Pfund Mehl."

„Ein Knabe fiel mir auf wegen seiner viel zu großen Schuhe. Hast wacker großes Schuhwerk. Ja, der Herr Pfarrer hat gesagt ohne Schuhe darf man nicht in die Schweiz. So hab ich Vater's angezogen! Und jetzt der Vater? Der bleibt heute hübsch zu Hause in der Stube."

„Wohl der Höhepunkt des Tages war die Besammlung der Kinder mit ihren Gasteltern am Bahnhof. Man hat mir versichert, dass ich auf dem Bahnhofsplatz in Flawil noch nie so viele glückliche Menschen zusammen gefunden haben", heißt es weiter.

40 Jahre danach, im Jahr 1987, wurde eine Gruppe der evangelischen Kirchengemeinde aus Friedrichshafen zu einem Gedenk- und Dankgottesdienst nach Arbon eingeladen. Pfarrerin Weber-Reber begrüßte die Gäste. Das Glockengeläute, das zum Gottesdienst einlud, weckte alte Erinnerungen, weil 1946 das Läuten der Glocken großen Eindruck gemacht hatte, denn in Friedrichshafen waren im Krieg alle Glocken eingeschmolzen worden. Pfarrer Andreas Gantenbein – inzwischen längst im Ruhestand und eigens angereist – erinnerte in seiner Predigt an die Sonntagsaktion von 1946, die, wie er betonte, mit zum Schönsten gehörte, was er erleben durfte.

Als äußeres Zeichen der Dankbarkeit überreichte die Friedrichshafener Delegation ein Bild von der teilweise zerstörten Schlosskirche in Friedrichshafen. Unter den Gastgebern war auch Frau Rohrer, die Witwe von Pfarrer Fritz Rohrer, auf dessen Initiative hin die Fahrten 1946 möglich geworden waren.

Im selben Jahr konnten die Friedrichshafener mehr als 600 Schweizer als Gäste auf dem Seehasenfest begrüßen. Siegfried Rehm, der 1947 als kleiner Junge für einen Tag „das Paradies" Schweiz erlebte, fasste seine Gefühle, die ihn an diesem Tag bewegten, in dem folgenden Satz zusammen: „Mir ist heute etwas seltsam zumute, wenn ich an das große Ereignis vor 40 Jahren zurückdenke." Oberbürgermeister Bernd Wiedmann, der zusammen mit einer Delegation aus Friedrichshafen die Schweizer Gäste in Arbon abgeholt hatte, schilderte kurz Ziel und Zweck der Reise, die den Dank der Stadt ausdrücken solle für die „Kinderhilfe über den See" vor 40 Jahren. „Natürlich können wir nur einen Bruchteil dessen wieder gut machen, was den Buben und Mädchen damals an Schönem im Elend der Nachkriegszeit widerfahren ist. Wir haben das nicht vergessen und werden es nie vergessen!"

Mehr als 600 Gäste warten im Juli 1987 in Arbon auf die Abfahrt zum Seehasenfest in Friedrichshafen.

Schweizer Kinder aus Friedrichshafen folgen am 21. November 1986 der Einladung der Evangelischen Kirchgemeinde nach Arbon.

Der „Volksfreund" berichtete im September 1997 unter der Überschrift „Alte Freundschaft rostet nicht" von einem Besuch der evangelischen Kirchengemeinde Leutkirch in Flawil. Wie ist die Verbindung Flawil-Isny-Leutkirch überhaupt entstanden? Der Flawiler Pfarrer Paul Trüb, auf dessen Initiative der Besuch der Kinder zustande gekommen war, hatte in seiner Jugend ein Kindermädchen aus Isny, das anscheinend besonders tüchtig war. Deshalb war ihm der Gedanke gekommen, Kinder aus dem Allgäu einzuladen.

Zum 50. Jahrestag erschien im „Amriswiler Anzeiger" ein ausführlicher Bericht von Ernst Bissegger über die damalige Kinderaktion. Die Evangelische Kirchgemeinde Amriswil-Sommeri hatte seinerzeit durch ihre Pfarrer Löschhorn und Steingruber 650 Biberacher Kinder nach Amriswil eingeladen. 1947 hatten mich Ernst Bissegger, der damals junger Lehrer war, und seine Frau mit ihren drei Kindern bei sich aufgenommen. Es entstand eine enge Freundschaft, die bis heute andauert.

1998 lud die Stadt Biberach Amriswiler Gasteltern und deren Nachkommen zum Schützenfest (Kinder- und Heimatfest) ein. Beim Empfang im Rathaus begrüßte Oberbürgermeister Thomas Fettback 13 Einwohnerinnen und Einwohner aus Amriswil. Unter ihnen waren noch folgende Gasteltern von 1947: Ernst und Alice Bissegger, Anni Bolter und Paul Zingg. Dem Empfang wohnten auch viele Biberacher Bürger bei. Anschließend sahen sich die Gastgeber und Gäste gemeinsam den historischen Festzug von der Ehrentribüne auf dem Marktplatz an. Danach besuchte man das Lagerleben auf dem Gigelberg. Es folgten ein Fototermin in der Amriswilstraße und das gemeinsame Essen. Den Abschluss des Tages bildete der Besuch des Schützentheaters (ältestes Kindertheater Deutschlands).

Zum 50. Jahrestag der Kirchenaktion schrieb Dekan Seils aus Biberach einen Dankesbrief an die Evangelische Kirchenvorsteherschaft in Amriswil. Darin führte er unter anderem aus: „Die Begegnung in Amriswil vor 50 Jahren war für die Kinder und ihre Begleiter, ebenso sehr aber auch für alle Biberacher, ein erster sichtbarer Schritt auf dem Weg zur Vergebung und

Zum Gedenken an die „Schweizer Sonntage" wird im November 1998 in Amriswil neben dem Spoerle-Brunnen ein Biberacher Apfelbaum gepflanzt.

Versöhnung. Es war für die Kinder laut Bericht von Herrn Pfarrer Scheuerlen ein Blick in eine friedliche heile Welt. Für viele Kinder ein prägendes Erlebnis." Dekan Seils schloss den Brief mit dem Hinweis: „Wir werden in den Gottesdiensten der fünf evangelischen Kirchengemeinden in Biberach am 9. November besonders an dieses Ereignis erinnern, das uns mit Ihrer Gemeinde und Stadt verbindet, und wir möchten Ihre Stadt und alle Bürgerinnen und Bürger von Amriswil der segnenden Güte Gottes anvertrauen."

Fototermin in der Amriswilstraße in Biberach: die Schweizer Gäste und ihre Biberacher Gastgeber.

Im November 1998 verbrachte eine Abordnung der evangelischen Kirchengemeinde Biberachs mit ehemaligen Gastkindern einen unvergesslichen Tag in Amriswil. Der Präsident der Evangelischen Kirchenvorsteherschaft Amriswil, Otto Seger, begrüßte 34 Gäste aus Biberach. Pfarrer Hermann Maywald feierte einen eindrucksvollen Gottesdienst, umrahmt von Kirchenchor, Solotrompete und Orgelspiel. Zum Gedenken an die Schweizer Kindersonntage vor 50 Jahren wurde neben dem Spoerle-Brunnen ein Biberacher Apfelbaum gepflanzt.

Die Berichte von den Besuchen und Gegenbesuchen des Jahres 1998 weckten Erinnerungen einer ehemaligen Biberacherin, die seinerzeit als Gastkind in Amriswil war und jetzt in Caracas lebt: Uta Pardo geborene Kolesch. In einem Brief schrieb sie: „Ich bekam von meinen Gasteltern in der Schweiz einen wunderschönen Mantel, den ich lange trug, und die erste Banane meines Lebens, in die ich natürlich hineinbiss, ohne die Schale abzuziehen. Das schmeckte gar nicht gut, und so gab ich die Frucht einer Mitschülerin, die besser Bescheid

Keramikkacheln auf dem Kressbronner Rathausplatz.

wusste. Heute habe ich in meinem Garten in Caracas eine Menge Bananen. Über mein Erlebnis mit der ersten Banane habe ich hier oft meinen Kindern und Bekannten berichtet. So ist auch hier in Südamerika die Großherzigkeit der Amriswiler bekannt geworden. Im Nachhinein ein besonders herzliches Dankeschön den Gasteltern von damals!"

Am 9. November 1997 wurde in Flawil der Partnerschaftsvertrag zwischen Flawil und Isny unterzeichnet. Der Isnyer Bürgermeister Manfred Behrning und sein Schweizer Kollege, Gemeindeammann Werner Muchenberger, unterzeichneten den Partnerschaftsvertrag mit folgendem Passus: „Mit den gegebenen Möglichkeiten der Begegnungen auf kommunaler Ebene starke Brücken zu schlagen im Sinne von freien und unabhängigen Völkern über Grenzen hinweg von Stadt zu Stadt und Land zu Land." Damit wurde eine Freundschaft besiegelt, die vor genau 50 Jahren begründet worden war.

Zum 175-jährigen Bestehen der evangelischen Kirchengemeinde Weingarten gab es dort im Jahr 2000 eine Ausstellung. Darin fand sich auch ein Beitrag über die Kinderverschickung im von Hunger und Not geprägten Nachkriegsjahr 1947.

Am Kressbronner Brunnen bei der Kirche finden sich Tafeln, die an die Notzeit nach dem Zweiten Weltkrieg erinnern: Motive von der Schülerspeisung und der Kinderverschickung in die Schweiz 1947. Die Gedenktafeln wurden von Realschullehrer Peter Keller mit seinen Schülern der Realschule Kressbronn gestaltet.

In Biberach pflanzte die evangelische Kirchengemeinde zum Abschluss der umfangreichen Neugestaltung des Kindergartengeländes im Hühnerfeld im Juli 2000 einen kleinen Apfelbaum. Er stammt aus Amriswil und steht an der Straße, die nach der Schweizer Stadt benannt wurde. Die kleine Feier hatten Eltern, Erzieherinnen und Kinder des Hühnerfeldkindergartens liebevoll vorbereitet. Albert Guther, Obstbauexperte und früher Gastkind in Amriswil, erinnerte in seiner Ansprache an den Beginn der Verbindung mit Amriswil als Beginn einer Freundschaft und als Beitrag zum Frieden. Der Standort des Bäumchens beim Kindergarten sei ein Symbol für eine unbefangene Begegnung der Menschen miteinander. Zugleich solle der kleine Apfelbaum ein Hoffnungszeichen für eine lange andauernde Freundschaft der Bürger aus beiden Städten sein.

Diese Worte mögen zum Abschluss meines Beitrags Ansporn und Wegweiser für eine gemeinsame friedliche Zukunft sein.

Kurt Pfund, Biberach

Zweite Fahrt ins Märchenland

„Wildfremde Menschen fallen sich in die Arme"

Stapelweise waren nach der Veröffentlichung meiner Weihnachtsgeschichte „Christkindlis Fahrt ins Märchenland" am 24. Dezember in der „Schwäbischen Zeitung" Briefe und Postkarten eingegangen: Schweizer Kinder erinnerten sich voller Dankbarkeit an ihre Reise in die Eidgenossenschaft. Die zweite Fahrt für die Schweizer Kinder, organisiert von der „Schwäbischen Zeitung" und vom „St. Galler Tagblatt", sollte am 30. September 2000 folgen.

Frieda Krieg

Wie sind wir gespannt, ob auch alles bei der zweiten Fahrt ins Märchenland am 30. September 2000 klappen würde, meine Kollegen von der „Schwäbischen Zeitung", Daniel Wirth, damals Redaktor beim „St. Galler Tagblatt", und ich. Keiner von uns hat die erste Fahrt erlebt, kann sich nur anhand der Schilderungen von Schweizer Kindern ein Bild von der Nachkriegszeit machen, von der Not, welche die Herzen der Eidgenossen gerührt hatte. Wieder und wieder haben sich vor jenem Samstag im September Menschen gemeldet: „Ich bin auch ein Schweizer Kind. Von meinen Bekannten habe ich gehört, dass Sie wieder eine Fahrt mit dem Schiff in die Schweiz organisieren. Darf ich mitfahren?"

Jeder, der wollte, durfte. Und so kam es, dass an jenem Tag bei der Abfahrt um 10 Uhr rund 80 ins Rentenalter gekommene „Kriegskinder" am Hafen in Friedrichshafen gespannt warten. Frauen und Männer treffen sich wieder, die sich teils seit zig Jahren nicht mehr gesehen haben, umarmen sich. Dann die alle bewegenden Fragen: Wie werden die Eidgenossen reagieren? Sind die Gasteltern von damals überhaupt noch am Leben? Wenn ja, haben sie von der Fahrt gehört, warten sie am Hafen in Rorschach?

Die „Graf Zeppelin", ein großes Motorschiff, schippert die Schweizer Kinder – viele haben ihre Partner mitgebracht – über den Bodensee. Von Schokolade ist viel die Rede, welche die Kinder damals von ihren Gasteltern bekommen haben. „Sie ist und bleibt die Beste in meinem Leben." Und von Orangen, Bananen, einem guten Paar Schuhe, einem warmen Mantel – Dinge, die viele Kinder nicht kannten oder nicht besaßen.

Bei der Überfahrt gibt es weitere Überraschungen: Manche erkennen sich auf historischen Fotos, erinnern sich gar wieder an die Nummer auf dem Schild, das sie damals um den Hals gehängt bekommen hatten.

Bei der Ankunft des Schiffes in Rorschach läuten die Glocken, Eidgenossen applaudieren. Die Schweizer Kinder drängen Richtung Ausgang. Draußen fallen sich wildfremde Menschen in die Arme. Damals, vor mehr als 50 Jahren, haben Evangelische und Katholische getrennt Gottesdienste gefeiert. Jetzt sitzen sie gemeinsam in der Kirche, lauschen andächtig der Predigt. Es geht um Versöhnung, Verzeihung. Damals mussten sich viele Schweizer überwinden, um überhaupt die verhassten Deutschen aufzunehmen. Heute teilen sie gemeinsam mit ihnen Brot – anstelle von Hostien. Dann das Mittagessen. Wie damals gibt es zum Nachtisch Schokoladencreme.

Die Spannung will nicht nachlassen. Die Suche nach den Wohltätern beschäftigt die Schweizer Kinder, die ersten treten ans Mikrofon. Sie stellen sich vor, nennen, so weit sie sie es wissen, Namen ihrer Gasteltern und -geschwister, versuchen zu beschreiben, wo in der Eidgenossenschaft sie damals einen wunderschönen Tag verbracht haben. Atemberaubende Stille. Die beiden Rorschacher Pfarrer Georg Schmucki von der Katholischen und Pius Helfenstein von der Evangelischen Kirchgemeinde, die zuvor den Gottesdienst in der Kolumbanskirche, der Rorschacher Stadtkirche, gehalten haben, Rorschachs Stadtammann Marcel Fischer, Historiker Dr. Louis Specker und andere Schweizer versuchen, weiterzuhelfen. Sie nennen Familiennamen, Straßen und Orte. Geben Tipps, machen Mut, die Suche fortzusetzen.

Emma Greif aus Lindau sucht Familie Kündig. Der Pfarrer empfiehlt ihr, in die Stadt zu gehen. Und tatsächlich: Hinter der Käsetheke des Reformhauses der Kündigs steht Frieda Reich-Kündig, die Tochter der Gasteltern. Die alte Frau weiß nicht so recht, wie sie reagieren soll, ist vom Blitzlicht eines Fotografen irritiert. Ob sie sich erinnert? Weiß Emma Greif, ob genau diese Frau damals am Mittagstisch saß? Die Distanz, die einem herzlichen Wiedersehen hätte weichen sollen, bleibt. Die Lindauerin überreicht der Frau trotzdem ein Geschenk. Sie weiß die Begegnung nicht einzuordnen.

Die 90 Jahre alte Frieda Krieg, die in einem Rorschacher Altenheim lebt, ist zur Begrüßung der Schweizer Kinder gekommen – obwohl sie weiß, dass „Lore, mein Maidli", zu dem sie noch heute Kontakt hat, nicht an Bord sein wird. Nein, die alte Frau will nichts von „der damals großartigen Geste der Schweizer"

Gisela Merz zeigt ihren Kinderausweis, mit dem sie in die Schweiz gereist ist.

Irmgard Kretzer hat sich auf einem Foto in der „Schwäbischen Zeitung“ wiedererkannt.

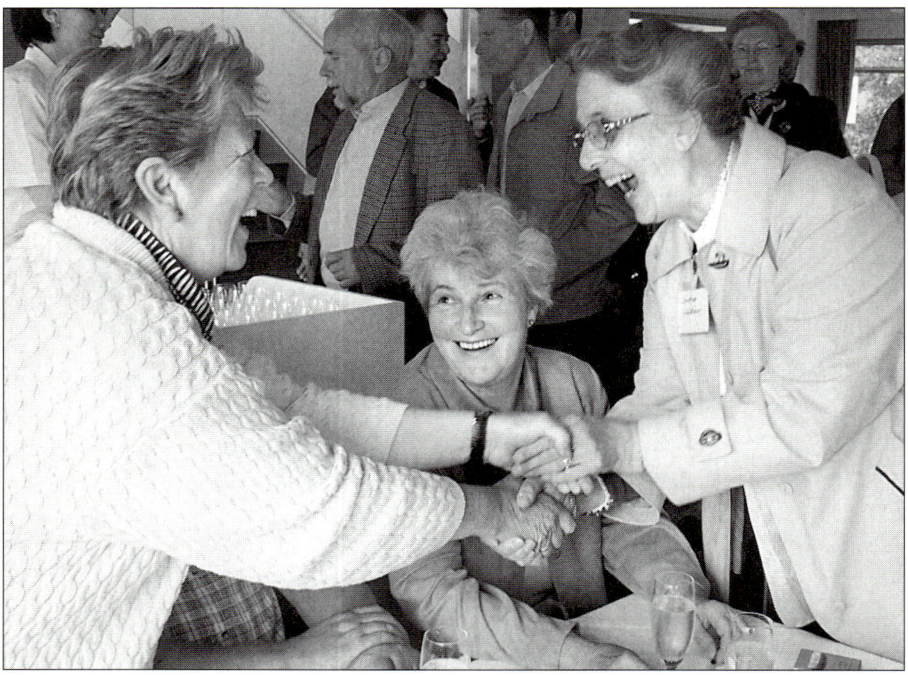

Wiedersehen nach 40 Jahren: Dorothee Waldbaur (rechts) und Erika Köb.

hören. „Es war eine karge Zeit. Wissen Sie, wir hatten damals eine Konditorei, und Lore, ein ganz armes Maidli, kam aus dem Staunen nicht mehr heraus. Wir haben geholfen, so gut es ging."

„Möge es den lieben Schweizern so schlecht ergehen wie uns, damit wir es ihnen vergelten können", schrieb ein deutsches Kind in einem Schulaufsatz nach seiner Rückkehr aus dem Märchenland. Die Dankbarkeit an die Eidgenossen, sie wird bleiben, wohl ein Leben lang.

Zeit zum Abschied: Der ältere Herr hat Tränen in den Augen. Lange hält das Schweizer Kind meine Hand, nimmt mich in den Arm, sagt mehrmals „Danke für meine zweite Fahrt ins Märchenland. Sie war genauso schön wie die erste." Bevor er das Schiff verlässt, drückt mir der Mann eine große Tafel Schokolade in die Hand. Sie stammt – aus der Schweiz.

Hildegard Nagler

Kapitän Edgar Grath als Steuermann bei der zweiten Fahrt ins Märchenland.

Die Schweizer Kinder werden am Hafen in Rorschach freudig erwartet.

Dorothee Waldbaur übergibt dem Rorschacher Stadtammann Marcel Fischer ein selbst genähtes Kleidchen mit einem Geldgeschenk der Schweizer Kinder für eine karitative Einrichtung.

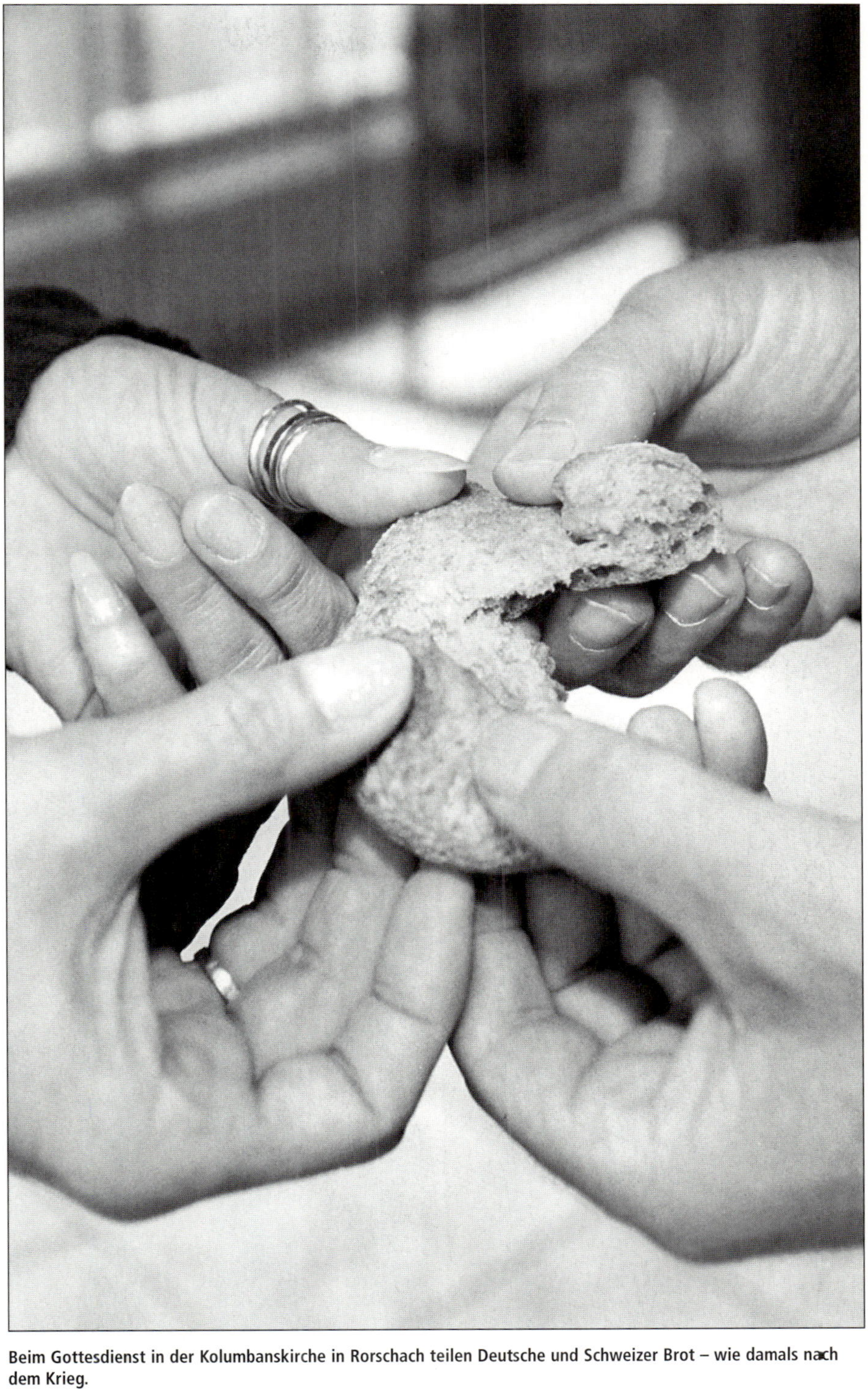

Beim Gottesdienst in der Kolumbanskirche in Rorschach teilen Deutsche und Schweizer Brot – wie damals nach dem Krieg.

Erfreut ...

... nachdenklich ...

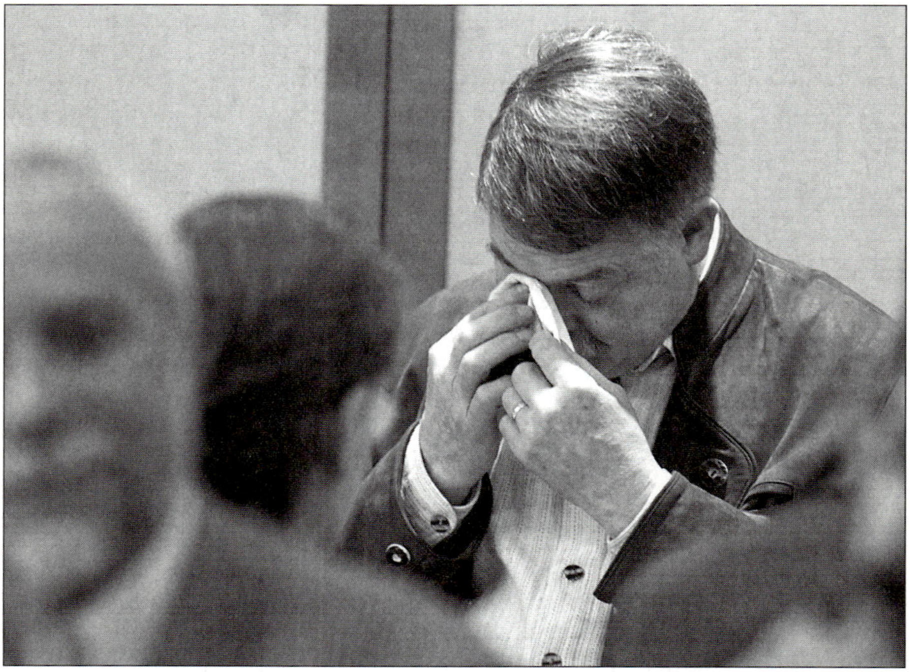

... und zu Tränen gerührt: Die Schweizer Kinder lassen am 30. September 2000 ihren Gefühlen freien Lauf.

Auf den Versuch kommt es an: Ob die alte Frau im Käseladen in Rorschach das Schweizer Kind erkennt?

Überwältigt von den vielen Eindrücken (von links): Bernhard Späth, Siegfried Rehm und Gisela Trautwein.

Gisela Merz (rechts) mit ihrer Mutter Kläre Merz und Lea Schildknecht (links), der Tochter ihrer Gastmutter.

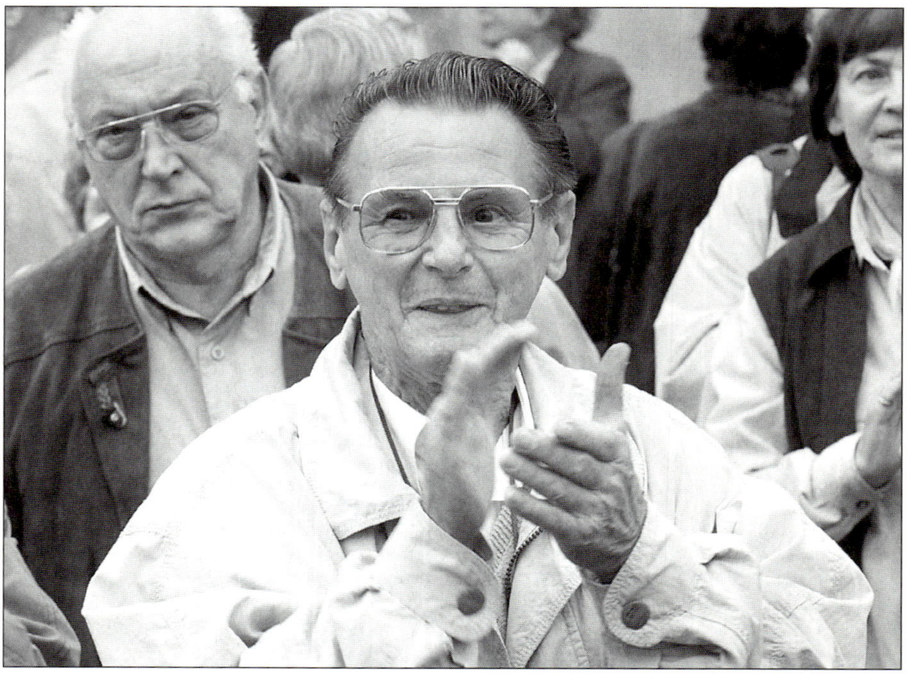

Auch ohne wiedergefundene Gasteltern ist die Freude groß.

Die Schweizer Gastmutter Frieda Krieg (links) und ihre Nachbarin verabschieden die Schweizer Kinder…

… und diese winken, gerührt und ergriffen, zurück.

Blick zurück - und nach vorne

Die Menschen in unserer Euregio gehören zusammen – auch wenn es immer wieder Grenzen gegeben hat, die unüberwindlich schienen. In den Nachkriegsjahren schienen die Grenzen gar für immer gesetzt: Deutsche und Schweizer waren weitgehend verfeindet, man misstraute einander. Es waren Kinder, die geholfen haben, eine Brücke zu schlagen: Tausende von ihnen wurden von den Eidgenossen eingeladen, einen Tag im Märchenparadies Schweiz – dieses Bild hatten damals fast alle Mädchen und Buben – zu verbringen, liebevoll gepackte Päckchen wurden immer wieder von der Eidgenossenschaft aus auf den Weg gebracht. Manche Freundschaften, die an diesen Nachkriegstagen begründet wurden, halten bis heute – ein wesentlicher Beitrag für das Zusammenwachsen der Menschen.

Diese Tage, welche die Mädchen und Jungen damals erleben durften, sind uns Geschenk, aber auch Verpflichtung. Die Arbeitsgruppe Schweizer Kinder hat einen wichtigen Schritt getan, indem sie über einen langen Zeitraum Zeitzeugen befragt, Originalschriftstücke und Fotos gesammelt und so die vorliegende Dokumentation ermöglicht hat. Wir als Vertreter der deutschen Städte und Gemeinden, deren Kinder damals in den Genuss der „Fahrten ins Märchenland" gekommen sind, wollen auch künftig durch unsere politische Arbeit den Rahmen dafür schaffen, dass sich die Menschen in unserer Euregio noch näher kommen.

Josef Büchelmeier
Oberbürgermeister
der Stadt Friedrichshafen

Thomas Fettback
Oberbürgermeister
der Stadt Biberach

Manfred Behrning
Bürgermeister
der Stadt Isny

Rudolf Forcher
Bürgermeister
der Stadt Bad Waldsee

Petra Meier to Bernd-Seidl
Oberbürgermeisterin
der Stadt Lindau

Michael Lang
Oberbürgermeister
der Stadt Wangen

Harald Meichle
Bürgermeister
der Stadt Tettnang

Markus Spieth
Bürgermeister
der Gemeinde Eriskirch

Rolf Müller
Bürgermeister
der Gemeinde Langenargen

Hermann Vogler
Oberbürgermeister
der Stadt Ravensburg

Edwin Weiß
Bürgermeister
der Gemeinde Kressbronn

Elmar Stegmann
Bürgermeister
der Stadt Leutkirch

Gerd Gerber
Oberbürgermeister
der Stadt Weingarten

Hans Petermann
Bürgermeister
der Stadt Riedlingen

Unsere Welt ist alles andere als friedfertig – noch immer werden derzeit auf der ganzen Erde rund 30 bewaffnete Konflikte ausgetragen. Ganz bewusst haben wir deshalb dieses Buch „allen Kindern in Not" gewidmet. Denn das Leid, das durch Kriege über die Menschen gebracht wird, ist unermesslich. Allein vier bis fünf Millionen Kinder wurden in den vergangenen zehn Jahren nach Angaben des Kinderhilfswerks der Vereinten Nationen (Unicef) Opfer von Kriegen. Zehn Millionen Mädchen und Buben sollen demnach psychische Störungen davongetragen haben.

Auch der Zweite Weltkrieg hat unauslöschliche Spuren hinterlassen. Kinder haben damals ihre Eltern verloren, waren krank und unterernährt – es fehlte an allem. Die Schweizer haben sich in dieser schweren Zeit dem Leid ihrer Nachbarn nicht verschlossen. Und mit einem Mal war das zuvor Undenkbare möglich: Mädchen und Jungen wurden in die Eidgenossenschaft eingeladen, durften dort einen wundervollen Tag verbringen.

Die „Schweizer Sonntage" waren Tage, welche die Mädchen und Buben für ihr Leben geprägt haben. Nicht Millionen von Franken oder Reichsmark waren dafür erforderlich – es war allein die Herzenswärme der Menschen.

Diese Idee wollen wir weitertragen.

Friedrichshafen, im Juni 2003
Die Arbeitsgruppe Schweizer Kinder

Beim Abschied der Lindauer Kinder

„Wir danken euch herzlich"
so tönt's an mein Ohr,
vom fünfhundertstimmigen Kinderchor,
und doch berührt es mich schmerzlich.

Warum? ja warum denn?
so fragte mein Herz
geschah so viel Leid — geschah so viel Schmerz?
die Antwort mußt ich verstummen.

Dann brannte und glühte
ein „Etwas" in mir,
ein Hoffen, ein Sehnen, ein heißes Begier,
ein inniges Wünschen erblühte.

Ich wünschte, die harten
Regenten der Welt,
sie wären am Hafen hier aufgestellt
und hörten die Kinder, die zarten.

Sie hätten gesehen
wie Eintracht besteht,
das Panner des Friedens die Völker umweht
und machten ein Ende den Wehen.

Joh. Breitenmoser

Die Autoren

Albrich Franz, Dornbirn (Österreich),
* 1922, Lehrer und Alt-Stadtrat, befasst sich seit langem intensiv mit Heimatgeschichte

Dobras Werner, Lindau,
* 1935, Archivar, früher Leiter des Stadtarchivs Lindau

Frei Max, Rorschach,
* 1930, Primarlehrer und Archivar der Evangelischen Kirchgemeinde Rorschach

Gantenbein Andreas, Winterthur,
* 1915, Evangelischer Pfarrer in Arbon und später in Zürich-Aussershil, jetzt Pfarrer im Ruhestand

Hescheler Michael, Bad Schussenried,
* 1975, Dipl.-Betriebswirt (BA) und Redakteur bei der „Schwäbischen Zeitung", schrieb erstmals im Jahr 2000 über die „Schweizer Kinder" und ihre „Zweite Fahrt ins Märchenland"

Nagler Hildegard, Wasserburg,
* 1966, Dipl.-Journalistin und Dipl.-Ing. (FH) für Medientechnik, Redakteurin bei der „Schwäbischen Zeitung", seit 1999 mit dem Thema „Schweizer Kinder" zeitweise intensiv befasst

Nuesch-Gasser Ernst, Balgach (Schweiz),
* 1949, Primarlehrer und Ortschronist von Balgach

Penzel-Dahl Hannelore, Ravensburg,
* 1939, Sekretärin, als Schweizer Kind im Mai 1947 in Romanshorn

Pfund Kurt, Biberach,
* 1936, Kaufmann, als Schweizer Kind 1947 in Mühlebach

Rehm Siegfried, Friedrichshafen,
* 1937, REFA-Ingenieur, als Schweizer Kind im Mai 1947 in St. Gallen

Specker Dr. Louis, Rorschach (Schweiz),
* 1939, Museumsdirektor a.D. Historisches Museum St. Gallen

Wieland Dr. Georg, Friedrichshafen-Ettenkirch,
* 1950, Stadtarchivar Friedrichshafen

Helfer und Sponsoren

Unser Dank gilt:

Weizsäcker von Richard,
Bundespräsident a. D., Berlin

Albrich Franz, Dornbirn
Alewell Ulrike, Konstanz
Asseline-Hinder Helga, Rouen
Bart Maria, Friedrichshafen
Bissegger Alice und Ernst, Amriswil
Blank Volker, Leutkirch
Bommeli Maria und Willy, St. Gallen-Teufen
Brauers Kerstin, Markdorf
Buttenbender Ilona, Bodnegg
Dahl Henning, Ravensburg
Dobras Werner, Lindau
Durawa Yvonne, Friedrichshafen
Fränkel Karl, Friedrichshafen
Frei Max, Rorschach
Fritz Karl F., Konstanz
Fuchsloch Anton, Friedrichshafen
Gantenbein Andreas, Pfarrer, Winterthur
Glönkler Erwin, Friedrichshafen
Haser Raimund, Leutkirch
Hefti Erich, Romanshorn
Henninger Dr. Klaus, Lindau
Hennings Martin, Markdorf
Herzog Carl von Württemberg, Altshausen
Hescheler Michael, Bad Schussenried
Hillegeist Kerstin, Ravensburg
Immoor Sandra, Hamburg
Juricz Claus, Unterankenreute
Kästle Felix, Ravensburg
Kamp Sybille, Vorberg
Kiesel Karin, Aalen
Kloth Klaus, Langenargen
Köhler Anja, Ravensburg
Koller Judith, Weissbad
Koller Rachel, Steinebrunn
Krause Klemens, Friedrichshafen
Kreh Wolfgang, Immenstaad
Krieg Frieda, Rorschacherberg
Langheinecke Gisela, Weingarten
Langheinecke Dr. Klaus, Weingarten
Ludwig Egon, Friedrichshafen
Mayer Robert, Friedrichshafen
Mäder Maria, Rorschach
Meier Fritz, Tettnang
Merglen Albert, General, franz. Militärgouverneur im Landkreis Tettnang (1947 bis 1950)
Nagler Marlies, Stuttgart
Nüesch-Gasser Ernst, Balgach
Otz Stefan, Appenzell
Penzel Ulrike, Friedrichshafen
Penzel-Stetter Susanne, Grünkraut
Rasemann Roland, Leutkirch
Roither Yvonne, Oberreitnau
Rostan Dr. Eberhard, Friedrichshafen
Sandherr Franz (†), Pfarrer, Ravensburg
Schauf Gabriel, Berlin
Scherenberger Mona, Friedrichshafen
Schlegel Winfried, Lindau
Schmid Simon, Weissbad
Schneider Kathrin, Leutkirch
Schnieber Michael, Leutkirch
Schwaibold Anni, Arbon
Specker Dr. Louis, Konstanz
Stauder Heiner, Lindau
Stehle Emil, Bischof, Konstanz
Strähle Volker, Schwendi
Topp Jörg, Friedrichshafen
Wahl Nina, Friedrichshafen
Weixler Manfred, Nonnenhorn

Beck Wolfgang, Kreismedienzentrum Bodenseekreis, Friedrichshafen
Bing Michael, Evangelischer Oberkirchenrat – Landeskirchliches Archiv, Stuttgart
Gabor Roger S., Anwalts- & Notariatskanzlei am Schlossgarten, Friedrichshafen
Grbavac Christa, Schreibservice Grbavac, Eriskirch
Kloser Reinhard E., Kapitän des Dampfschiffes „Hohentwiel", Hard
Kusche Maike, Dornier GmbH, Friedrichshafen
Hoffmann Andreas (MdL), Konstanz-Hegne
Müller Ulrich, baden-württembergischer Minister für Umwelt und Verkehr, Ravensburg
Scheuermann Annemarie, Dornier GmbH, Friedrichshafen
Steinhauser Norbert, Schulmuseum, Friedrichshafen

Schwörer Achim, Steuerberater, Friedrichshafen
Wieland Dr. Georg, Stadtarchivar Friedrichshafen
Wilz Raphael, Pater OSB, Katholisches Pfarramt St. Martin, Weingarten
Zeller Norbert (MdL), Friedrichshafen

Evangelische Kirchenvorsteherschaft Rorschach
Evangelische Kirchgemeinde, Wil

Stadtarchiv Bad Waldsee
Stadtarchiv Biberach
Kreisbildstelle Bodenseekreis
Stadtarchiv Friedrichshafen
Stadtarchiv Ravensburg
Stadtarchiv Weingarten
Gemeinde Amriswil
Stadt Bad Waldsee
Landkreis Biberach
Stadt Biberach
Landkreis Bodenseekreis
Gemeinde Eriskirch
Stadt Friedrichshafen
Stadt Gossau
Stadt Isny
Gemeinde Kressbronn
Gemeinde Langenargen
Stadt Leutkirch
Landkreis Lindau
Stadt Lindau
Landkreis Ravensburg
Stadt Ravensburg
Stadt Riedlingen
Gemeinde Romanshorn
Stadt Rorschach
Kanton St. Gallen
Stadt Tettnang
Kanton Thurgau
Stadt Wangen im Allgäu
Stadt Weingarten
Stadt Wil
Internationale Bodenseekonferenz

Wasserschutzpolizei Abschnitt Baden-Württemberg

Freunde der Kinderdorf-Flugpost, Pestalozzi Kinderdorf

Schmalfilmclub Friedrichshafen

Appenzellerland Tourismus AG, Appenzell
Blumen Mayer, Friedrichshafen
Blumenhaus Müller, Lindau
Bodensee-Schiffsbetriebe, Konstanz
Dornier GmbH, Friedrichshafen
Hüni & Co., Friedrichshafen
Internationales Bankhaus Bodensee, Friedrichshafen
Krone Hotel, Friedrichshafen
Leutkircher Bank, Leutkirch
Liebherr-Holding GmbH, Biberach
Schweizerische Bodensee-Schiffahrtsgesellschaft AG, Romanshorn
Schwäbische Zeitung, Friedrichshafen
Schwäbische Zeitung, Leutkirch
Sparkasse Bodensee, Friedrichshafen
Volksbank Friedrichshafen
Weber & Weiss, Konditorei, Friedrichshafen
Wund Josef, Architekturbüro, Friedrichshafen
Young Concepts, Friedrichshafen
Zeppelin Luftschifftechnik GmbH, Friedrichshafen

„Firlefanz", Markus Dürst, Rorschacherberg
Hagenmaier Qualbert, Friedrichshafen
Leutkircher Stubenmusik

und allen Schweizer Kindern.

Ohne die Hilfe der Genannten wäre die Präsentation dieses Buches nicht möglich gewesen.

Quellenverzeichnis

QUELLENVERZEICHNIS

ABBILDUNGSNACHWEIS:

Titelfoto: Kinder überqueren die Grenze nach Kreuzlingen, wo sie verpflegt werden sollen. Peer Andri, „Der Aktivdienst", Zofingen 1975, S. 15

Archiv Gemeinde Langenargen: **S. 195, 205**

Evangelische Kirchengemeinde Friedrichshafen: **S. 44, 45, 200/201**

Evangelische Kirchgemeinde Rorschach: **S. 98**

Evangelische Kirchgemeinde Wil: **S. 7, 50**

Foto Koch, Rorschach: **S. 26**

Gessler Robert GmbH & Co. KG, Friedrichshafen: **S. 104/105**

Geuppert Hans, Lindau: **S. 52** (Foto unten)

Herzfeldt Rudolf: „Geschäft und Aufgabe (50 Jahre Zahnradfabrik Friedrichshafen), 1965 (Zug 734/1965), darin Portraitzeichnung des Militärgouverneurs Albert Merglen: **S. 73**

Hilbert Heinz: **S. 127, 170**

Juricz Claus in „Kriegsende und Neubeginn – Das Jahr 1945 in Ravensburg, Weingarten und Umgebung", Hrsg: Sibylle Emmrich, Dorothee Breucker und Peter Eitel, Ravensburg, 1996: **S. 55**

Katholische Kirchengemeinde Canisius Friedrichshafen: **S. 76, 88, 89**

Köhler Anja: **S. 215, 216** (beide Fotos), **217** (Foto oben), **219, 220** (alle drei Fotos), **221** (Foto oben), **222** (beide Fotos), **223** (beide Fotos)

Lindauer Zeitung vom 23. Mai 1985: **S. 52** (Foto oben)

Monats-Chronik Ostschweizerischen Tagblatt und Rorschacher Tagblatt, Januar 1946: **S. 43**

Nagler Hildegard: **S. 68, 81, 133, 157, 168, 214**

Ostschweizer Tagblatt vom 30.11. 1946, „Beim Abschied der Lindauer Kinder" von Joh. Breitenmoser: **S. 231**

Pfund Kurt: **S. 141, 142**

Photo Bockelmann, Langenargen: **S. 36**

Photo- und Filmarchiv des französischen Verteidigungsministeriums / „Kriegsende und Neubeginn – Das Jahr 1945 in Ravensburg, Weingarten und Umgebung", Hrsg: Sibylle Emmrich, Dorothee Breucker und Peter Eitel, Ravensburg, 1996: **S. 32, 74**

Privatsammlung Elfriede Bücheler: **S. 28, 66, 80, 190**

Privatsammlung Dorothee Waldbaur: **S. 96, 107, 152**

Raggenbass Otto: „Trotz Stacheldraht – 1939 - 1945 Grenzland am Bodensee und Hochrhein in schwerer Zeit", Konstanz, 1994: **S. 51**

Rasemann Roland: **S. 86, 91, 144, 145**

Rehm Siegfried: **S. 143, 207, 217** (Foto unten), **S. 218, 221** (Foto unten)

Rorschacher Monatschronik, Oktober 1946, Autor F. Mächler: **S. 54**

Rorschacher Neujahrsblatt 1945, Autorin Frl. Indermaur: **S. 97, S. 99** (Foto unten)

Rorschacher Neujahrsblatt 1947, Sammelmappe: **S. 56**

Rorschacher Neujahrsblatt 1948, Autorin Margrit Steimer: **S. 100**

Schlegel Winfried, Lindau: **S. 53**

Schulmuseum Friedrichshafen: **S. 40**

Schwäbische Zeitung Biberach: **S. 209** (beide Fotos)

Stadtarchiv Friedrichshafen: **S. 31, 39, 208**

Stadtarchiv Friedrichshafen, Sammlung Hättig: **S. 35, 48, 106, 108, 109, 111, 112, 114, 115, 131, 153, 186, 192, 197** (Foto oben), **198**

Stadtarchiv Isny: **S. 136/137, 182/183**

Stadtarchiv Ravensburg: **S. 93, 110, 178, 197** (Foto unten)

Streiff-Tobler Klara: **S. 175, 180/181**

„Unser Rheintal" – Jahrbuch für das St. Galler Rheintal, 53. Jahrgang – 1996: **S. 57, 59, 61**

Wocher Christoph und die Seniorenbegegnungsstätte Langenargen (Hrsg.): „Langenargen zwischen Krieg und Frieden, Geschichte – Soziales", Überlingen, 1999: **S. 47, 72**

Weitere Abbildungen aus Privatbesitz: **S. 83, 118, 120, 121, 123, 125, 129, 134, 140, 146, 147, 148, 149, 150, 151, 162, 163, 164, 204, 210**

BIBLIOGRAPHIE:

Albrich Franz, Dornbirn und Nüesch Ernst, Balgach in „Unser Rheintal"; Jahrbuch für das St. Galler Rheintal, 53. Jahrgang – 1996: Seite 89–99

Amriswiler Anzeiger / Bodensee Tagblatt: „Ein glücklicher Tag für 600 Kinder" – Vor 50 Jahren setzte Amriswil Hoffnungszeichen für die von der Not der Nachkriegszeit betroffenen Menschen, 7. November 1997

Amriswiler Anzeiger / Bodensee Tagblatt: „Biberacher in Amriswil: Freundschaft soll wachsen", undatiert

Amriswiler Anzeiger / Bodensee Tagblatt": „Ein erstaunlich schönes Städtchen" – FDP-Familienausflug nach Biberach mit Abstecher an die Amriswiler Straße, undatiert

Amriswiler Anzeiger / Bodensee Tagblatt": „In Erinnerung an eine unvergessliche Fahrt" – Amriswiler Delegation verbrachte einen festlichen Tag in Biberach, undatiert

Amriswiler Anzeiger / Bodensee Tagblatt",: „Von Biberach beschenkt" – Amriswiler reisten zu ihren ehemaligen Gästen, undatiert

QUELLENVERZEICHNIS

Amriswiler Anzeiger / Oberthurgauer Tagblatt: „Eine Amriswiler-Strasse in Biberach", 14. Januar 1978

Bertsch Dr. August, Bürgermeister, Friedichshafen, in einem Brief vom 29. September 1945 an Kapitän Zeyl, Friedrichshafen, Schulmuseum Friedrichshafen

Braun Wilhelm, Bürgermeister, Weingarten, in einem Brief vom 24. April 1946 an das Bürgermeisteramt Ravensburg, Stadtarchiv Ravensburg

Christiani Paula, Gemeindehelferin der evangelischen Kirchengemeinde, Weingarten in Wiler Zeitung vom 4. November 1947

Dobras Werner: Lindau 1945 bis 1955. Ein Begleitheft zur Ausstellung, Lindau 1986

Emmrich Sibylle, Breucker Dorothee, Eitel Peter: „Kriegsende und Neubeginn – Das Jahr 1945 in Ravensburg, Weingarten und Umgebung", 1996, Ravensburg: Seiten 13, 20-25, 39, 60–64, 88–89

Evangelisches Kirchenarchiv Isny

Grenzlandhilfe, Ostschweizerisches Tagblatt und Rorschacher Tagblatt , 10. August 1946

Günthör Anselm, Pater OSB, Weingarten, in „Mein Leben in bewegten Zeiten – Erinnerungen mit Blick in die Gegenwart", Oktober 2000, Kisslegg: Seite 60 und 61

Haeberle Hermann, evangelischer Stadtpfarrer, Weingarten, in einem Brief vom 23. April 1947 an Pfarrer M. Geiger, Wil, Archiv der Evangelischen Kirchgemeinde, Wil

Hager, evangelischer Pfarrer, Baienfurt, in einem Brief vom 17. Februar 1947 an den Schuhfabrikanten Schaaf, Schweiz, Archiv der Evangelischen Kirchgemeinde, Rorschach

Heiß, Schulleiter der Pestalozzi-Schule Friedrichshafen in eimem Brief vom 9. Oktober 1946 an Bürgermeister Josef Mauch, Friedrichshafen, Schulmuseum Friedrichshafen

Heiß, Schulleiter der Pestalozzi-Schule Friedrichshafen in einem Brief vom 14. November 1945 an Bürgermeister Dr. August Bertsch, Friedrichshafen, Schulmuseum Friedrichshafen

Heiß, Schulleiter der Pestalozzi-Schule Friedrichshafen in einem Brief vom 20. November 1945 an Bürgermeister Dr. August Bertsch, Schulmuseum Friedrichshafen

Heuritsch Sepp, Dornbirn, in „Unser Rheintal", 1947: Gereimte Erzählung über den Besuch der Vorarlberger Kinder im Rheintal

Kriegschronik der evangelischen Kirchengemeinde Biberach über die Zeit von August 1943 bis Dezember 1945 – Schreckenstage über der Stadt Biberach, Evangelischer Oberkirchenrat, Landeskirchliches Archiv, Stuttgart: Seite 15

Kriegschronik der evangelischen Kirchengemeinde Friedrichshafen II 1939 – 1945, Stadtpfarrer i.R. Eugen Schmid, Evangelischer Oberkirchenrat, Landeskirchliches Archiv, Stuttgart: Seite 9

Kriegschronik der evangelischen Kirchengemeinde Tettnang – 5. Aufzeichnungen eines Tettangers

Chronisten (1944/1945), Evangelischer Oberkirchenrat, Landeskirchliches Archiv, Stuttgart: Seite 6–7

Linse Luise, Friedrichshafen, Weihnachten 1950

Merglen Albert: Zusammenstellung persönlicher Daten, masch., Dijon 1994

Monats-Chronik / Illustrierte Beilage zum Ostschweizerischen Tagblatt und Rorschacher Tagblatt, Oktober 1946

Monats-Chronik / Illustrierte Beilage zum Ostschweizerischen Tagblatt und Rorschacher Tagblatt: Kartoffeln für Vorarlberg, Juni 1946

Monats-Chronik Illustrierte Beilage zum Ostschweizerischen Tagblatt und Rorschacher Tagblatt: Ein Schweizer Sonntag, 3. März 1947

Monats-Chronik Illustrierte Beilage zum Ostschweizerischen Tagblatt und Rorschacher Tagblatt, Nr. 10, Rorschach im Oktober 1946, Historisches Museum St. Gallen: Seite 133 – 136

Monats-Chronik, Illustrierte Beilage zum Ostschweizerischen Tagblatt und Rorschacher Tagblatt 1947: Seite 63

Rorschacher Neujahrsblatt 1945

Rorschacher Zeitung, 3. März 1947

Schmid Eugen, evangelischer Stadtpfarrer, Friedrichshafen, in einem Brief vom 13. April 1948 an die Sparkasse Friedrichshafen, Stadtarchiv Friedrichshafen

Schmid Eugen, Stadtpfarrer, evangelisches Stadtpfarramt Friedrichshafen, in einem Brief vom 30. September 1946 an das Hilfswerk der evangelischen Kirche in Deutschland, Zweigstelle Tübingen, Archiv der evangelischen Kirchengemeinde, Friedrichshafen

Schwäbische Zeitung Biberach: „Ein Tag im Land, wo Milch und Honig floß – Erinnerung an eine selbstlose Tat der Schweizer Bevölkerung – reich beschenkt kehrten die Kinder heim", November 1977

Schwäbische Zeitung Biberach: Vor 50 Jahren „Dankbare Erinnerung an einen Tag wie im Paradies in Amriswil", 8. November 1997

Schwäbische Zeitung Biberach, SZ-Serie: Was daraus wurde: In Erinnerung an 1947: „Gäste aus Amriswil zu Schützen erwartet", 4. Mai 1998

Schwäbische Zeitung Biberach: „13 Gäste aus Amriswil zum Schützenfest", 11. Juli 1998

Schwäbische Zeitung Biberach: „Apfelbäumchen – Früchte der Freundschaft", 13. Juli 2000

Schwäbische Zeitung Biberach: „Dank und Anregung", Leserbrief von Emma und Albert Guther zum Bericht „Gäste aus Amriswil" vom 14. Juli, 21. Juli 1998

Schwäbische Zeitung Biberach, Juli 1998: „Gäste aus Amriswil: Wir sind überwältigt"

Schwäbische Zeitung Biberach, Stadtnachricht: „Dank aus Caracas nach Amriswil", 4. September 1998

Schwäbische Zeitung Friedrichshafen: „40 Jahre danach wieder in Arbon", Häfler Kinder von damals zu Gast bei der Evangelischen Kirchgemeinde, 21. November 1986

QUELLENVERZEICHNIS

Schwäbische Zeitung Friedrichshafen: Hilfe wurde nicht vergessen – Großzügiger Dank nach 40 Jahren", 1987

Schwäbische Zeitung Leutkirch: Isny heute „Flawil 1947: Diesen Tag werde ich nicht vergessen", 8. November 1997

Schwäbische Zeitung Leutkirch: Partnerschaft „Unterzeichnung morgen in Flawil", 8. November 1997

Schwäbische Zeitung mit Lindauer Anzeiger: „Ein unvergessliches Erlebnis", 29. November 1946

Schwäbische Zeitung mit Lindauer Anzeiger: „Lindauer Kinder zu Gast in der Schweiz", 26. November 1946

Schwäbische Zeitung mit Lindauer Anzeiger: „Zweite Kinderfahrt in die Schweiz", 20. Dezember 1946

Schwäbische Zeitung Ravensburg-Weingarten: „Im Hungerjahr 1947 kam für Weingartener Kinder Hilfe aus der Schweiz", 10. August 2000

Schwäbische Zeitung, Ausgabe Ravensburg: „Brennstoffversorgung", 29. Oktober 1946

Schwäbische Zeitung, Ausgabe Ravensburg: „Die Zuckernot", 12. August 1947,

Schwäbische Zeitung, Ausgabe Ravensburg: „Geringe Kohlezuteilung", 29. November 1946

Schwäbische Zeitung, Ausgabe Ravensburg: „Kinderspeisung", 29. Oktober 1946

Seils Peter, Dekan, Evangelisches Dekanatsamt Biberach, in einem Brief an das evangelische Pfarramt, Amriswil, 6. November 1997

Staatssekretariat für das französisch besetzte Gebiet Württemberg und Hohenzollern – Landesdirektion für Kultus, Erziehung und Kunst, Tübingen, Rundschreiben vom 8. Dezember 1945 an die Bezirksschulämter und die Leiter der höheren und berufsbildenden Schulen: Betreuung der Schüler während der Kohleferien, Schulmuseum Friedrichshafen

Stützle M., Leutkirch: 40 Jahre Partnerschaft Isny-Flawil, Sonderausgabe der Schwäbischen Zeitung Leutkirch, 25. Mai 1987, Stadtarchiv Isny

Südkurier: 500 Kinder waren in der Schweiz, 29. August 1947

Thürer Georg: in Nachbarschaft, im Ostschweizerischen Tagblatt und Rorschacher Tagblatt, 16. August 1946

Thurgauer Volksfreund: „Alte Freundschaft rostet nicht", Besuch aus Leutkirch zur Erinnerung an 1947, 12. September 1997

Thurgauer Zeitung: „Biberacher zu Gast in Amriswil", nicht datiert

Toggenburger Bote, Mai 1987, zum 40. Jahrestag der Schweizer Kindersonntage

Untertoggenburger Kirchenbote, Ausgabe Flawil, Kirchenbote der evangelischen Landeskirche St. Gallen, Sonderausgabe, 15. August 1972

Volkshochschule Friedrichshafen: Erlebte Nachkriegszeit in Friedrichshafen – Mitglieder der VHS-Geschichtswerkstatt berichten,1996: Seite 3 – 4, 19, 21

Wieland Georg: Friedrichshafen und seine Industrie in der Nachkriegszeit: Die Jahre 1945 – 1955 im Überblick, in: Schriften des Vereins für Geschichte des Bodensees 113, 1995, Friedrichshafen, Seite 71 bis 104, mit weiteren Hinweisen auf Quellen und Literatur

Wiler Bote, 1. März 1946: Caritasaktion für Weingarten (Württemberg)

Wiler Zeitung, 4. November 1947, Archiv der Evangelischen Kirchgemeinde Wil

Wocher Christoph und die Seniorenbegegnungsstätte Langenargen (Hrsg.): „Langenargen zwischen Krieg und Frieden; Geschichte – Soziales", 1999, Überlingen: Seite 312 – 318